まなざしが出会う場所へ

——越境する写真家として生きる

To Where Glances Meet

Atsushi Shibuya

渋谷敦志

新泉社

日本
パキスタン
バングラデシュ
ミャンマー
タイ
カンボジア
ソマリア
インドネシア
東ティモール

目次

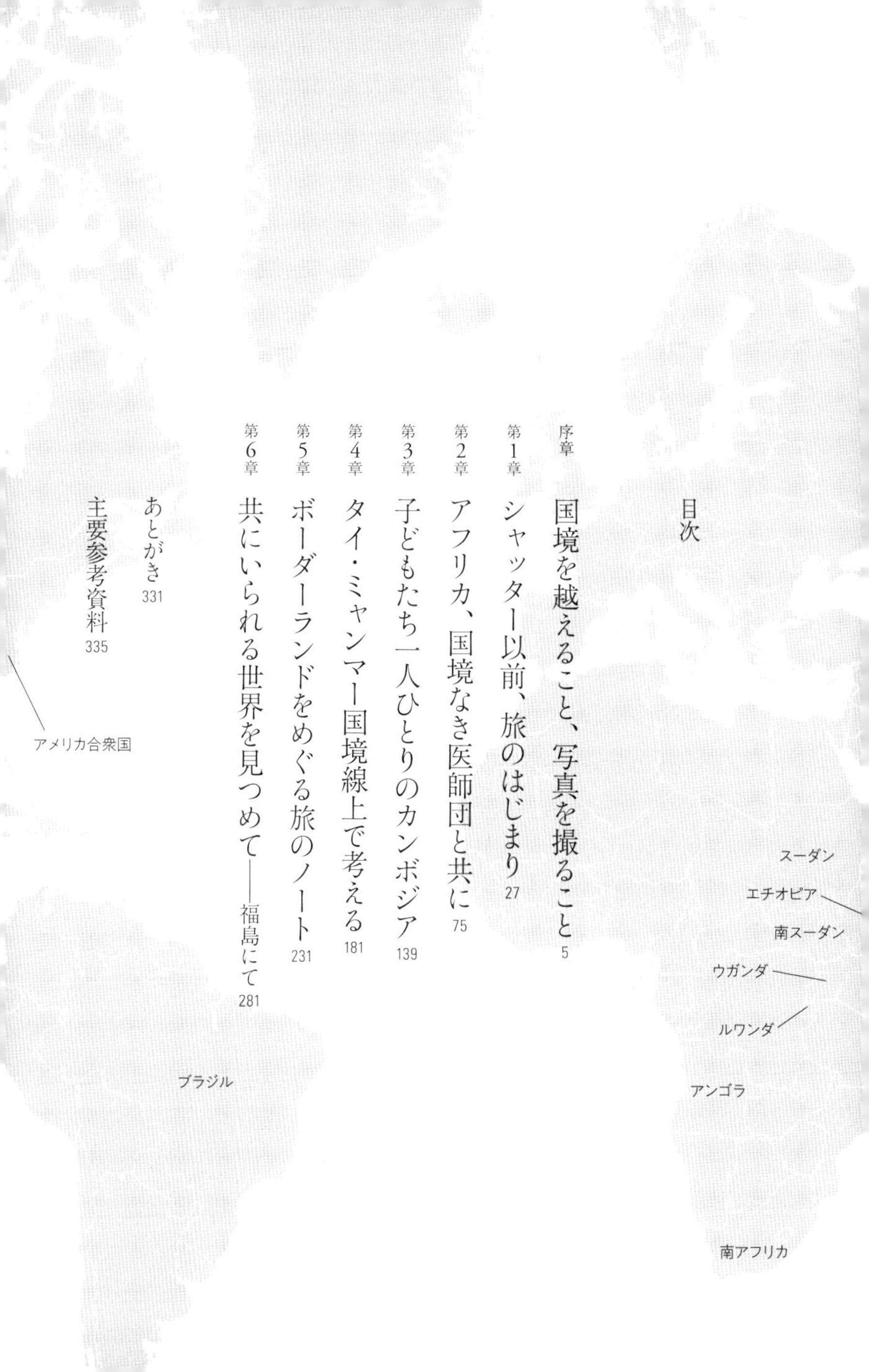

地上に本来道はないが、歩く人が多くなると、道ができるのだ。
——魯迅

序章

国境を越えること、写真を撮ること

1

1 ダルフール地方を流れる水無し川 2017年 スーダン／2 水を汲んで村に帰る母と息子 2017年 スーダン／3 西ダルフールの州都ジェネイナの小学生 2017年 スーダン

どうしても置き去りにできない眼が、そこにあった。

南西アフリカのアンゴラ内戦を取材しに行ったときのことだ。

ポルトガルの植民地支配から独立して以来続いている内戦は、すでに四半世紀におよんでいた。国際社会は、長いあいだ本気でこの国を救おうとはしなかった。慢性化した世界の無関心がつくりだした結果として、400万人という途方もない数の人びとが難民となり、飢えと病の痛苦にあえぐ日々を送っていた。

2002年7月、写真家であるぼくは、アンゴラ中部にあるカアラという町で「国境なき医師団」が開設した集中栄養治療センターを訪れた。患者たちが、どこからともなく次から次へとやってくる。大半が女性で、色鮮やかな布を抱っこひもにして、小さな子どもを背中や腰に抱きかかえている。すでに入院している患者の家族や外来で通院する人びとは敷地の外で野営していて、野戦病院のような殺伐とした雰囲気が漂う。

重度の栄養失調を治療するテント病棟に行くと、10歳に満たない子どもたちで病床は埋まり、付き添いの母親が地面にござを敷いて横になっている。

テントのなかを歩くと、子どもの目線がこちらに集まる。飢えに傷つけられた体を支えるだけで精一杯の様子で、眼だけがギロリと動き、こちらを凝視する。刺されるように痛ましい視線ではあったが、カメラを持った見慣れない訪問者への好奇心を失っていないことに少しだけほっとした。

「ボン・ジーア」

ポルトガル語で「おはようございます」と挨拶する。すると母親たちは決まって「オブリガード（ありがとうございます）」と返事する。

ややよそよそしい空気を感じた。文字通り「Bom dia（よい1日を）」という意味で受け取られているのかもしれないと考えつつ、なんとなくそれ以上の会話を彼女らが望まず、遠回しで「おかえりください」と言っているようにも感じて、最初は距離感がつかめなかった。

それでも懲りずに、とにかく顔を覚えてもらおうと毎日のように病棟を訪ねては、「ボン・ジーア」「コモ・ヴァイ・セウ・フィーリョ？（お子さんの具合はどうですか？）」と声をかけ、会話を重ね、写真を撮らせてもらった。

重症で入院した子どものなかには、ほんの2、3日で症状が劇的に回復する者もいる。

「子どもは飢えに弱いけど、治療が早ければ、回復する力はとても強い」

コンゴ人の男性看護師のダミアンさんは、元気を取り戻しつつある子どもを、まるで学校のテストで満点を取ったわが子を褒めるようにかわいがった。だからこの仕事はやめられない、とでも言わんばかりに。

一方で、子ども自身の回復力を信じて治療と善意を注いでも、助からないいのちもある。

ある日、5歳くらいの男の子が絶命した瞬間に立ちあった。餓死だった。

どの瞬間までが生で、どの瞬間からが死だったのか、境目がわからないほど静かな最期だった。骨格がはっきりとわかるほど骨が浮き出していた。どれだけのあいだ飢えと渇きに苦しめば、人の肉体はこれだけ痩せてしまうのだろう。

ベッドの上で仰向けに横たわって動かない子どもにカメラを向けようとすると、アンゴラ人の女性看護師が「ここではすべてが遅すぎる。あまりにたくさんのいのちが失われた」とため息をつくようにつぶやいた。そして、プラスチックのコップにくんだ水で乾ききった子どもの体を清め、ガーゼでやさしく拭き、「子どもはこんな死に方をしてはいけない」とぼくに言った。

国境なき医師団が運営するこのセンターでは、エキスパット（外国人派遣者）以外に、彼女のようにたくさんのアンゴラ人スタッフが働いていた。なかには自身が難民の者もいる。今にも倒れそうないのちを支え、痛みや苦しみをほんのわずかでも減らそうと献身的に働く。とても尊い仕事をしている人たちだと心から思う。

それに比べて、お前は何者なんだ。

ぼくのなかのもうひとりの自分が、そう問いつめる。

悲嘆に暮れる人たちのあいだをカメラなんか持ってうろつき、いったいどんな神経をしているんだ、と。

そこにいるべきでない者として、自分がそこにいる。そんな違和感と後ろめたい感情が撮影に向かう気力を削いでいく。

とはいえ、これは仕事なのだ。写真家は、現実の世界で起きていることを自分の眼で見て確かめるために「現場」に足を運ぶ。そしていうまでもなく、写真家が現場でできること、やるべきことは写真を撮ることだ。目の前の出来事にいちいち感情移入し、うろたえてばかりいては仕事にならない。あくまでもアウトサイダーとしてインパクトのある写真を撮り、人間が直面する悲惨な現実を世界に伝えること。それが写真家に与えられた使命であり、唯一できることだ。くよくよ思い悩むのは日本に帰ってからでもできる。今は感情のスイッチをオフにして、機械のように淡々とシャッターを押して仕事をこなせばよい。

そうわりきろうとする自分と、わりきることに抵抗する自分の板挟みになってもなお、撮ろうと欲望するのが写真家の業なのだろうか。

後ろめたさにふたをして、ふたたびカメラをかまえようとしたとき、子どもの母親の背中が目に留まった。目の前で逝ってしまったわが子を一途に見つめながら、声もあげず、涙も見せず、やせ細った小さな背中を震わせていた。

看護師が子どもの両足首を包帯で縛ろうとする。このまま荼毘《だび》にふされるのだろうか。せめて両手を合わせようと、息を殺して子どもの骸《むくろ》に近づき、半開きの眼の奥を覗き込む。その瞬間、写真家であるこちらが一方的に見ていたはずのその眼が、逆にぼくの眼を見つめ返し、問いつめてきたのだった。

お前に写真を撮らせるためにここに来たのではない、ぼくは生きるためにここに来たんだ、と。その眼にたじろぎ、何歩かあとずさった。

カメラを持ってそこにいる。ただそれだけで、いのちを冒涜しているように思えていたたまれなかったが、ひとつのいのちが飢餓によって失われた事実を、そしてただ傍観することしかできなかった自身の無力をせめて記憶に刻もうと、ごめんな、と心のなかで手を合わせてファインダーをぐっと覗き込んだ。

戦争、飢餓、貧困、災害……。悲しいことだが、この世界にはまさに今この瞬間も、文字通りの生き地獄を生きている人が大勢いる。自分の置かれた境遇からかけ離れた現実を生きるそんな「だれか」のもとにカメラを持っておもむき、耳を傾け、応答し、相手について少しでもわかろうとする。

でもそのたびに突きつけられるのは、その「だれか」と行きずりの写真家である「わたし」とのあいだには目には見えない境界線がある、という厳然とした事実だ。それを克服しようとしてファインダーを覗き込み、相手のまなざしと向きあおうとするのだが、それでも「だれか」の痛みを「わたし」の痛みとして感受することはできないし、「だれか」の悲しみをその人の身代わりに背負うこともできない。そのことを思い知るほど、両者のあいだに横たわる境界線は絶望的に越えがたく感じる。

「わたし」が「だれか」になれない以上、お互いの心はどこまで行っても交差することなく、わかりあえないことに苦悩しながら、永遠に境界線上をさまよい続ける他ないのではないかと不安になる。

だからといって、ぼくにとって「わからない」は、カメラを手放す理由にはならない。むしろ、わからないからこそ、あなたのことが知りたいと、閉ざされた心の扉をノックする。「だれか」と出会い、ときにぶつかり、たじろぎ、おののき、葛藤しながらもなお、心を通わせようという意志を手放さないことで、世界や他者のリアルな姿を想像する力を鍛える。そのために今日もまた、カメラと共に旅を続けている。

ダルフールで聞いたふたつの声

2017年1月、ぼくはスーダンの紛争地ダルフールにいた。

首都ハルツームから国連専用機に搭乗し、サヘルの大地を眼下に望み、西へと飛行する。サヘルとは、サハラ砂漠南端と熱帯雨林のあいだに広がる平原地帯をいう。そこはまた、アラブ系とアフリカ系の人びと、イスラム教とキリスト教、遊牧民と農耕民が混ざりあう中間的な土地でもあった。乾いた平原が大海原のように果てしなく続くかと思いきや、ときおり隆起してできた山脈や、ワディと呼ばれる巨大な水無し川が現れる。

これまで80以上の国々を旅してきたが、はじめての土地、とくに紛争地におもむくときは今でも緊張し、慣れることはない。むしろ、年々不安が大きくなっている気がするのは年をとって臆病になったせいなのか、あるいは時代がこれまで以上に緊張の度合いを高めているからなのか。

とにかく、ダルフールに無事到着した。

ダルフールはスーダンの西側にある。スペインほどの面積を持ち、地理的にはサハラ砂漠の南端に位置する半砂漠の乾燥地帯だ。ダルフールの「ダル」は家や土地を、「フール」は古くからその地域を統治していたフール人を意味する。ダルフール人の大半は牧畜を営みながら、草葺の伝統的な集落に暮らす。

「ダルフールは砂漠に侵略されつつある」

到着して早々に、現地の人から聞いた声だ。近年、急速に砂漠化が進み、家畜の飲み水や牧草地をめぐる争いごとがたえないという。

中央から遠く離れたダルフールの地で、アラブ系の人とアフリカ系の人は長らく隣人として共生してきた。異なる民族間の結婚も珍しいことではなく、互いに足りないものを補いあい、協調して生きる世界を生み出してきた。

それがアラブ系のスーダン政府がダルフールで少数派のアラブ系の人びとを優遇する政策をとるようになると、多数派のアフリカ系の人びとのあいだで不満が高まった。ピークに達したのが２００３年で、アラブ系政府勢力とアフリカ系反政府勢力が衝突し、武力紛争に発展した。少なくとも20万人が犠牲になったこの紛争を、当時の国際社会が「世界最悪の人道危機」と非難したことで、ダルフールの名は世界に知れ渡った。

それ以来、国連とアフリカ連合の平和維持部隊（ＰＫＯ）が展開しているものの、牧草地や水源をめぐる争いは依然続き、新たな難民も発生している。さらに、２０１１年にスーダンから独立した南スーダンの難民も流入し、状況は混沌としているのだが、外国人の入域が厳しく制限されていることもあって、内情を詳しく知ることは難しく、すっかり忘れられた紛争となっていた。

ここで、この旅の目的に少し触れておく。

今回は、国連プロジェクトサービス機関という平和構築や開発活動を実施する組織の依頼で、ダルフールでの水道や給水施設を整備する事業を撮影するためにやってきた。

ただ、援助でつくられた施設を撮影するだけでは、なぜその事業が現地で必要とされているのかが見えてこない。そこで許される範囲でその土地に暮らす人びとにじかに会い、人間と水の生活レベルでの関わりを写真で記録することで、水源の不足が長引く紛争の一因になっている現状を描こうと考えた。だが、予想していた通り、取材活動にはかなりの制約がともなった。

スーダン政府からダルフールへの入域許可は得ていたが、それで自由に写真撮影してもよいということにはならない。案内と護衛を兼ねたエスコートがつねに同行し、こちらの行動に目を光らせる。エスコートの目を盗んで撮影しようにも、どこかでだれかが監視している可能性が高い。

また運が悪かったことに、ぼくがダルフール入りする少し前に、人道支援活動に従事するネパール人が誘拐される事件が起きた。さらに、家畜を盗まれた報復に手榴弾で犯人を襲撃し、さらにその応酬で8人が死亡するという事件も続いたせいで、外国人の活動は「身の安全のため」にとくに厳しく制限された。

1日の撮影が終わると、普段ならその土地の料理やお酒を味わうのがこうした旅の大きな楽しみなのだが、ダルフールではそうもいかない。そもそも日没後の外出が認められていないのだ。インターネットもつながらないし、テレビでも見ながら軽く食事をしようとダイニングに行くと、就任したばかりの米国大統領の映像が繰り返し流れていた。食事も忘れ、テレビに釘付けになって発言を注意深く聞いた。

「イスラムを排除する」

テロリズム対策の一環として、すべての難民の受け入れを一時停止するほか、アフリカと中東の特定7か国の市民の米国入国を禁止するという。その7か国にはスーダンも含まれていた。まるでイスラム教徒のせいで、テロや暴力が広がっているかのように印象を操作している。特定の宗教を一括りにして敵意を煽ることをはばからない新リーダーの姿勢に、開いた口が塞がらなかった。

そもそも中東諸国、とくにアフガニスタンやイラクで多くの難民を生み出す原因を直接間接につくり、世界の大混乱を引き起こしている当事者はどこのだれなのか。スーダンにしてもそうだ。かつてハルツームにある製薬会社の工場をミサイルで爆撃して薬の供給を断ち、多くのいのちを窮地に追い込んだ歴史的事実を棚上げにして、よく言えたものだと思う。「これはムスリム・バン（イスラム教徒全般への入国禁止措置）だ！」と抗議の声をあげる人びとの怒りは、至極もっともなものだった。

米国大統領は続けて、こうも言う。

「メキシコ国境に壁をつくる」

なんと荒唐無稽な発想だろう。米国とメキシコとの国境はおよそ3200キロにおよぶ。そこに巨大な分離壁を建てるというのは現実味のない虚言でしかないが、それでもこうして移民への排斥感情を煽ってきたことで人気とりに一定の効果を発揮し、大統領が自ら憎悪を撒き散らしている。

歴史を振り返れば、現在の国境線を挟んだ土地の大部分は、もともとメキシコの人たちが暮らしていた場所だったはずだ。19世紀半ば、そこにやってきたアメリカが米墨戦争で土地を奪い、テキサスとメキシコのあいだに流れるリオグランデ川を一方的に国境と定めて、メキシコを分断したのではなかったか。

国境線を引く者にとって、そこに生身の人間が暮らしている現実を想像することは難しい。だから、壁をつくろうなどという発想が出てくるのだろう。

そして極めつけは、これだ。

「アメリカ・ファースト」

米国第一主義。自国さえよければいい。自国を絶対視する姿勢を、まがりなりにも世界一の大国のリーダーが、ここまであからさまにして許されるものなのかとショックを受けるとともに、とてつもない徒労感にとらわれる。強者の論理がこれほど堂々とまかり通ってしまったら、現代社会における差別的で暴力的な空気の広がりに歯止めがかからなくなってしまうのではないか。

世界の分断を一層深める権力者の「大きな声」の数々を耳にして、胸糞が悪くなったのはぼくだけではなかったはずだ。ある意味で米国とは対極的なダルフールにいたせいも多分にあっただろうが、アメリカをこれほど遠く感じたことはなかった。

このままではいけない。どんどん世界が閉塞していく。分断と増悪によって混迷する時代に人と人との豊かなつながりを取り戻すために、写真家は今、どこを足場にし、何に抗っていかなければならないのだろうか。

ダルフールでできることは少ない。それでもカメラを手に、その土地に生きるごく普通の人にひとりでも多く出会い、つぶやきのようにこぼれる「小さな声」を拾い集めていくところから始めるしかない。

取材の自由はないが、目隠しをされているわけではない。注意深く現地の暮らしの細部を観察すれば、見過ごしがちな光景の断片に、この世界と時代の正体を見出す糸口はあるはずだ。人びとの表情や身ぶりにも言葉にならない声が潜んでいるはずだ。そこに耳をそばだてること。小さな声の響きに、ダルフールの人びとが直面させられている苦境をリアルに想像すること。

祝福のシャワーを浴びる少年

20年もの長きにわたり経済制裁を受けてきたせいか、ダルフールの人びとの生活環境はとても慎ましい。しかし、その土地が本来的に持つ豊かさが育んだのであろう、陽気で親切な気質は失われていなかった。

「アッサラーム・アレイクム」（あなたたちに平和を）

「アル・アムハムドゥリラ」（神様のおかげで）

道ですれ違うと、だれもが人懐っこく挨拶に応じてくれる。

日本人は珍しいはずだが、だれもこちらを奇異の目で見ない。なかには初対面のぼくを家に招こうとする人もいる。悪意は微塵も感じられない。裏のない善意が逆に怖いほどだ。

行きたい。知りたい。

なんとかしてエスコートの目をごまかせないかと最初は企んだが、勝手な行動をしてトラブルが起きれば、団体の活動に支障が出る恐れがある。そうなれば本末転倒だ。エスコートの目を盗むのではなく、むしろ巻き込んでいく作戦に切り替えることにした。

たとえばこうだ。エスコートの警察官に「喉が乾いちゃって、ダルフールの伝統的なティー（お茶）を飲みたい」とリクエストしたところ、「それなら近くにいいティーを出す店を知っている」と店に案内してくれたことがあった。そこで警察官もお茶を飲み、顔見知りの客と談笑しているあいだに、店の周辺で写真を撮る、そんな具合だ。

または、給水所で撮影したあと、「ダルフールの人がどんな家で暮らしているか見てみたい」とお願いすると、水の利用者は喜んで自宅に連れていってくれた。草葺の仕切りに囲まれた家のなかには素敵な中庭があって、女性たちが給水所から引いた水でレモンやブーゲンビリアの木を大切に育てていることを知った。

あるコミュニティを訪問したときは、エスコートの警察官や兵士と一緒にランチに招待された。大きなアカシアの木陰にござを敷き、大皿に盛られたラム肉に山羊乳のチーズをたっぷりかけたダルフールの伝統料理が振る舞われた。白いターバンを頭に巻いた男たちとひざを突きあわせ、現地流に手で食べる。炭火焼のナンでラム肉を挟み、豆のスープに浸す。食べきれないほどの量は、遠くから来た旅人をもてなさずにはいられないダルフール人のホスピタリティ（歓待の精神）の証だった。

写真家が訪れた土地の人びとと食事をして、会話を重ね、視線を交わし、そこに流れている時間を共に過ごす。それは「報道」という仕事では、特段語るに値しないことのように思えるけれど、ダルフールのような紛争地で外国人がそれを実践するのは稀有なことなのだ。

だからだろう。こうしたとるにたらない経験の記憶のほうが鮮明だ。自分たちとそれほど変わらないあたりまえの暮らしがそこにあることを体感することで、偏った情報でがんじがらめにされたダルフールへの先入観が柔らかくほぐされていく。

給水所のまわりでは、赤や緑、オレンジの色をした鮮やかなショールをかぶった女性たちが、空のポリタンクを並べて給水の順番を待つ。水が出ないことに苛立つ様子もなく、井戸端会議に花を咲かせている。

「ダルフールの暮らしについて教えて下さい」

と単刀直入に質問しながら女性の輪に割り込む。村のリーダー格の男性が近づいてきて代弁しようとするのだが、男性をさえぎるように女性たちが口々に「小さな声」を発し始める。

――ダルフールはリッチなところよ。
――わたしたちの足下にはたくさん水が眠っているわ。
――でも砂漠に侵略され、水と土地をめぐる争いが起きているの。
――石油はなくても生きていけるけど、水がなければ生きていけないでしょう。

日本で暮らしていると、水のありがたみを心底から感じることは難しいが、ダルフールにいると、「何はなくとも水」という生活感覚はスッと体に染みわたる。

水がなければ森は枯れ、家畜は死に、人は飢え、争いごとが増えて戦争になる。水があれば、乾いた大地は緑に変わり、食料を奪いあうこともなく、子どもを安心して産み育てることができる。そうした水と人間とのよい関係のなかで、暴力の芽は摘まれていく。水のないところで人はいのちを守ることはできない。つくづく、水は平和の源なのだと教えられた。

母親の手伝いで水汲みにやってきた少年は、身軽さを武器にロバにまたがって、水でいっぱいになったポリタンクから空のポリタンクへのホースの出し入れに忙しい。カメラを向けると、張り切るのはよいがこちらを意識しすぎて、ホースを抜くタイミングが遅れ、ポリタンクの口から水が「ボンッ」と勢いよく飛び出した。

水しぶきを全身で浴びる少年のはじけるような笑顔に反応して、シャッターを切る。その瞬間、ぼくにはそれが、乾いた大地から水を得る感謝を深く知る者たちへの祝福のシャワーに見えたのだった。

母親の水汲みを手伝う少年 2017年 スーダン

まなざしが交差する十字路へ

写真家として、そんなささやかな瞬間に心を震わせる。

そうした経験を一つひとつ積み重ねることで、自分の内に知らぬあいだにこしらえてしまった「こちら」と「あちら」を隔てる境界線が徐々に溶けていくのを感じる。言葉や文化の違いを越え、予断なく、あるがままに他者と出会うとき、ふたつの異なる世界の流れが汽水域のように混じり始め、生きることの新しい可能性が開かれていくような気がするのだ。

宿舎のダイニングで街の食料品店で見つけたノンアルコールビールを飲んでいると、連日テレビのニュース番組に登場する米国大統領の「大きな声」が否が応でも耳に入ってくる。酔ってはいなかったが、このダルフールの大地から野次らずにはいられない気分になった。

「何がアメリカ・ファーストや。ヒューマニティ・ファーストやろう！」

この熱量をできるだけそのまま写真展にして伝えようと、帰国して早々に準備に取り掛かった。それを個展「ボーダーランド――境界を生きる者たち」として、２０１７年5月に東京・銀座のキヤノンギャラリーで発表した。

その挨拶文で、ぼくは次のような文章を記した。

国家や国境といった支配的な原理によって隔てられ、囲われ、塞がれた土地に、しばしばボーダーランドはある。そこには苛烈な現実があるが、閉じ、締め出し、線を引く者は痛覚が希薄化しているため、そこに生きる者たちの痛みをありありと感じることが難しい。また、その痛みを経験しなかった者にとっても、ボーダーランドを生きる一人ひとりに家族や物語があり、日々の言葉や行動に込める祈りがあり、死と共に生があることを想像することは、やはり難しい。自分にとってもそう。痛覚の希薄化に抗しようと、越えていくものとして境界を捉え直し、「わたし」と「あなた」のあいだに接続する一点を探そうと苦闘する。煩悶し、立ち往生し、揺さぶられた時間こそがぼくを写真家にした。

ダルフールでの高揚感を引きずりながら書いたせいか、ずいぶん気負った言いまわしになってはいるが、ぼくがずっと考え続けてきた境界（ボーダー）というテーマを写真と言葉で可視化することで、これまでおぼろげだった「越境のヴィジョン」が少しずつ輪郭を現してきた。

それはつまり、境界（ボーダー）を人と人をわける線（ライン）ではなく、人と人が出会う開かれた場所（ランド）と捉え直すことで、分断を乗り越え、他者と共にいられる場＝ボーダーランドとして世界を再想像すること。

そのきっかけはどこにあるのか。アフリカのダルフールのような、ぼくたち日本人の日常から遠く離れた土地まで旅をしなければ、それは経験できないものなのか。

そのことを考えるヒントは、案外すぐ近くにあった。

写真展の期間中、ギャラリーに客足が途絶えてひとりになったときだった。引き伸ばされて壁に飾られた写真とあらためて対峙し、それを見つめるぼくのまなざしが写真のなかのボーダーランドを生きる者たちのまなざしとシンクロしている感覚になったとき、自分を外へ外へと向かわせる、飢えや乾きにも似た渇望の感覚が生々しく蘇ってきた。

あっ、そうか。ぼくはその眼を探し求めていたのだ。

アフリカの大地で小さな声をあげている者の眼を。

明日の希望を失ってなお今を生きる悲しみの眼を。

その眼に射抜かれることもある。その眼に挫折することもある。それでもなお、お前は何者なんだ、と厳しく問いつめる眼に自分を開いておくこと。

見つめ、見つめられ、まなざしが交差する十字路が、ぼくのカメラのレンズに映っている。

そこに近づけるだろうか。

そのためには、どうしても置き去りにできないあの眼が問うものについて考え続けるしかない。自分が感じたあのおののきの意味を幾度も反芻すること。ボーダーランドをめぐる旅で出会った忘れられない人びとの面影と、写真家にしかできない魂の対話を続けながら。

第1章 シャッター以前、旅のはじまり

BANC

1 アマゾン地方の子どもたち　2015年　ブラジル／**2** サンパウロのセントロ地区　2014年　ブラジル／**3** カーニバルのダンサー　1997年　ブラジル

そもそものはじまりは、一冊の本との出会いだった。

高校2年生のとき、学校をさぼり、一ノ瀬泰造の『地雷を踏んだらサヨウナラ』（講談社文庫、1985年）を布団のなかで読み終えたとき、まるで天啓にうたれたように「写真家になる」と決めた。「なりたい」ではなく「なる」と強く決意した理由ははっきりと思い出せないが、「なる」と思い込むことで、17歳なりに抱え込んでいた悩みや将来への漠然とした不安が雲散霧消して、光の筋が一本、スーッと前に伸びていく気がしたのだ。

中学生のころからの夢は海外留学だった。具体的にやりたい何かがあったわけではなかったが、自分がふがいないのは自分を取り巻く環境のせいだから、蚕が繭に包まれているような環境から自分を引き離せば、もっと成長できるはずだという、身勝手な思いを高校生になっても募らせていた。

だが現実的には、渋谷家が子弟を海外留学させるほど裕福でないことは百も承知だった。にもかかわらず、「高校をやめてアメリカに留学したい」と親に無理難題をふっかけ、不自由のない生活環境のなかで自分を変える努力を怠り、家庭や学校に責任を転嫁していた。

勉強するモチベーションは低く、テストは赤点続き。遅刻の常習犯で、「今日も重役出勤ですか？」という母親の軽い嫌味のジャブをかわし、正午のバラエティ番組を観ながら遅い朝ごはんを食べ、部活動のためだけに学校に行くような自堕落な高校生活を送っていた。

鬱憤や欲求不満のはけ口は本だった。学校にいるべき時間に図書館や本屋に通い、冒険家のエッセーや国際情勢に関するノンフィクションを芋づる式に読み漁っているときに見つけた一冊が、フリーの報道写真家としてアジアの戦場を駆け抜け、26歳で倒れた日本人青年の魂の記録『地雷を踏んだらサヨウナラ』だったのだ。

「写真家になる」という突飛な決心をさらに後押ししたのは、たまたま家にあった一眼レフカメラだった。父親に写真の趣味があったわけではなかったが、電器メーカーの会社員としてオーディオ機器などを扱う仕事をしていたこともあって、機械好きではあった。その父親が、オートフォーカス機能を持つ入門一眼レフカメラとして評判だったキヤノンのＥＯＳ１０００を持っていたことで、「これを持って現場に飛び込みさえすれば、ぼくも写真家になれる」と思い込んだのだった。

そうと決まれば特訓しようと、図書館から手当たり次第に写真集を借りてきた。土門拳、沢田教一、田沼武能、野町和嘉、石川文洋、吉田ルイ子、大石芳野、長倉洋海……。ページを見開き、フィルムの入っていないカメラで写真を覗き込んで構図をまね、シャッターチャンスを盗む練習を繰り返した。

写真集に写っている世界の現実をもっと知りたいと思い、戦争に関するノンフィクションをむさぼるように読んだのもこのころだ。もっとも影響を受けた作家のひとりである開高健を知ったのも、『地雷を踏んだらサヨウナラ』を通じてだった。その序文で開高は、戦場でいのちを散らした一ノ瀬にこんな言葉を手向けている。

「眼も、耳も、たとえベッドで寝てるときでも片眼はあけておかなければならないのだから、全身がいわば、開きっぱなしのシャッターになっていなければなるまい。……いつ。どこで。最後に彼の全身は何を見たのだろうか」

「週刊朝日」特派員としてベトナム戦争を取材した開高の『ベトナム戦記』は、今も座右の書の一冊だ。タッグを組んだ朝日新聞社カメラマンの秋元啓一の仕事ぶりについて語る一文、「私は顔で土を掘りながらアリを見たが、彼は人間を見つづけていた」も好きだ。

そんなヒリヒリするような写真家の生き方に、高校生のぼくは夢中になった。

戦争を描いた映画もよく観た。なかでも中米エルサルバドルの内戦を描いたオリバー・ストーン監督の『サルバドル／遥かなる日々』（１９８６年）は、全台詞を覚えるくらい繰り返し観た。ベトナム戦争は自分が生まれる前の過去の出来事だったが、中南米の各地では紛争が現在進行形で続いていて、高校を卒業したら腕試しに中南米に行くんだと意気込んでいた。

大学受験が終わってすぐ、写真の引き伸ばし機を安く譲ってもらい、自室の一角に暗室をこしらえた。当時はまだフィルムの時代だ。現像液の酢酸の臭いを嗅ぐと、印画紙に浮かび上がる像の向こうにカメラ片手に世界を駆けめぐる姿を思い浮かべた日々を、今でもありありと思い出すことができる。

阪神淡路大震災——人にカメラを向ける重さ

そんなある日、思いがけない出来事が起きた。阪神淡路大震災だ。

1995年1月17日午前5時46分、大阪にある実家の2階で寝ていたぼくは、地面から突き上げられるような縦揺れでガバッと飛び起きた。「家が壊れる」と思うほどの強烈な揺れは数十秒続いた。隣の部屋で寝ていた家族の無事を確認し、1階に降りると、居間が水浸しになっていた。水槽の水がこぼれ出たのだ。割れて散乱する食器を拾い集めながら、床でピチピチと跳ねる金魚や熱帯魚を素手で水槽に戻した。

大学が冬休み期間だったこともあって、刻一刻と変わる被災状況を伝えるテレビ報道を固唾を飲んで観続けた。もうもうと煙をあげる神戸の街を、上空のヘリが映し出している。子どものころから親しみのある街が、テレビ画面を通して見ると、遠く離れた別世界のように思えて、やりきれない思いがどんどん溜まっていった。

自分の目で見て確かめたい。

地震発生から3週間ほど経ったころだった。現場を見てみたい衝動を抑えきれなくなったぼくは、意を決して原付バイクで被災地に向かった。リュックにはカメラと白黒フィルム5本を忍ばせていた。

JR大阪駅の南側を通過し、淀川を渡って兵庫県の西宮あたりまで来ると、被災の状況は目に見えて酷くなっていく。バイクを置き、国道2号線に沿って西へと歩くと、倒壊して押しつぶされた家屋や、傾斜しながらも倒れまいと耐えるビル、横倒しになった阪神高速の高架が目に飛び込んでくる。いったい何をどうしたらよいのか。通りのがれきは片づけられたものの、まだ生々しく残る地震の傷跡に圧倒されて、言葉を失った。壊れた家屋に分け入ってがれきを片づける人や、自転車で避難生活の物資を運ぶ人たちとすれ違う。表情ににじむ悲痛さが束になってこちらに押し迫ってきて、足がすくんだ。

「無理や」

声をかけることもできなかった。写真を撮るなんてとんでもない。リュックからカメラを出すことさえ罪悪感を感じた。「お前、何しに来たんや」という問いが自分のなかで延々と繰り返される。だれかに頼まれて来たわけではない。写真を撮る根拠や特別な使命感があったわけでもない。それどころか、震災の写真を世に発表して、あわよくば認められたいというあさましい心が、すれ違う人全員に見透かされているようだった。

人間にカメラを向け、シャッターを切る。たったそれだけのことがどれほど重い行為なのだろう。そう思い知った瞬間、目の前に越えられない、越えてはならない一線が引かれているのを感じて、心が萎えてしまった。

それまでは、行き先がたとえ紛争地であっても、勇気を出して現場に飛び込みさえすれば、写真はおのずと撮れるはずだと思い込んでいたが、そんな根拠のない楽観と自信はひりつくような現実を前に木っ端微塵に砕けた。

人間の生き死にに関わる重大な出来事が、現在進行形で起きている。そのなかで現実の困難に真正面から向きあい、懸命に生きる人がたくさんいる。そんな人びとの姿を垣間見たときに、こう思わずにはいられなかった。写真よりも他にやるべきことがあるんじゃないか、せめて力になりたいという意思だけでも表すべきではなかったか、と。にもかかわらず、ぼくは何もしなかった。目の前の当事者に関わることを恐れ、傍観者として見ただけで、その場に背を向けて逃げたのだった。

「写真家になる」と息巻いていた自分がいまいましかった。そもそも、人間のいのちが不条理に奪われる戦場の世界に胸を躍らせていたなんて、おのれの不遜さにはもはや嫌悪しか感じなかった。この日を境に、「写真家になる」という気概は見る見るしぼみ、後ろめたい気持ちばかりがぼくのなかで膨らんでいった。

「ボランティア元年」とセバスチャン・サルガド写真展

大学2年生になって新学期が始まったころ、世間の関心はオウム真理教という集団によって引き起こされた地下鉄サリン事件に移っていたが、ぼくは被災地から持ち帰った後ろめたさをずっと引きずっていた。

無力感と自己嫌悪がないまぜになった気持ちにどう向きあえばよいのか。どうすればこの情けない自分を打ち破ることができるのか。悶々と悩むばかりで「撮りたい」という意欲もなく、大学で勉強する動機も見失っていたある日、大学事務室の掲示板に「働きながら学ぶブラジル留学研修」と書かれた大きなポスターが目に入った。

「日本とブラジルの架け橋的人材、人類社会に貢献する人材の育成を目的に、ブラジルで働きながら、言語、文化、歴史、自然、社会を体験的に学ぶプログラムです。語学力不問。チャレンジ精神旺盛な若者を募集しています」

応募締め切りは6月3日。留学研修期間は1年。

ブラジルに行くしかない。そこで自分を鍛え直すしかない、と即決した。

最年少での応募で動機も漠然としていたが、熱意だけは伝わったのか、なんとか選考を通過した。

プログラムには渡航前の諸々の事前研修への参加がなかば義務づけられていたが、そのひとつに、病気や事故などで親を亡くした子どもを支援する団体「あしなが育英会」の募金活動があった。そしてその年の募金の目的は、阪神淡路大震災で親を亡くした400人以上の遺児のために心のケアを行う施設の建設資金を集めることと決まった。

元来ぼくは、募金などのボランティア活動に関心がなかったどころか毛嫌いさえしていたが、このときは違った。被災地で何もしなかった負い目があったので、とにかくどんな形でもよいから被災者の役に立つことをしたいと思っていた自分にとって、渡りに船のプログラムだったのだ。

1995年はのちに「ボランティア元年」と呼ばれるようになるのだが、それは単に、過去に例のないほどの多くのボランティアが復興支援に関わったからだけではない。「自分にできることはなんだろう?」という問いかけをそれぞれ胸に抱えて被災地に駆けつけた人びとは、あのとき自分をボランティアだとは思っていなかっただろう。

「自分を変える」と「社会を変える」の接点を手探りしながら、政治や行政の目が行き届かない「見えない課題」を見つけ出していく。そして異なる目的や能力を持った多様な人びととの協働の網を縦横に広げながら、被災者一人ひとりの痒いところに手を差し入れる。そんな人と人との新たな結びつきが生まれた年という意味で、これまでになかった社会のありようを想像する道が開かれた年だったと思う。

そんな再出発のような年に、「あしなが育英会」の募金という形で微力ながらボランティア活動に参加できたことは、その後の自分の働き方や生き方の根幹を形づくる何ものにも代えがたい経験になっていたのだと、振り返ってみて思うのだ。

募金活動が終わったあとも震災を身近に感じておきたいと思い、神戸のハーバーランドにあるブラジル料理レストランでバイトを始めた。ブラジル人と皿洗いをしながらポルトガル語の会話を練習し、店で生演奏をするミュージシャンからはブラジル音楽の魅力を教えてもらい、ブラジルに向かっていくモチベーションを徐々に高めていった。

それと同じころ、人生の方向を決定づけたといっても過言ではないもうひとつの出来事があった。それは、写真家セバスチャン・サルガドの作品との出会いだった。

1995年の秋、ブラジル出身の世界的な写真家の展覧会が大阪で開催されていると聞いたぼくは、ブラジルに関して何かしら勉強になるものがあるかもしれないくらいの気持ちで、梅田の百貨店内のミュージアムに足を運んだ。

ところが、そこで見た『WORKERS——人間の大地 労働』と題する、世界中で肉体労働者を記録した壮大な写真展に度肝を抜かれるほどの衝撃を受け、写真への認識が180度、変わったのだ。「サルガド」以前、ぼくにとって写真とは外の世界へと通じるパスポートのような手段であり、海外を自由に飛び回る写真家という生き方への憧れのほうが強かった。もちろんそれが写真の魅力であることは今も否定しないが、「サルガド」以後、写真とは単なる表現手段に収まらない、自分の外に広がる未知の世界をそこに生きる人と共に経験し考える哲学のようなものなのだと、ぼくは気づいていく。

250点ほどあった写真のなかでもっとも驚愕したのが、ブラジルのアマゾンにあるセーラ・ペラーダという金鉱の写真だ。泥まみれの鉱夫たちが、働き蟻の大群のように露天掘りの巨大な穴のなかでうごめいている。万里の長城やアンコールワットなどの巨大建造物の建設現場はこんな混沌だったのでは、と思わせる光景だ。そこに写っているのは過酷で悲惨な状況なのだが、人間の生きるエネルギーの熱が写真を通して体に伝わってきて、湧き上がる感情は何度も沸点に達した。

たっぷり3時間は写真と向きあっただろうか。ミュージアムを出て、大阪駅につながる歩道橋を歩いていると、いつものありふれた風景がまるで違って見える。魂のレベルでそれほどの地殻変動が起きていた。もはやじっとしてはいられない。カメラを持ってどこかに向かわずにはいられない衝動に突き上げられたとき、消えかけていた写真への情熱にふたたび火がつき、心はブラジルへと一気に飛び立っていったのだった。

ブラジル・サンパウロでの研修生活

1996年4月、ブラジル・サンパウロ。はじめての親元を離れての生活。はじめての社会人経験。そしてはじめての海外留学。はじめて尽くしの新生活が始まった。

このプログラムには留学という言葉が入っていて、18人いた同期のなかには実際に大学に留学した者もいたが、ぼくの場合は今でいうインターンシップのようなもので、縁あってサンパウロにある日系の法律事務所に研修生として勤めることになった。

法学部の学生でもなく、ポルトガル語もつたない自分が果たしてどれほどの役に立つのか、渡航前から心もとなかったが、案の定、職場では戦力外だった。最初の4、5か月ほどは机の前に座ることが仕事といってよいありさまだった。それでも、できることから始める他ないと、辞書を手放さず、ポルトガル語の習得に励んだ。

ブラジルに来て最初に戸惑ったことのひとつは、「どうしてブラジルに来たのか?」「ブラジルで何をしたいのか?」と、ことあるごとに質問されることだった。「その答えを探しにブラジルに来たんだよ」とはぐらかすこともあったが、その問いかけの言外には「あなたがどういう人間なのか教えて」という意図が含まれていることが徐々にわかってきた。

ブラジルのような多様な民族で構成される国では、「日本から来たAです」とか、「何々大学のBです」という答えではその人の存在を証明することはできない。出生や帰属、人種の差異という前提よりも、「自分はこういう人間です」「ぼくの考えはこうです」と、誤解を恐れずに伝え続ける努力が求められた。そしてそれがどんなにつたない言葉であっても、ブラジル人はこちらの目をまっすぐ見ながら応答してくれたと思う。

そんなブラジル式コミュニケーションにぼくが順応していくのに、事務所で働くブラジル人たちも辛抱強く見守ってくれた。そして最後はいつも「あなた次第だよ」と、自分の意志を尊重してくれた。ささいなことのように思えるが、まわりの人びとに受け入れられるたしかな感覚が日々蓄積されることで、ブラジルへの信頼が醸成されていった。

所長であり弁護士の二宮正人先生はブラジルでは親代わりでもあったが、働いた経験がないぼくを社会人として指導するだけでなく、ポケットマネーで生活の面倒も見てくれていた。「ブラジルと日本をつなぐ人間を育てるのがわたしの恩返し」と言う先生の言葉が身にしみるのは、恥ずかしながらずいぶんあとになってのことだ。

1948年、長野県上田市生まれの二宮先生は、5歳のときに両親に連れられブラジルに移住した日本人移民だ。先生いわく「超がつくナショナリスト」だった両親が日本語の使用を強制するのに反発を覚え、日系社会と距離をおき、ブラジル社会で生きていく決意を強める。苦学の末、名門サンパウロ大学の法学部に入学。21歳でブラジルに帰化し、のちにブラジル国の弁護士になるのだが、帰化したことで日本への国費留学への道が開けると、「ブラジルの日本社会とは違う、今の日本社会を知りたくて」、1972年に日本に渡る。

そして1981年に東京大学で博士号を取得したあと、ブラジルで日本の役に立つ仕事をしようと帰国し、法律事務所を開く。その後、日本からの研修生の受け入れを始め、ぼくもそのひとりとなったわけだ。

「(国費留学のときに)日本の税金で頂いたお金の一部を、君を通して日本に返しているにすぎない」という先生の謙遜を含む言葉に甘えてばかりいられない。日本とブラジルという遠い隔たりに橋をかけるような先生の生き方を鑑にして、自分も世界を測る物差しを大きく持たねばと気持ちを奮い立たせ、研修に励んだ。

美しいサンバにはほんの少し悲しみがいる

研修生活の終盤、30日間の特別休暇をもらってブラジル縦断の旅に出た。移動手段はもっぱらバス。最終目的地をアマゾン河の河口の町ベレンとだけ設定して、まずは首都のブラジリアに向かった。そこから、「カーニバルならリオではなくバイーアがいい」という友人の助言に従い、カーニバル開催直前のサルバドールへ移動した。

「救世主」を意味するバイーア州の州都サルバドールは、ブラジル史のはじまりの場所だ。ポルトガル人が１５００年にブラジルを〝発見〟したあと、最初の首都になったのがサルバドールだ。アンゴラなどアフリカのポルトガル植民地から連れて来られた黒人奴隷たちは、いったんサルバドールに集められ、労働力としてブラジル北東部のサトウキビ畑などの農園に売られていった。今でもバイーアの人口の８割はアフリカ系といわれ、ブラジルでもっともアフリカ文化が色濃く残る地域だ。

カーニバルはもともと、カトリックの四旬節という復活祭前の節制期間に入るまでに羽を伸ばす意味合いで始まった祭りだったが、植民地時代の新大陸における黒人奴隷にとっては過酷な労働から解放される唯一のチャンスだった。奴隷たちは農作業に汗を流しながら、主人に見つからないように細かいステップでリズムを刻み、カーニバルの４日間をひたすら待ちわびたのだろうか。

１８８８年にブラジルで奴隷制が廃止されたあと、解放された黒人たちの一部はリオデジャネイロに移り住む。そこに一緒に持ち込まれたアフリカ由来のリズムと、西洋の音楽が融合し、今のサンバになった。その意味で、ブラジルを象徴するサンバはアフリカを起源にしている。

異なるリズムが交じりあって誕生したサンバ。そのサンバが織りなすきらびやかなカーニバルはまさに多様性と寛容性のフェスタ（祝祭）なのだ。そしてそれは外から観賞するものではなく、内側に入って体で経験するものだということを、はじめてのカーニバルで知る。

「今日が最後の日であるかのように人生を生きろ」

カーニバルの最中に聞いた言葉だ。人びとはまさに今という瞬間を燃焼させるようにして踊る。生きることの喜びや悲しみを一緒くたに飲み込んで、カーニバルという劇場で自分という無二の役を演じている。その熱狂の渦に体をまるごとカメラにして身を投じ、サンバのリズムに呼応するようにレンズを振り回し、声を交わすようにシャッターを切る。

これがサンバか。

そう思ったとき、ふと、ブラジルの名曲『イパネマの娘』の作詞で知られる詩人ヴィニシウス・ジ・モライスのこんな詩を思い出した。

「悲しみより幸せのほうがいい。幸せはこの世にある最上のもの。心のなかの光のようなもの。でも、美しいサンバにはほんの少し悲しみがいる。それがなければ、サンバにはならない」

もともと好きな歌詞だったが、ファインダー越しにサンバに触れることで、それが単なる陽気な踊りではなく、ブラジル人の「生のかたち」の陰影を表すものなのだと知ったのだった。

振り返れば、慣れ親しんだ土地から遠く離れたブラジルにやって来て、あまり役に立たない研修生として働き、見えない壁に頭をぶつけてばかりだった。でもそうした経験がなければ、壁の存在自体に気づかなかったわけだし、越えられないと感じたときの自分の弱さにも出会えなかっただろう。そこに向きあわざるをえない時間を送ることができただけでも、ブラジルに来た意味はあった。そう今は思える。

サンバが悲しみと幸せという相反するふたつの感情が交わる境界で育まれたように、自分の人生においても、弱さを受け入れることではじめて、開かれてくる何かがある。思い悩む日々のなかで、ブラジル的な何か——ブラジルという土地が根源的に持つ、人が人と共に生きる姿勢に関わるある感情——が体内に種としてまかれていたのだろう。カーニバルの4日間という濃密な時間を経て、「ブラジル性」とでも呼ぶべきものが自分の内で萌芽しつつあることをぼんやり感じながら、サルバドールを去った。

8000キロの旅の終わり——未知の世界へ向かって

夢の続きを見ているような非日常的な気分と、祭りのあとの二日酔いのような気だるさを引きずりながら、北東部の内陸に広がる半乾燥地帯「セルタン」へと旅を続けた。セルタンの空気は乾いている。植物も違う。人びとの表情もどこか険しい。ブラジルらしい楽天さは影をひそめ、違う国に迷い込んだような錯覚に陥る。

毎日、何十時間もバスに揺られていると、夢と現実の時間の境界がぼんやりしてきて、自分がどこをさまよっているのかわからないようになる。振動に体を委ねて、いつまでも変わらない車窓の風景を眺めながら、視線を向けているのは実は自分の内面なのだと気づく。

「どうしてブラジルに来たのか?」

その問いへのはっきりとした答えはまだなかった。けれど、漠然としたものだが、自分という枠が知らぬ間に消えて、のびのびと解き放たれたような感覚がたしかにあった。ブラジルに住み、自分と向きあう時間を通り抜けて、到達することのできた場所がある。そこに行かなければ見ることのできない心的な風景を見出せたことは、この旅の小さくない収穫といってよいのではないかと思う。

果てしなく続くと思われたセルタンの旅も終わり、マラニャン州の州都サンルイスまでやってきた。そこに来たのにはわけがある。およそ1年におよんだブラジルでの滞在を終える前に、ぼくにはどうしても見ておきたい場所があった。それは、ブラジルに来る前にセバスチャン・サルガドの写真展で見た金鉱セーラ・ペラーダだった。

「こんな世界が本当にあるのだろうか」

あの写真群に写し込まれた混沌の世界を、この目で確かめずに日本には帰れない。そんな思いがぼくをセーラ・ペラーダへと駆り立てた。

サンルイスとセーラ・ペラーダがある鉱山地帯とのあいだには、鉄鉱石を運搬する鉄道が走っていて、週に2便だけ旅客車両が運行するという情報を得ていた。25レアル（当時のレートで約25米ドル）の運賃を払い、サンルイスから貨物車両に2両だけ連結した旅客車両に首尾よく乗り、8時間ほどでパラウアペバスという町に到着した。そこはもうアマゾンのジャングルの世界だった。

「セーラ・ペラーダと呼ばれるガリンポ（金採掘所）にどのように行けばいいのか」と住民に聞くと、ずいぶん郊外にあるらしい。そんなところに行くバスはないし、タクシーに乗るお金もない。仕方なく町で車をヒッチハイクし、連れて行かれたのが、「ヴァーレ・ド・リオ・ドッセ」と書かれた会社のゲートだった。カラジャスと呼ばれるこの地域一帯の鉱山で鉄鉱石やマンガンを生産する開発会社だった。

「ガリンペイロ（鉱夫）を撮るために日本から来た」と、やや大げさに（でも嘘ではない）ゲートで訴えたところ、特別になかを案内してくれることになったのだが、そこで見たいくつかの巨大なガリンポはすでにため池へと姿を変えていた。追い求めていたサルガドの写真世界はもうそこにはなかった。「兵《つわもの》どもが夢の跡」のような殺風景な水たまりを見たとき、意外なことに気持ちを高ぶらせている自分がいた。

「ブラジルは広い。でも世界はもっと広い。自分はまだその世界のほんの一角しか知らない。今ここから未知の世界に向かっていくんだ」

サンパウロからブラジリアを経て、バイーア、ペルナンブーコ、ピアウイ、マラニャン、そしてセーラ・ペラーダからアマゾンへ。移動距離を地図で計算してみると、なんと8000キロにおよんだ。気の遠くなるような長旅の果てに聞いた「未知の世界へ向かっていけ」という声。ブラジルが最後の最後に与えてくれたその声は今でも、人生航路を導く教えとしてぼくの内側で高鳴っている。

学習支援ボランティアからソーシャルワーカーへ

ブラジルから帰国し、1年ぶりに学生生活に復帰すると、大学という場所で学べることのありがたみが身にしみた。ブラジルという日本とは対照的な世界でまがりなりにも1年間、社会人として過ごしたことで、大学とのよい距離感が生まれ、学ぶ姿勢にも知らず知らずのうちに変化が起きていた。

ブラジル以前は、いうなれば学校から魚を与えられてばかりだったが、ブラジル以後は、自分から進んで魚の釣り方を習得していかなければと考えるようになったと思う。めまぐるしく変化を続ける現実社会との接点のきわに立ち、自分なりの「問い」を見つけ出そうと、大学という枠の内と外を出たり入ったりする日々が始まった。

サンパウロの法律事務所にいたとき、在日ブラジル人の問題を扱う書籍や報告書の編集を手伝ったことがきっかけで、日本に住むブラジル人が抱える問題解決に関わりたいと思っていたところ、京都や大阪の公立小中学校でブラジル人児童のための学習支援ボランティアの要請があることを知った。

当時、日本には約30万人の日系外国人が働いていた。1990年の出入国管理法改正で2世、3世とその家族に定住者資格が認められるようになり、ブラジルをはじめとした南米諸国からの出稼ぎが急増した。改正の背景には3K（きつい、汚い、危険）といわれる製造業の現場での労働力不足があり、とくに自動車産業において日系人は欠かせない存在となっていった。ところがバブル崩壊で状況は一転、日本経済が低迷を続けるなかで、日系人の不当な解雇や、それに端を発した家庭崩壊などの問題が深刻化、そのしわ寄せが子どもたちにもおよんでいた。

一般的に、親に連れられて来日したブラジル人子弟の多くは日本の公立小中学校に通うが、言葉や習慣の壁にぶつかって、不登校や非行の問題に直面することが少なくなかった。日本の学校に外国人児童を受け入れる十分な体制がないなか、一部の熱心な先生への負担が大きくなっていた現場に、ぼくは助っ人として入ったわけだ。

「ブラジルにいたら、もっと友達が多いのに」「ブラジルにいたら、もっといい成績がとれたのに」

そんなブラジル人児童の後悔の念を補習授業で聞くたび、彼らの背中をなんとか押してやれないものかと考えた。日本に暮らすブラジル人の子どもたちは、将来の日本とブラジルの架け橋になるだろう。ならば、彼らがブラジルに帰るか日本に定住するかにかかわらず、将来の選択肢が少しでも多くなるよう手助けをしたい。それが自分なりのブラジルへの恩返しだと思っていたが、一介の学生ボランティアにすぎないぼくは教育という現場でとても無力だった。

ブラジル人に限ったことではないが、子どもの問題は親の問題と直結している。実際に親に会って話を聞くと、ブラジル人の多くが不安定な間接雇用で、派遣会社を通して製造業の下請け工場で働いているという。家と仕事場を往復するだけの日々では日本語を使う機会はあまりなく、子ども以上に言葉に不自由を抱えていた。

そんな暮らしぶりをただ聞くだけでは不十分だと思い、派遣会社に登録してブラジル人が多く働く工場で働くことにした。

奈良のあるゲーム機の工場では、20代から30代の若いブラジル人が十数人働いていた。なかには日本語がまったくわからない非日系のブラジル人もいた（配偶者が日系なのだろう）。ゲーム機の部品を組み立てる簡単な仕事だったが、単純な作業を8時間以上続けるのは肉体的にかなりきつい。それでもブラジル人は必ず残業した。1日14時間以上働く者もいた。「お金が貯まらなければ、日本に来た意味がないから」。

休憩時間にブラジル人に混じってランチを食べていると、生活上のリアルな悩みが聞こえてくる。「子どもの宿題を見てやれない」「病気になっても健康保険がないので病院に行けない」「ブラジルでは日本人だったのに日本ではガイジンと呼ばれて辛い」……。

翻ってブラジルでの留学研修の日々を振り返ると、人並みの悩みや苦労はあったが、ぼくが塞ぎ込んでしまったときにも、身の回りのブラジル人はいつも「コルコバードの丘に立つキリスト像」のように腕を大きく開いてこちらを見てくれていたように思う。だからブラジルのことを一度も嫌いだと感じなかったし、日本に帰ってきてからもしばしば「ブラジル」が足りないと感じていたほどだ。

ぼくという人間を形づくるものの何割かは「ブラジル」でできている。そう思えるほどにブラジルに親近感を抱けたのは、何よりも日系人の存在があったからだ。1908年に781人の日本移民を乗せた「笠戸丸」がブラジルに到着して以来、日系人が100年近い年月をかけて異国の社会でしっかり根をおろしてきたからこそ、「第二のふるさと」と思えるくらいブラジルに魅せられた。ぼく自身が深い恩を感じる日系人たちが、自分の親や祖父母の祖国である日本に帰ってきて、「二度と日本には来たくない」と思い詰めているのだ。

今でも疑問に思う。なぜ日本社会は、自分と異なる道筋を歩いてきた人に対してこれほど冷たいのだろう。自分たちと同じ人間ではなく、使い勝手のよい「労働力」くらいにしか思っていないのではないのか。日系人らマイノリティに向けられる尖ったまなざしは、遅かれ早かれ、マジョリティに属するぼくら個々人に差し向けられ、社会をますます生きづらいものにしてしまうというのに。そんなふうに自分が帰属する社会の欺瞞に対する「なぜ?」が膨らんでいくにつれ、人がそれぞれに持つ可能性を発揮できる場所に社会を変えていく「ソーシャルワーカー」という仕事への興味が湧き上がってきたのだった。

写真家になる夢をあきらめたわけではない。だけど現実的に考えて、大学卒業後にすぐに写真で収入を得るのは無理な話だし、そもそもどうやって写真家になるかもわからない。それに、何も慌てて写真家になる必要はない。まずソーシャルワーカーになって実社会で学び、フィールドワークのノウハウを身につけ、その経験を糧にして30歳くらいから写真家として活動を始めてもけっして遅くはない。そんな道筋を思い描けたのは、いつもサルガドの大きな背中を遠くに見ていたからだった。

アメリカでホームレス問題に出会う——Against the Wind

またブラジル時代の話を持ち出すが、研修先の法律事務所では、ありがたいことに、ブラジルの新聞を自由に読める環境があり、ポルトガル語の学習を兼ねて関心のある記事をチェックするのが日課だった。そのさいに、セバスチャン・サルガドの写真やインタビュー記事をたびたび見つけた。そのどれもが見逃しようがないほどの特別級の扱いだった。たとえば、1996年6月30日付けのサンパウロの有力紙『フォーリャ・ジ・サンパウロ』の土地なし農民運動に関する調査記事では、なんと10ページにわたってサルガドの写真が掲載されている。日本の大手新聞で、フリーの報道写真家がこれほどの扱いを受けたことが過去に一度でもあっただろうか。

1944年、ブラジルのミナスジェライス州の田舎町アイモーレスに生まれたサルガドは、軍事政権の時代に抗議活動に参加したことで、亡命を余儀なくされる。フランスに渡り、パリの大学で農業経済学を学んだあと、国際コーヒー機構で経済学者として働く。そして出張先のアフリカで記録用に写真撮影したのを機に写真に開眼し、30歳を前にフリーの報道写真家に転じた経歴を持つ。

そしてここが肝心なのだが、フリーとして活動を始めてまもなく、サルガドはフランスの医療支援団体と協働し、アフリカのサヘル地帯で干ばつや飢餓に苦しむ難民の現状やボランティアの医師たちの活動を写真で伝えるプロジェクトに取りかかる。この動機を、サルガドはのちに自身の著書でこう語っている。

「どんな写真だって、単独では世界の貧困を変えることなんかできっこない。……文章や映画や人道支援・環境団体の行動全体と合わされば、わたしのイメージも、暴力や排除やエコロジー問題を告発するというような、もっとスケールの大きい運動に加わる」（イザベル・フランクとの共著『わたしの土地から大地へ』中野勉訳、河出書房新社、2015年）

その運動に加わる足がかりとして、ソーシャルワークを学ぼう。そうと決まれば、せっかちな性分のぼくはその世界の現場をすぐにでも見たいと思い、大学3年生の冬休みにソーシャルワークの先進国アメリカでボランティアをしようともくろんだ。

とはいえ、アメリカにはなんのツテもない。そこで望みの綱としたのがインターネットだった。今ではネットでの情報収集は常識だが、当時はウィンドウズ95が登場してまだ日が浅く、そこから得られる情報は限定的だった。それでも、「America」「volunteer」などのキーワードで検索をかけると、カリフォルニア州北部のペタルマという町でホームレスの人びとを支援するCOTS（Committee on the Shelterless）という民間団体がヒットした。

コンタクト先にさっそく「ボランティアをしたい」とメールした。すると「あなたの訪問を歓迎します。どんなアレンジが必要か教えてください」という返信がすぐに来た。差出人はジョン・レコードさんというCOTSのディレクターだった。人生ではじめて外国の人から届いたEメールだった。

普通なら会ったこともない人のことを簡単に信用してよいのか躊躇しそうなものだが、ジョンさんからの返信が届いたときは、「こんなふうにメールひとつで国境を越えて、知らない人ともつながれるなんて、すごい時代になった」という感激のほうが不安を凌駕していた。

1998年1月、ドーナツ店のバイトで貯めたお金で航空券を購入し、サンフランシスコに飛び、バスでゴールデンゲートブリッジを渡ってペタルマという町に向かった。

COTSのオフィスではじめて会ったジョンさんは、メールの文面から想像していた通りの、物腰の柔らかい紳士的な人だった。

到着して待っていたのは地元の新聞社『ARGUS-COURIER』からの取材だった。「新聞にアッシのことが掲載されることで、あなたはどこから何をしに来た人なのか地元の人に理解してもらえるでしょう」。ジョンさんの計らいだった。

最初は、COTSのようにホームレスを支援する活動がサンフランシスコ周辺でなぜ必要なのかも、よくわからなかった。シリコンバレーで有名なように、サンフランシスコは最先端のテクノロジーが集中する、世界でも有数の裕福な街という印象が強かったからだ。だが、「その特性こそがホームレス増加の原因につながっている」という。

世界中から優秀な人材が集まって、高所得者が多く住むサンフランシスコでは、住宅価格や物価が他のアメリカの都市よりも高い。仕事がある人でさえ家賃を払えずに路上暮らしを強いられることがあるというから、急な会社の倒産や、薬物・アルコール依存症などを含む病気で失業すれば、サンフランシスコでは即、路上生活に直結する。COTSはそんな社会から転げ落ちる人を受けとめる暮らしのセイフティネットだった。

人が社会で行き場を失うまでのプロセスは複雑だが、COTSがやろうとしていることはシンプルで、ホームレスの人が自分の住居を持てるように手助けすることだ。そのために、一時的な家となるシェルターと食事を提供し、同時に就労のカウンセリングや医療ケアを行うことで、自助自立を助け、逃げ場のない「シェルターレスな社会」を変えていこうとしていた。

そんな活動のなかでぼくに与えられた役割は、COTSが運営する託児所で子どもの相手をすることだった。単身者のホームレスが多い日本と異なり、アメリカでは家族単位でホームレスになるケースが多く、学齢期の子どもが含まれていた。そんな子どもたちとゲームを通して話し相手になったり、ホームワークを手伝ったり、逆に英語を教えてもらったりする。そんなコミュニケーションを毎日重ねていると、そこがホームレスのためのシェルターではなく、学童保育か公民館のように見えてきたのだ。「この変化、いいな」。そう思えたころには、自分のなかで彼らを「ホームレス」と一括して見なすフィルターはかなり透明に近づいていただろうと思う。

ＣＯＴＳのスタッフは、他人の子どもも自分の子どものように地域社会のメンバーとして助けている。いや、助けようなどとは思っていないのかもしれない。助ける側も助けられる側もないボーダーレスな関係こそがシェルターレスな社会を乗り越える。そんな意思を淡々とつらぬき、地道な活動を続けていた。

ホームレスでいることが身近に感じられる。ホームがある世界とホームがない世界を隔てる壁は思いのほか薄く、お互いの姿が目に見える。こういう視点を得ることができただけでも、ペタルマに来た甲斐はあったと思う。

託児所でのボランティアの他に、給食センターで配膳を手伝ったり、シェルターの清掃をしたり、また近い将来にアメリカの大学院でソーシャルワークを専門的に学ぶ機会を見据えて大学訪問をしたりと、２か月の滞在はあっという間に終わりを迎えようとしていた。

帰国が間近になったころ、ジョンさんのお宅にディナーに招かれた。ＣＯＴＳでのボランティア活動がソーシャルワークという仕事への理解を深めてくれたことの感謝を伝えた。そして写真をライフワークとして続けながら、ソーシャルワークをライスワーク（食べていくための仕事）にしていくつもりだと伝えると、ジョンさんがこう言った。

「写真もソーシャルワークなのだから、アツシはカメラを持ったソーシャルワーカーになればいい」

そうか。ふたつの仕事をわけて考える必要はないのか。目から鱗が落ちた瞬間だった。

ソーシャルワーカーとは、社会福祉士などの資格を持つ専門家のことだと考えがちだったが、人と社会との関係に働きかけ、現場からの声を世の中に伝えて、社会の変化を促す写真家の仕事もまた、広義のソーシャルワークなのだと納得させられた。そういう仕事の就職先はないかもしれないが、それならば、自分でその仕事をつくればよい。そう背中を押してくれたのは、このジョンさんの言葉だった。

阪神淡路大震災のあと、生活の基盤となる社会システムそのものが液状化していくような不安を感じ、これから先は、次々と姿形を変える社会に合わせて、働き方を自分で創造していかなければならない時代が来る――。そう思っていたのに、まだどこかで既存の働き方の枠に自分をはめこんで安心を得たい引力に引っ張られていたようだ。

ところで、とジョンさんが別の話題を切り出してきた。「日本のホームレスの現状はどうなのか」と。そのことについては、そのうちにだれかから質問があるだろうと想定し、日本であらかじめ調べておいた。

「もちろん日本にもホームレスはたくさんいます……」

そう口にした途端、何か違うなと思った。

正直なところ、ぼくは日本でホームレスの「問題」にそれほど関心があったわけではなかった。大阪で段ボールの囲いのなかでうずくまる人の姿を子どものころからよく見かけてはいたが、それは関心があって見ようとしていたわけではなく、あたかも風景やモノのように見ていたにすぎない。いうなれば、それはsee（自然と目に入ってきて見る）であって、look（自分から意識的に見る）ではなかった。その匿名のだれかのことを知ろうという意思は、はっきりいってゼロだった。そんな無関心の塊だった自分が、本で仕入れた知識を知ったふうにひけらかしてはいけない。実際にそこに身を置き、自分の目で見て、自分の内から絞り出した言葉で伝えなければいけない。そう思い直し、ホームワークにさせてもらった。

このときにジョンさんからもらったプレゼントが今も座右にある。それは手作りの詩集で、表紙の版画には右に吹く強風に向かって体を傾ける人物が描かれている。タイトルは『Against the Wind』。逆風に向かって歩いていると感じるとき、今もこの版画に自分を重ねてこう自問する。

「お前は今、何に抗っているのか」

大阪の釜ヶ崎にて

大学4年生（5年目）になって、まわりの同級生の就職活動が本格化するなか、ぼくは相変わらずドーナツ店で週2回ほどのバイトを続けながら、日系ブラジル人への学校ボランティアと、卒業論文『日系ブラジル人と日本社会――「エルクラノ君集団暴行殺人致死事件」から考えたこと』のリサーチと執筆、そして新たに始めた「釜ヶ崎通い」に精魂を傾けた。

JR大阪環状線の新今宮駅の南側一帯に簡易宿泊所（ドヤ）が200軒近く密集する「ドヤ街」がある。日本最大の日雇い労働者の街、通称「釜ヶ崎」だ。より親しみを込めて「カマ」と呼ぶ人もいる。日本でも有数の人口密度が高い地域といわれていたので、路上に労働者がひしめきあっているのだろうかと想像しながら訪れると、人通りもまばらで活気がなく、少し拍子抜けした。何軒かドヤで尋ねても、宿泊客は少なく空室のほうが多いという。「もっと朝早く来んと釜ヶ崎の姿は見えへんで」と言われ、それ以降、深夜に原付バイクで家を出発して、夜明けまでに釜ヶ崎に到着するように通うようになった。

午前5時過ぎ、作業着姿の労働者が「あいりん総合センター」の前に集まっていた。「朝早く来んとわからんというのは、こういうことか」。4、5台のワゴン車に労働者が乗り込んでいく様子をそばで見ていると、「兄ちゃん、仕事あんで。行くか」と親方らしき人から声をかけられる。「いや、今日はちょっと」と躊躇《ちゅうちょ》していると、車はそれぞれの現場へ出発していった。その日の求人はそれだけだった。

「もう完全に仕事ない。なさけのうて。腰はかなんし、夜は寝れんし。だれに訴えたらええのや」と仕事にありつけなかった〝おっちゃん〟がつぶやいた。残された人たちは50代かそれ以上の高齢者で、

「あいりん総合センター」で寝泊まりする人 1999年 日本

若い人はいなかった。景気のよいときは、センター1階の「寄せ場」に駐車しきれないほどのワゴン車が並んでいたというが、そんな「釜ヶ崎」のにぎわいを目の前の閑散とした光景から想像することは難しかった。

朝8時になると、日雇い労働のための「白手帳（雇用保険日雇労働被保険者手帳）」を手にした労働者たちが「アブレ手当」の認定を受けるためにセンター2階の職安に殺到する。早朝に見た求職者よりも圧倒的に多い数だ。

「毎朝これやで。ある程度仕事ないともらえんから、わしには関係ないけどな」と行列の脇で毛布に包まれたおっちゃんは、アブレ手当にもアブレているという。

アブレ手当とは、前2か月に26日以上働くと支給される失業給付金だ。それはつまり、26日以上働いた人は働く意欲があるとみなされ、仕事にアブレた場合でも手当で宿代と食事代を補えるが、26日に満たなかった人は意欲に乏しいので支援の対象とみなされず手当ももらえないというダブルパンチを食らう仕組みだ。親方に仕事を回してもらおうと朝早くから待っていたおっちゃんの暗たんとした表情を思い出して、なんとも腑に落ちない気持ちになった。

こうして月に2、3回程度のペースで釜ヶ崎の取材を重ねていたころ、カメラ雑誌でMSFフォトジャーナリスト賞のことを知る。

MSFとは、1971年にフランスで設立された医療や人道援助活動を行う国際NGO「国境なき医師団（Médecins Sans Frontières）」のことだ。今では世界的に有名だが、当時の日本ではまだそれほど知名度はなかった。そのMSFの日本事務局が「フォトジャーナリストを志す若き写真家を求む」と募集していた。それがMSFフォトジャーナリスト賞だった。そして国境なき医師団こそが、サルガドが協働していた「あるフランスの医療支援団体」だったことを知った。

その事務局が日本にあっただけでもうれしい驚きだったが、フォトジャーナリスト賞まであるなんて、こんなチャンスは一生に一度あるかないかのものだろう。この登竜門は何年かかっても必ずくぐりぬけようと覚悟し、「看護婦」「経済不況」「農村の人々」の3つの応募課題から「経済不況」を選び、アメリカから持ち帰ったホームレス問題への視点から釜ヶ崎に生きる人びとの現実を照らし出そうと考えた。

時間はまだ10か月以上ある。まずは釜ヶ崎で起きている問題をさまざまな角度から観察しようと、野宿者支援団体が行っている夜回りパトロールに参加したり、公園での炊き出しを手伝ったりするところから取材をスタートした。カメラを持って撮影を始めたのは通い出して半年以上経った、大学の卒論論文が一段落したころだった。

目の前に横たわるホープレスな社会

釜ヶ崎では夜になると、屋台や路上で繰り広げられる飲み会の輪にカップ酒やチューハイを持って加わった。はじめは「こいつなんや」という目で見られて煙たがられたが、しつこく通い詰めるうちに「お前また来たんか。まぁ一杯飲んでけや」となって、ここでは贅沢な生ビールをおごってもらったこともあった。写真家を目指していることがわかると、「釜ヶ崎がなかったら、行き場のないやつが日本にたくさんおることをお前はまだわかってない」とおっちゃんたちの講義が始まることもあった。釜ヶ崎はぼくのもうひとつの学校でもあった。

おっちゃんたちが仕事をしているところを撮ろうと釜ヶ崎周辺を歩き回っていると、リヤカーで段ボールを運ぶHさんに出会った。「1キロで5円として100キロで500円。きつい仕事や。若い人にはなかなかできへん。段ボール集めも経験がいる」と自負する仕事だが、収入は1日2000円あればよいほうだという。仕事するのは車の交通量が少ない夜から深夜の時間帯で、日中の気温が高い時間に体を休める。テント生活だった。

肉体労働で体は引き締まっているが、「60を過ぎて寒さが身にこたえるようになってきた」。もっと年をとれば仕事を続けられなくなる可能性があるとわかっている。「生活保護とか考えないんですか?」と聞くと、「おれはこの世にいないことになっているから」と言う。詮索はしなかったが、どうも戸籍がないということのようだ。日本にそんな人がいるという事実に胸を突かれた。

無戸籍で生きるとはどういうことなのだろう。病気になったら病院は診てくれるのだろうか。働けなくなったら生活保護などの福祉的なサービスを受けることができるのだろうか。ぼくは自分の身の回りの社会で起きている不条理を本当に何も知らない。そのことにめまいがしそうだった。

寄せ場で撮影しているときに知りあった加藤さんは50代だが、10歳は老けて見えた。毎日のようにセンターに通っては仕事の声がかかるのを待つが、「ただでさえ仕事がないのに最近のもんは携帯電話で手配師に連絡して仕事を持っていくから、よけいあかん」とその日も仕事にありつけずにいた。

加藤さんは木造建の古いドヤを定宿にしていた。同じ宿に一泊600円の個室が空いていたので、ぼくもそこに泊まることにした。3畳一間に布団一枚の部屋だ。掛け布団はじめっとして重く、かぶるのに躊躇するほど黄ばんでいたが、600円だから文句は言えなかった。

大阪出身の加藤さんは建築現場一筋で生きてきた。景気がよいときは、住み込みで近畿圏のさまざまな現場を渡り歩いた。月10日働いて残りを遊んで暮らせた時代もあったという。

「日雇いの仕事で食えた時代は大阪ドームが最後かな」

不況になって仕事は激減する。阪神淡路大震災でがれき撤去の仕事にありつけたが、それも一時的なことで、釜ヶ崎で食うや食わずの生活を続けている。ときどき回ってくる清掃や解体の仕事で糊口をしのぐが、その仕事がなくなれば、ドヤも退去しなければならなくなる。「そうなったらどこに行くんですか?」と聞くと、「わからん。まあ、おれのことはええんや。お父さんは元気か。今はサラリーマンも大変やいうからな」と、逆にこちらのことを気にかける優しさが印象的な人だった。

ドヤで寝泊まりしている加藤さんは、一般的にホームレスとは見なされないだろうし、本人にもその自覚はない。身なりにも気を使っているし、はた目にはどこにでもいるごく普通のおっちゃんだ。働く意欲はあるし、月に片手で数えられるほどの回数だが仕事もしている。だが、その仕事が途絶えてしまったら、あるいは思いもしない病気を患ったらどうなるだろう。頼る家族や親戚はいない。1

日3食食べることはすでにかなわず、生活は十分に困窮している。最底辺への土俵際に追い込まれて、なんとかつま先で踏ん張っている状態なのだと思う。

調査をしたわけではないので、取材から得た実感の域を出ないが、Hさんのように簡易テントや段ボールハウスで寝起きしながら、段ボールや空き缶を集めて売った収入で生活する「明らかな」ホームレスよりは、加藤さんのように明日にもホームを失いかねない「隠れた」ホームレス予備軍のほうが相当多いのではないだろうか。

ペタルマから釜ヶ崎へとめぐって、そもそも「ホーム」とは何か、ということも考えさせられた。ホームは単に住む家（ハウス）を指す言葉ではない。家族や友人との関係性や地域社会とのつながりのなかにある「目に見えない」拠りどころこそが本質的なホームだとすれば、ホームレスの人は住むところもなく拠りどころもないという二重の意味で喪失を味わっていることになる。

だが、それは自分とは縁遠い世界とは思えない。たとえ今、住むところや仕事があっても、だれもがちょっとしたきっかけで本質的にホームレスになりうる寄る辺なきシェルターレスな社会を、ぼくたちはすでに生きている。そしていよいよジョブレス（失業状態）になったとき、ホームもシェルターもない、「ホープレスな社会」が目の前に横たわっていると薄々感じながら、そのリアリティを他人事のように遠ざけてしまっているのではないか。

現代の日本において、雇用対策は依然脆弱であり、社会保障費はじわじわと削られ、貧困を当事者の自己責任として片づける風潮は強まりこそすれ、和らぐ気配はない。

そんな逆風に抗って生きるおっちゃんたちの願いはいたってシンプルだ。それは「自分で稼いだ金で飯が食えて布団で寝られたら、それでいい」ということだ。

日本は、そんなささやかな希望《ホープ》すら切り捨ててしまうほど冷たい国になってしまったのだろうか。

MSFフォトジャーナリスト賞

そうこうしているあいだに、大学生活は終わった。だが、学びには終わりがない。そんな意地があって卒業式には出席しなかったが、かっこつけたところではたから見れば失業者同然だ。それでも、自分の仕事は自分でつくるんだという意気込みで、「Photographer」と肩書きを記した名刺を自作し、どこかに所属していたわけでもないが独立を宣言し、先行きへの不安と迷いをかき消すように釜ヶ崎に通い続けた。

寒さが少し和らいだ4月、釜ヶ崎にある三角公園ではボランティアによる炊き出しに並ぶ人の長蛇の列があった。1000人はいるのではないか。「難民」という言葉すら喚起される光景に、「ここはいったい日本なのだろうか」という思いでシャッターを切った。

それと同時に、「釜ヶ崎がなかったら、行き場のないやつが日本にたくさんおる」と言ったおっちゃんの言葉でその悲惨に見えた光景を照らし直すと、この社会にはまだ苦境にある人に手を差し伸べる人たちが少なからずいることにも気づかされる。家族が、地域が支えきれなくなった人びとを、こ

釜ヶ崎の炊き出しに並ぶ人びと 1999年 日本

の小さな町が抱え込んでいるのだ。

そう考えると釜ヶ崎という場所は、日本の社会全体がシェルターレス化するなかで、数少ない巨大なシェルターであるかのように思えてくる。

ホームなき人びとのための最後のホーム「カマ」。そこに生きるおっちゃんたちが「大変やったけど、がんばってきてよかった」と報われる社会は、だれにとっても居心地のよい、優しい社会なはず。そんな社会を、人はどうすれば想像できるようになるだろうか。

そんな問いを投げかけるように取材ルポを記し、およそ700カットから20点を選び、MSFフォトジャーナリスト賞に提出した。

5月の連休あけに、東京から電話がかかってきた。国境なき医師団日本の事務局からだった。最終選考のために、東京に来てほしいという知らせだった。

高田馬場にある事務所で行われた最終面接では、フランス人の事務局長ドミニク・レギュイエさんを真ん中に、報道写真家の大御所であり審査委員長の田沼武能さん、そして写真エージェンシーの倉持悟郎さんの3人と向きあい、英語と日本語を交えて作品の背景などについて説明した。緊張で何を話したかまでは覚えてないが、ドミニクさんから「君はなぜスーツを着ているのか?」と聞かれて、「自分にとっての就職活動だから」と答えたことはなんとなく覚えている。今年がダメなら来年また挑戦するだけだ。そんな気持ちで大阪に帰って3日後、ふたたび事務局から電話があった。「また東京に来てください」と言う。合格だった。

審査委員長を務めた田沼さんはぼくの作品をこう評した。

彼はアメリカに渡り、ソーシャルワーカーになるためにシェルターでその実習教育を受ける。日本に戻ると、大阪西成区の釜ヶ崎の日雇い労働者の街に通う。そのうちに、自分の考えていたことは、写真という手段でも社会に貢献できるのではないかと気がついたという。そして、日雇いで暮らす労働者たちの撮影を始め、MSFフォトジャーナリスト賞の募集を目にして、応募した。どんなに厳しい生活をしていても、義理を大切にし、楽しく生きることを忘れない人々の、人間らしい生活を写真にまとめた視点とフットワークが良い。

この受賞により写真家になる道のとば口に立ったぼくは（実際は写真で食べていけるまでさらに10年を要するのであるが）、このあとすぐに念願の国境なき医師団との仕事でアフリカに旅立つのであるが、その話の前に、釜ヶ崎を取材したことがきっかけでめぐってきた、貴重な経験をこの章の最後に記しておきたい。

「自分の声を見つけろ」

1947年にロバート・キャパらが設立した世界を代表する写真家集団「マグナム・フォト」の写

真家が日本のドヤ街で撮影するというので、大阪の釜ヶ崎と東京の山谷で案内役をしてほしいという話が来た。写真家はニューヨーク出身のブルース・ギルデン。彼のことは知らなかったが、なんといってもあのマグナムの写真家だ。その仕事ぶりを間近で見られるだけでも稀有な機会だとふたつ返事で引き受けたのだが、撮影スタイルがあまりに衝撃的で、ぼくはその忘れがたい経験を「ギルデン・ショック」と勝手に呼んでいる。

長身のギルデンさんは右手にカメラ（ライカM6）、左手にフラッシュを構え、路上を行き交う人のなかから、これと思う被写体を選んで忍び寄り、いきなり「バシャ！」と強力な閃光を浴びせて撮影する。はじめてその様子を見たときは本当にショックで、開いた口がふさがらなかった。一種の暴力ではないかとさえ思ったほどだ。

ある夜、釜ヶ崎の路上でギルデンさんが酔っ払ってたむろする人を撮影したとき、相手の一人が「なんや、この外人！」とキレたことがあった。そんな撮り方したらだれでも怒るに決まっているだろうとあきれながらも、「すいません、すいません、この人アメリカの写真家で」と半分泣きべそかきながら謝ると、「けっして謝るな。ありがとうはいいが、すいませんは言うな」とギルデンさんに注意されたのだ。

「何を言ってるんだ、この人は」と困惑しているあいだに、ギルデンさんは「カモン！　かかってこい×××！」と相手を口汚いスラングでけしかけ、「しばき倒すぞ」と逆上したおっちゃんらと取っ組み合いになったことがあった。

またある夜には、知らない男性に呼び止められて、「お前、あの外人の通訳か。これ以上、好き勝手やっとったら殺す、言うとけ」と脅迫されたこともあった。釜ヶ崎では路上で公然と違法賭博が行われているのを実際に見ていたし、そういう筋の関係者が、ただ写真を撮るのではなく、昼夜問わずフラッシュをたいて撮影するものだから、こちらの存在を煙たがるのは当然のことで、自分ひとりで撮影しているほうがよっぽど気が楽だった。

そんな感じで最初の2、3日はそばでずっとハラハラドキドキしていた。こんな写真家にはなりたくないというかすかな嫌悪すら抱いていた。マグナムの写真家がみな、彼のようなやり方ではないことはわかっている。けれど、これくらい強烈に個性的で、それがオリジナリティというのかどうかはわからないが、ある種の灰汁の強さがなければ写真家にはなれないのかと思うと、自分には到底無理な世界だと、半ば反面教師のようにギルデンさんを見ていた。

それでも、ある程度撮影が進むと、はじめは手当たり次第に撮影しているように思えたギルデンさんも距離感や間のようなものをつかんできたのか、相手と衝突するシーンはなくなり、ぼくのほうも彼がどんなシチュエーションを欲しているのか、少しずつ勘所がわかってきた。

タバコを吸っているシーンを撮りたいと言えば、「わかば」という安い銘柄のタバコをおっちゃんに渡す。深く吸い込んで「プハー」と吹かした瞬間に、「バシャ!」と一発撮ると、「今の表情はよくなかった。もっと深く吸ってくれ」と指示が出る。「何本吸わすねん、この外人さんは」とあきれながらも、面白がってつきあってくれるおっちゃんたちも少なくなかった。

立ち飲み屋に入れば、「わたしは飲まないから、これをあなたが飲んでくれ」とカウンターの隣に座るおっちゃんにカップ酒をご馳走する。そして、ぐいっとカップをあおる瞬間、「バシャ！」という具合だ。撮影方法はどう贔屓《ひいき》目に見ても非礼極まりないのだが、撮影したあとはたいてい被写体のおっちゃんと打ち解けて、ときには肩を組みあって笑いあっていることもあって、強引さと親しみやすさを不思議なバランスで保っている人だった。

撮影が終わると、毎晩のように道頓堀にある寿司屋に行った。ギルデンさんは寿司が好物だった。冷静に考えればマグナムの写真家に自分の作品を見てもらうチャンスだと思い、ある晩の食事後、六つ切サイズにプリントした写真を見てもらうことになった。

20枚ほどの写真を2回、丹念に見たあと、「お前はだれの写真が好きなんだ」と聞くので、「セバスチャン・サルガドとか、マリー・エレン・マークとか」と答えると、「ブルシット！　あんなものはコマーシャルで、ただのチャリティ写真だ」と手厳しくこき下ろすではないか。「ブルシット（直訳すれば「牛のうんこ」）はどこのだれや」と口から出かけた言葉を飲み込み、このさいだから言わせてもらおうと日頃の不満をぶつける。

「あなたはすごい写真家だと思うが、正直なところ、ぼくはあなたの撮影のやり方は好きじゃない。撮影の許可も取らない。相手へのリスペクトがない。なぜ、あんなやり方をするのか理解できない」

すると、ギルデンさんはこう返した。

「わたしは被写体が何人であるとか、どこの国籍であるとか、貧乏人か金持ちか、そんなことに興味はない。興味があるのはその人間のキャラクターだ。それを引き出すため相手をaggravate（嫌というほど挑発）する。そうするうちに自分の撮影スタイルができあがった。日本ではヤクザも撮ったが恐怖はない。父親はマフィアのような男だったから、むしろ親しみを感じる。オヤジを探している感覚なんだよ」

続けてギルデンさんがぼくに問いつめる。

「結局、お前は何を撮りたいんだ」

そのひと言に心がざわめくのを感じながら、「ぼくはサルガドのように社会を変えるための写真を撮りたい」と言うと、「嘘つきだな、お前は」とつぶやいて、こう付け加えた。

「『サルガドになりたい』をやめて、自分の声を見つけろ」

当時は彼のアドバイスの言葉を素直に聞けなかったし、ギルデンさんの言わんとする真意もよくわからなかった。

それが、どうしてだろう。彼の言葉はずっとあとになっても心に引っかかったまま残り続けた。そしてときおり、写真のことで壁にぶつかったときに反芻しては、少しずつ「なるほどな」と理解が深まるようになっていった。

彼の作品をあらためて見てみると、釜ヶ崎やホームレス生活の日本人が相手だから、あのような撮影方法をとっているのではないことがわかる。日本のヤクザに対しても、ニューヨークの通行人と同じ態度で向きあっている。ハイチの宗教儀式でもトルコのクルド人難民キャンプでも、そのスタイルはつらぬかれている。写真が相手とコミュニケーションするための言語だとすれば、ギルデンさんは相手の人種や属性、立場によって言葉遣いを変えるようなことをしないという意味で、とてもフェアだった。謝るくらいなら撮らないという彼のアグレッシブな姿勢はときに被写体との衝突を招くが、「それを恐れて自分をごまかして撮ることは相手にも自分にも不誠実じゃないか」という声が写真から聞こえてくるようで、耳が痛かった。

写真で社会を変えたい。そう内心で望みながら、社会的な困難に直面している人びとを「可哀想な同情すべき相手」と一方的に見下し、「被災者」や「ホームレス」と一括りにして見てはいなかっただろうか。その目線は低いようで実は高い。

ギルデンさんのスタイルは、ぼくが写真家の鑑としているセバスチャン・サルガドのそれとはじつに対照的だが、このふたりの写真家は共通して「自分の声」を持っている。混沌とした現実世界から象徴的なイメージを鋭く切り取り、編集により捨てるべきところをそぎ落としてイメージを凝縮させることで、「わたしは世界をこう見ている」という解釈を力強く表現している。だからこそ彼らの写真は国境を越えて、多くの人の心を揺さぶるのではないだろうか。

反面教師だなんてとんでもない。ブルース・ギルデンもまた、新たな視点で世界を捉え直し、写真を見る人に問いや驚きを投げかける方法を路上で教えてくれた先生だった。

第2章

アフリカ、国境なき医師団と共に

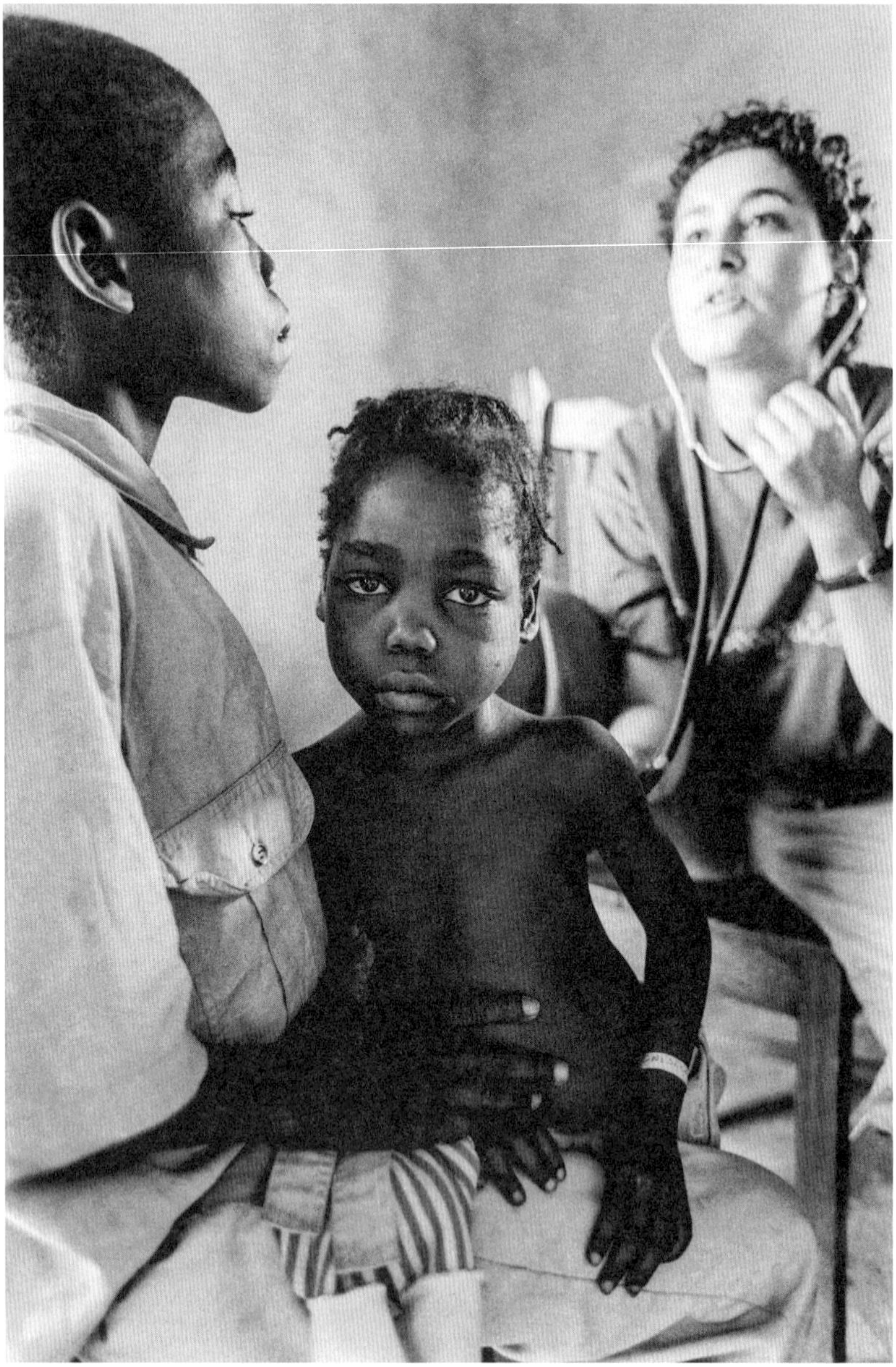

1 標高3000メートルの高地に住む子ども　1999年　エチオピア／**2** 雨宿りをする高地の人びと　1999年　エチオピア／**3** 栄養失調の子どもを診る国境なき医師団の看護師　2000年　アンゴラ

「ついにアフリカに来たんだ」

窓から入り込む、喉が干上がりそうな外気の熱さに意気があがる。

1999年8月、ぼくたち4人を乗せたトヨタのランドクルーザーは、エチオピアの首都アディスアベバからアフリカ大陸の東部を南北に分ける巨大な裂け目「大地溝帯《グレートリフトバレー》」の底地を目指して出発、ヤギが群れをなす、のどかな農村風景をひた走っていた。標高約2400メートルの高地にあるアディスアベバはジャンパーが必要なくらい寒かったが、標高が下がるにつれ気温はじりじりと上昇、衣類を1枚また1枚と脱ぐごとに、アフリカが迫ってくるようだった。

一行を簡単に紹介しておくと、ドライバーは国境なき医師団フランスのエチオピア事務所代表であるミルトン・テクトニディィサスさん。カナダ国籍の外科医だ。助手席には国境なき医師団フランスのオペレーションセンターから出張で来ているギオムさん。そして後部座席には、アネリーさんという医師になりたてのエチオピア人女性、そしてぼくの4人だ。

出発して9時間後、ドゥブチという砂漠にある小さな町に着いた。そこは、エチオピアの主流民族であるアムハラ人とは言語も宗教も異なる、アファール人の土地だった。

アファール人の多くは、ラクダやヤギなどの家畜を連れて移動しながら暮らす遊牧民だ。自然環境に行動パターンが左右される彼らに医療支援を届けるのは簡単なことではなく、エチオピア当局も手をこまねいていた。

そこで国境なき医師団が目をつけたのがドゥブチだった。

付近に流れるアワッシュ川（直立二足歩行をしていた人類最古の猿人「ルーシー」の骨格はこの流域で発見された）のおかげで、このあたりの土地は肥えており、欧州の企業が綿花や花卉などの農園を営んでいる。そこで季節労働者として働くアファール人を対象に基礎的な医療を提供しようと、国境なき医師団フランスがドゥブチにある病院への支援を開始した。最近、アファール人医療スタッフ向けに外科治療のトレーニングが始まったところで、今回の訪問はそのフォローアップ（経過観察）が目的。そこに同行させてもらっているわけだ。

翌日の朝8時ごろに病院を訪れると、入り口の前で4、50人の患者が座り込んで順番を待っていた。あたりをうろうろしながら診療が始まるのを待ったが、受け付けすら始まらず、そのままお昼の休憩時間に入った。

病院のスタッフルームに行ってみると、アファール人の男性看護師たちはチャットという覚醒作用のある植物を噛みながら、すっかりリラックスした様子だった。外では40度近い炎天の下で患者たちが待ち続けているというのに、どうなっているのだろう。

様子を眺めているあいだにひとりの男性患者が担架で運ばれてきた。白目をむいていて、呼吸も苦しそうで、意識が混濁している。「なんとかしたほうがいいんじゃないか」と慌てているのはぼくだけで、病院のスタッフはだれも対応しようとしないことに唖然とした。

町での現地当局者とのミーティングから戻ってきたミルトンさんがすぐに処置にとりかかったが、すでに手遅れだった。

「やれることはやった」と、アファール人の看護師がミルトンさんに英語で訴える。

「何もやろうともしていなかったじゃないか」。見え透いた言い訳に一瞬、怒りが湧いた。だがそれよりも、生まれてはじめて人間の絶命を目の当たりにしたショックのほうが大きく、いいようのない脱力感に襲われながら、遺体に白い布がかけられて運ばれていく様子を呆然と眺めた。

翌日も、ずさんな医療体制を見せつけられた。

大腿部に大きな腫瘍をこしらえた男性が外来にやってきた。すぐに手術する手はずになったのだが、あるはずの手術器具が見つからない。ミルトンさんの苛立ちは募るばかりだった。そのあと重度の栄養失調の赤ちゃんが運ばれてきたのだが、ミルトンさんは国境なき医師団の現地オフィスに連れていってしまったのだ。

「病院に戻したほうがいいのではないですか?」となだめるアネリーさんに、ミルトンさんは「もううんざりだ。彼らは何もしない。何度もこんなケースを見たが、彼らは何もしなかった」と怒りを爆発させた。

そんな地方医療の現実に、エチオピアで生まれ育ったアネリーさんもショックを隠せなかった。

「医療技術のレベルが低いのは仕方ないし、だから国境なき医師団がここにいるのだけど、カルテもなく、看護師はだれがなんの病気かも把握せず、結核の患者も肝炎の患者も同じ病室で扱っているのには驚いた。ちゃんとした診断をせず、薬を与えて治ればOK、死んだら仕方がないという感じで、本当にどうすればいいのか」

重症患者は次から次へとやってくる。象皮病のように膝下をひどく腫らした男性、結核にかかって咳が止まらない少年、体中に腫瘍ができて耐え難い異臭を放つ男性。

過酷な遊牧生活のなかで、慢性的な栄養不足や風土病、感染症の脅威に無防備にさらされていた。家族のだれかが病気を患うと、遊牧民としての暮らしを続けていくことは難しくなる。薬を買うために、彼らの生活に不可欠な家畜を手放す羽目になるからだ。そうして町の周辺で日雇い労働をしながら定住を始める遊牧民が、増加しているのだという。そんな彼らの最後のセイフティネットがこの病院なのだと思うと、気が滅入って仕方なかった。

翌日は疲労感と虚脱感に襲われて、ベッドから起き上がれなかった。写真を撮ろうとする意欲が、心に開いた穴から漏れ出てしまったかのようだった。慣れない気候のせいもあったかもしれない。外は10分も歩くと息苦しくなる暑さで、水をいくら飲んでも小便が出ない。食欲もなく、口にしたのはパンとバナナくらい。

今から思えば、軽い熱中症だったのかもしれないが、人間を襲う不条理を立て続けに見たことによる精神的ショックのほうが自覚としては大きかった。ドゥブチに駐在しているフランス人看護師のフランシーヌさんとアネリーさんが部屋に来て、「消えたから心配してたのよ」と気遣ってくれた。子どもみたいで情けなかった。

夜、部屋にいると暑いので宿舎の屋上に上がると、満天の星の下でアファール人スタッフたちがコーラを飲みながら談笑していた。「アファールは気に入ったか？　アファールにはフォトジェニックな場所がたくさんあるぞ。海よりも低く、世界で一番暑い砂漠があって、そこにある火山はアファール人の聖地なんだ」などと話しかけてくる。

日中からの鬱屈とした気分を引きずっていたぼくは、「ふーん、そうなんだ」と適当な受け答えで流した。彼らには申し訳ないが、内心では「もうアファールはこりごりだ」と思っていた（はずだったが、砂漠の火山の話はそのあともずっと気になっていて、2013年にふたたびアファールを訪れ、エルタ・アレと呼ばれる火山の火口までトレッキングした。そこには、この世のものとは思えないくらい素晴らしい光景が広がっていた）。

アディスアベバへの帰り道、休憩のために路肩に車を止め、タバコを吹かすミルトンさんの横で体を伸ばしていると、「忙しくて対応できなかったが、君が求めているのはこんな感じなのか」と気にかけてくれた。「うーん、まだドゥブチしか見ていないのでわからないけど」と曖昧に答えたが、このままではダメだという焦りはあった。

自分にとっては写真家としてはじめての仕事であり、何の訓練も受けずにいきなり現場に放り込まれた身とはいえ、一般の人からの善意である寄付で運営されている国境なき医師団の資金で来ている以上、果たすべき最低限の役割がある。

それがなんなのか。何をどう撮ればよいのか。教えてくれる人はだれもいない。道なき道をひとりで歩いている気分だったが、とにかく言葉にして伝えないと、取材を調整してくれているミルトンさんを困らせるだけだ。それで口に出たのが、「一番タフなフィールドに行かせてほしい」という言葉だった。すると、ミルトンさんはアネリーさんにぼくをラリベラに連れて行くよう指示して、「エチオピアは山が美しいんだ」とつぶやいて車に乗り込んだ。

アビシニアの山岳地帯へ

エチオピア北部の標高約2700メートルの高原地帯にあるラリベラ。巨大な岩盤を掘り抜いてつくられた教会群のある町として知られている。

エチオピアはアフリカ最古の独立国だ。そこでキリスト教が受け入れられたのは4世紀中頃。地理的に隔絶した高地で、キリスト教は何世紀もかけて独自の発展をとげ、現在のエチオピア正教となった。国民の半分を占める敬虔な信者にとって、ラリベラは聖地のような場所だった。

その町の診療所を拠点に、国境なき医師団は周囲の無医村で暮らす5歳以下の子どもを対象に、大規模な栄養改善プログラムを展開していた。

診療所を訪ねると、子連れの女性100人あまりが入り口で座り込み、順番を待っていた。受付では、先にラリベラ入りしていたミルトンさんが子どもたちの体重と身長を測定している。

「町を囲む山を見たらグリーンに覆われているだろう。ずいぶん雨が降ったからね。その光景は飢餓のイメージとは離れた印象を持つだろうが、その見方は違う」

ミルトンさんは、1984年と1985年に起きた飢餓を引きあいに、表面的には危機的状況に見えなくとも、その奥に飢餓はつねに準備されていることを見逃してはならないと強調した。

ミルトンさんは外科医であると同時に、栄養治療の専門家でもあった。

「自明なことだが、人は生きるためには食べねばならない。食べるためには自分で作物をつくるか、お金で買うか、普通はどちらかだが、この国には両方ともできない人がたくさんいる。水を手に入れることさえも簡単ではない」

貧しくて食べ物を買う資金がないのはわかるが、農民である彼らがなぜ自分たちに必要な食料を生産できず、日常的に飢えに直面しているのか。

「エチオピアでは雨が降らないことはしばしば問題になるが、降りすぎる問題は見過ごされがちだ。降りすぎると山で洪水が起きて、土壌の養分と一緒に蒔いたテフ（イネ科の穀物）の種が流されてしまう。十分な収穫は得られないまま、次の収穫までに蓄えが尽きる。まさに今がそれだ。そのサイクルが繰り返されることで貧しさが固定される。そうして飢餓がつねに準備された状態で干ばつが起き、悲劇がようやく可視化される。干ばつは引き金であって問題の原因ではない」

内密にされている悲劇の兆候を見逃すまいと、ミルトンさんは自ら、その社会の食料事情が如実に映し出される子どもの健康状態に目を凝らしていたのだった。

その晩。ミルトンさんとギオムさん、アネリーさん、そしてラリベラを拠点にするエチオピア人コーディネーターのワダジさんと女性医師のマーサさんと一緒に、「ブルーラル」というイタリアンレストランで夕食を共にする。

標高が高いせいか、ビール1本で十分に酔える。ミートスパゲティを食べながら、それぞれの明日以降の予定を確認する。そのなかでぼくの予定だけが決まっていなかった。このままラリベラに残って撮影してもいいし、興味があればワダジらと「ブッシュ（奥地）」に行ってもいい、とミルトンさんが言う。

そう聞くと、「ブッシュ」への期待が俄然高まる。このときは山奥の村を訪問するくらいの理解だったが、ぼくは最後のフィールドトリップをブッシュにかけてみることにした。

「とても美しい写真が撮れるだろう。わたしはミーティングがあるので同行できないが、うらやましいよ」とミルトンさんは残念そうなそぶりを見せる。

このなかでブッシュに行くのは、ワダジさんとマーサさんとぼくの3人だった。

「今夜はおごらせてもらうよ。最後の晩さんだ。少しは罪悪感を感じているんだ」と、何か意味深長な物言いをするミルトンさんは、かすかに笑っているようにも見えた。

少しだけ嫌な予感がした。明日以降どうなるかわからない。食べられるときに食いだめしておこうと、ぶよぶよのミートスパゲティをビールで胃袋に流し込み、早めにホテルの部屋に戻った。

が、その晩はほとんど眠ることができなかった。ラリベラでは高いランクのホテルだったはずだが、ベッドはノミだらけだった。さらに翌朝、朝食を食べた直後にひどい下痢になった。朝食の目玉焼きに使われた油が古かったような気がしていた。初日から苦しい体調でラリベラを出発した。

ランドクルーザーのような四駆でしか通れないガタガタ道をゆくことおよそ2時間。エチオピア高原の山並みを見晴らせる場所で車が止まった。標高は3000メートル近いという。はるか向こうには4000メートル級の山が連なり、眼下には真っ白な雲海が広がる。神々しいほど壮大な景色にシャッターを切っていると、ここからの行程は徒歩だと告げられる。

徒歩って、どこへ？　雨も降っているし、こんな寒さで（日中だが気温は摂氏10度未満）。

「まじか」

崖につき落とされた気分でいると、ぼくたちの到着を待っていた現地ガイドが、「アビシニア（エチオピアの古い呼び名）へようこそ」と微笑んだ。「アフリカの天井」とも評される目の前の絶景もうわの空。あのアファールが恋しく感じられた。

山道を知り尽くしたガイドが2名、ポーター（荷物運び）が2名、そして食料や医療キットを運ぶ馬やロバが数頭スタンバイしている。5日間のスケジュールで3つの村を巡回する計画だ。

「ブッシュに行くとはこういうことだったのか」

携帯した持ち物といえば、カッパに折りたたみ傘、ラリベラで買ったビスケット2本、バイト先の同僚が餞別にくれたレトルトの五目釜めしがひとつ。あとは、キヤノンの一眼レフカメラEOS5、28ミリと50ミリの単焦点レンズ、コンパクトカメラ、それに白黒フィルム100本とカラーフィルムが数本のみ。まさかエチオピアで3000メートル級の山をトレッキングするなんて。準備不足を嘆いたときには、すでにブッシュに入っていた。

降りしきる雨のなか、山道を黙々と4時間ほど歩いたところで小さな集落に到着した。夜はそこの民家で宿泊するのだという。

民家といえば聞こえはよいが、石と土でできたエチオピアの伝統的な家屋だ。いうまでもないが、水道や電気はない。当然トイレもベッドもない。ワダジさんとマーサさんと8人の家族で真ん中の囲炉裏を囲むように座った。家のなかで同居する牛が糞尿を気持ちよさそうに排泄している。日没後、あかりはロウソク一本だが、暗さに慣れると十分に明るい。牛が強力なヒーターになっているのか、屋内は思いのほかあたたかかった。

夕食にはエチオピアの伝統食であるインジェラを用意してくれた。貴重な食料を提供してくれてありがたかったが、下痢の症状がまだ続いていたので、気持ちだけいただいた。

食事が終わると、女性たちがブンナの準備を始めた。ブンナとはコーヒーのことだ。エチオピアが良質のコーヒーの生産地であることは知っていたが、こんな山奥でコーヒーが飲めるとは思わなかった。

母親が幼児に母乳をやりながら、コーヒーの生豆をフライパンでゆっくり煎る。家中に広がるロースト香が気持ちをリラックスさせてくれる。煎りたての豆を木の臼に移し、父親が棒で叩いて粉砕する。それを黒いポットに入れて煮出して、ようやく完成だ。そこまで一時間以上かかっただろうか。

日本の茶道に通じるものを感じた。母親が白いカップにコーヒーを注ごうとしたとき、子どもがカップにおしっこをかけてしまい、家族全員が大笑い。そんな和やかな時間を井戸端で過ごしながら夜は更けていった。

寝床にはこの山に生息するオオカミの毛皮を敷いてくれた。遠方からの客人への精一杯のもてなしに感謝しながら横になった。が、またもや虫の猛攻撃にやられた。夜中に服を脱いで必死にはたき落とそうとしたが、まったくの悪あがきで、結局、一睡もできないまま朝を迎えた。

外に出て服を脱ぐと、体中がノミやらダニやらのかみ跡だらけ。2日目にしてすでに疲労困憊だった。空腹に耐えきれず、とっておきの五目釜めしにも手をつけてしまった。

7時に家を出発した。周囲は真っ白な濃い霧で覆われ、視界がきかない状態だ。迷子にならないように先導するエチオピア人についていくので精一杯で、とても写真を撮るどころではなかった。

「これ、なんの苦行やねん」

ぼやきが止まらなかった。

ところどころで地滑りや土砂崩れが発生していて、雨が川となって行く手を阻む。流されれば間違いなく死ぬ。「無理だ」と首を横に振ると、「ドンキー（ロバ）に乗れ。ドンキーはけっして流されない」とガイドがいう。「ほんまか」とツッコミを入れるが、自力で乗り切る自信はない。リュックとカメラバッグをポーターに託し、ロバに両手両足でしがみついて難関を突破した。

ぼくの間抜けな姿を思い出し、「写真に撮ってあげたかった」と楽しそうにおもしろがるエチオピア人たちが、うらめしかった。

「お風呂入りたい」「寿司食べたい」「フィルム捨てたい」……。

ぼやきはどんどん増えていった。日本語で言葉に出すことで気持ちを紛らわし、精神的なバランスをとっていたのだと思う。

目的地に着く気配はまだない。聞いても無駄と思いつつ、「あとどれくらいで着くのか」とガイドに聞くと、「あそこだ」と遠くの山を指差す。

「こんなことして、いったいなんになるというのだろう」

頭のなかが後悔の念で占領されかけたころ、ようやく最初の目的地の村にたどり着く。

数件の家屋に囲まれた広場に行くと、シャンマという白い綿の肩衣《かたぎぬ》を着た人びとが、雨に濡れて寒さに震えながらぼくたちの到着を待っていた。その数は200、いや、300は下らないだろうか。

ワダジさんとマーサさんは、さっそく子どもたちの身体測定に取り掛かる。今夜の宿泊地となる村までの移動時間を逆算すると、休憩などしている暇はなかった。子どもの体重と身長の測定に加え、MUAC（上腕周囲径測定帯）を使って栄養失調の状態を診断し、健康上に問題のある子とない子を選別していく。その作業のあいだにも続々と患者が到着する。

「ここで撮らないでどうする」

防雨のカバーの代わりにタオルでカメラを覆い、重い腰をあげて人びとのあいだに分け入った。ここまでトレッキングをしに来たのではない。助けを必要としている人びとに医療を届けに来たのであり、ぼくの仕事はその過程をつぶさに見て、写真で記録することだ。それしかできることはないのだから、泣き言など言わずに仕事をしろ。そう自らに発破をかけた。

子どもの大半は軽度の栄養失調だったが、そのなかで栄養食を受け取ることができるのは平均体重の70％以下の子どもに限られる。なかには、わずか1％の違いで食料をもらい損ねていた母親がいた。カメラを向けるぼくにしなびた乳房を突きつけ、「母乳が出ないんです。空腹なんです。わが子に食料を与えてください」と全身で懇願してくる。必死に食らいついてくる母親の形相に圧倒されながら、ぼくは的外れもはなはだしいある感慨に打たれていた。

「こんなところでも、人は生きているんだ」

身体測定を終えた子どもから順々にはしかのワクチンが投与されていく。そこまでのプロセスを見て、ようやく自分が関わるプログラムの概観を捉えることができた。このプログラムのために国境なき医師団が用意したはしかワクチンは1万人分。それをいくつかのチームと手分けして高地の隔絶された無医村へと運び、子どもたちに接種しつつ、栄養失調の子どもを見つけ出して栄養食を配る。その実行チームのひとつに同行し、活動のハイライトとなるシーンを写真で記録するのが今回のぼくの役目だった。

ワダジさんが、MUACの測定が済んだ子どもの手の甲にマジックで印をつけていく。

「この子は風邪をひいているが、医療へのアクセスがない高地では風邪すらいのちにとって脅威だ」

と話すワダジさんの隣で、マーサさんが手の印を確認しながら、子どもの口に手早くワクチンを投与する。

「はしかの感染力はとても強い。栄養失調で抵抗力が弱い子どもはとくに感染しやすく、肺炎などの病気になって死んでしまう」

そんな事態に陥らないために大事なのは、言葉にすれば身も蓋もないけれど、病気にかからないこと。だから予防接種なのだ。その役割は極めて重要で効果的だが、日本であたりまえの「制度」として予防接種を受けてきたぼくには、その重要性がどれほどのものなのか、本当の意味で理解していたとはいえなかった。

病気や怪我といった人間の身体的な「苦しみ」を医療の力で和らげる仕事は国境なき医師団の活動の肝心要だが、いつ来るかわからない「苦しみ」の芽をあらかじめ摘む予防接種の重要性は、なかなか注目されにくい。だからこそ、写真の力で光を照らし直さなければならないのだと、萎えかけていたモチベーションを鼓舞した。

問題は体力だった。体調は依然として悪い。足がよろよろしている。あと3日間、どう乗り切るか。もうあとには引けないことだけははっきりしている。とにかく、これ以上下痢を悪化させることだけは避けたい。そのためにない知恵を絞った結果、ビスケット以外の食を絶つことにした。この状況で他によい方法があるのかわからなかったが、あと1パックしかないビスケットを一枚一枚大事に食べながら、気力を振り絞って歩く他に道はなかった。

3日目も朝から雨だった。体調不良と空腹を押して歩き続け、肉体はギリギリまで追い込まれていた。

道中、何度も子連れの家族とすれ違う。これまでならただすれ違うだけだったが、村の診療にやってきた人たちもこうして遠路をいとわず、子どものために歩いてきたのかと思うと親しみの情が湧いてきて、声をかけずにはいられなくなった。

「テナ・イスティリン（こんにちは）」

こちらにまっすぐ向かってくるまなざしをカメラで受け止める。この人たちはこの地でもう何百年もこうして生きてきたのだ。それがいかに生半可なことではないか。心を震わせながら、シャッターを切る一瞬一瞬が、人びとへの尊敬の念を高めていく。

4日目。エチオピアで6番目に高いというアブナヨセフ山を望む。天を突く槍のような頂が見える村で、最後のプログラムが始まった。

群衆のなかから、オオカミの毛皮をまとった少年が浮かび上がる。

ファインダー越しに、凛とした意志の強さと野生の王の佇まいを見た。

子どもを抱え、3日かけて歩いて来たという父親がカメラの前に立つ。

顔に刻まれた深いしわに過酷な自然に耐えてきた歳月を想った。

目の前に迫るむき出しの生にたじたじになりながらも、人びとの行住座臥にしがみつくようにカメラを向けると、沈黙の表情から「生きたい、生きたい」という声が肉感をともなって聞こえてくるようだった。

もう、ぼやきの言葉は出なくなった。

ぬかるんだ山道を踏みしめ、一歩一歩前へ進みながら、エチオピア高地にやってくるまでの自分を振り返る。これまでは、写真家はどんな姿勢で人にカメラを向けるべきかとか、それ以前に人としてどうあるべきかとか、観念的で大上段に構えた自問をあてもなく繰り返していたが、頭で難しく考えて首をひねるばかりではダメなのだと思う。

自分の内で起きた変容をうまく言葉で言い表すのは難しいのだが、そこにある土地で生きることの実存的な過酷さと、旅をすることで自分にもたらされる身体的な過酷さが連なったとき、どこまでが自分の疲弊で、どこからが世界の疲弊なのかが不分明になり、陰影に富んだ人間の真実を内側から見ることができたような気がしたのだ。

「見るというのはこういうことなのか」

目の前の現実に注意深くまなざしを分け入らせることで、ファインダーのなかでつながるかすかな回廊がある。その回廊を時間をかけて掘削《くっさく》し、拡張していくことが大切なのだと思う。それがどこにつながるのか、手探りで確かめながら。

出発から5日目にして、ようやく太陽を拝むことができた。

緑の草で覆われたなだらかな下り道の先に、ぼくたちの到着を待つ白いランドクルーザーが小さく見える。最後の最後にみんなで写真を撮っていなかったことを思い出して、チームで記念撮影をしたあと、最終走者として見えないゴールテープを切った。互いにハグをしてミッション完了を祝福しあいながら、「もう歩かなくていいんだ」とホッと胸をなでおろした。

国境なき医師団のノーベル平和賞受賞日に

帰国して、個別指導していただいていた写真家の田沼武能さんに報告に行くと、撮影の内容以前に、撮影した枚数の少なさを指摘された。富士フイルムから100本以上のフィルムを提供してもらって持参していたのに、高地を歩いた5日間のあいだに撮影したのは、36枚撮りのフィルムでわずかに6本。

「縦に横に、寄って引いて、さまざまなアングルで撮らないとダメだ」。田沼さんの言う通りで、なぜもっと粘ってシャッターを押さなかったのかと悔やまれたが、あのときはあれで精一杯だった。それでも、現場を経験することで得た「世界に自分を開く感覚」への手応えは、撮影した枚数以上に大切な、何ものにも代えがたい達成だった。

帰国して2か月後、エチオピアで撮影した数少ない写真から厳選して、代々木にあったフジタヴァンテ・ミュージアムで、「国境なき医師団写真展」として発表した。その初日に起きた出来事を、今もときどき懐かしく思い出す。

1999年10月15日17時ごろ、オープニングのためのレセプションを直前に控え、緊張しながら写真展会場をうろうろしていると、新聞社やテレビ局の記者が数人、ロビーに詰めかけてきた。ぼくの取材に来てくれたのかなとドキドキしながら身構えていると、どうも様子が違う。事務局スタッフがなにやらバタバタしている。「緊急の問題が起きたんですか?」と聞くと、「ノーベル平和賞をもらうらしい」と言う。記者たちが運んできた寝耳に水のサプライズだった。

「おい、だれかパリに電話して確認しろ」。慌てふためく事務局長のドミニクさんのかたわらで、スタッフたちはさらに増えた記者の取材対応に追われている。その様子を少し離れたところから眺めながら、国境なき医師団の活動が世界に認められた瞬間を目撃しているんだな、とぼくは感慨にふけっていた。

1960年代終わり、ナイジェリアのビアフラ内戦で飢餓の惨状を目の当たりにしたフランス人の医師たちが、71年に国境なき医師団を立ち上げて以来、世界各地の紛争や貧困、災害の現場で医療活動を行ってきた。人種や宗教の違いを越え、国際間の政治状況に左右されない独立性を維持しながら、人道援助のプロ集団をつくってきた。

国境なき医師団が他の人道支援団体と比べて特徴的なのは、医療にとどまらず、活動地の状況を世界に広く知らしめる証言活動にも力を入れている点だ。

いのちを救うだけでなく、人を苦しめている状況そのものに国際的な関心の目を向けさせることで、平和に向かうためのうねりをつくり出す。そんな大きなムーブメントのなかで、写真家であるぼくはごくごく末端にいるにすぎないが、実際にアフリカに行ってミッションに参加し、目撃者として声をあげた初日のノーベル平和賞受賞は、青春時代のよき思い出であり、ささやかな誇りでもある。いずれにせよ、ぼくの写真家としての人生はそのようにして幕を開けた。

内戦下のアンゴラ取材

代々木での写真展を終えて1年後の2000年11月、ぼくはアフリカ南西部のアンゴラに向かった。アンゴラは1975年の独立以来、政府軍であるアンゴラ解放人民運動（MPLA）と、米国と南アフリカが支援する反政府武装勢力・アンゴラ全面独立民族同盟（UNITA）が激しい内戦を繰り広げていた。

1997年に内戦終結のチャンスがあったが、翌年に戦闘が再燃して以後、国連機関や人道支援団体が近づくことができない「空白地帯」は拡大の一途をたどった。そんななかアンゴラ政府は「領土の9割以上は統制下にあり、国情は正常である」と宣言。見せかけの平和の陰で、何百万もの人びとが難民と化し、空白地帯で囚人のように身動きがとれないでいた。

前年のエチオピア取材で、飢餓の問題に関心を持つようになったのがアンゴラ行きを決断した大きな理由だったが、それとは別に、ブラジルと同じくポルトガルの植民地支配を受けたアンゴラという国そのものへの興味もあった。

植民地時代、広大なブラジルで農園を経営していたポルトガルは、労働力の不足をアンゴラから奴隷を移入することで補っていた歴史がある。その奴隷の子孫がもっとも多く住む場所が、1997年、ぼくがカーニバルの時期に訪れたブラジルのバイーア州だった。

血を分けた兄弟のような存在であるブラジルとアンゴラは、ポルトガルから独立後、まったく異なる道筋をたどる。戦争を知らないブラジルと、戦争しか知らないアンゴラ。何が両国の運命を分けたのか。そんな歴史への好奇心もあって、内戦下のアンゴラで史上最大規模の支援活動を展開していた国境なき医師団と直談判し、アンゴラ取材を志願した。

２０００年11月、アンゴラ中部の町カアラを訪れたときは、例年よりも遅れて雨季が始まったころだった。上空に雨雲がにわかに現れては温い雨をどっと落とし、小一時間でカラッと晴れたかと思うと、また急に降り始める。町の中心部の建物で雨宿りをしながら、居合わせた人と会話を交わし、アンゴラの人びととの距離感を探るところから取材は始まった。

カアラは首都ルアンダにつぐ第二の都市ウアンボから車で1時間半のところにある。人口は8万人ほど。アンゴラでは中規模の町だ。町の各所には土嚢とドラム缶でできた軍のチェックポイントがある。銃を持った兵士に睨みつけられると、紛争地にいるんだと緊張が走る。

町の中心部にはポルトガルが植民地時代に建設したベンゲラ鉄道の線路が通る。かつて駅周辺は交通の要所としてにぎわっていたそうだが、戦争によって鉄道は廃線となり、捨て置かれた貨物車両や倉庫は難民の避難所となっていた。

線路に沿って歩きながら写真を撮っていると、すぐに子どもたちに囲まれる。写真撮影をせがむ子、子守をしながら遊ぶ子、薪を頭にのせている子、空き缶からつくったブリキの車を自慢する子。子どもたちの様子から、難民の暮らしぶりが垣間見える。

そしてまたバケツをひっくり返したような激しい雨。

人の出入りがある建物を見つけた。「Clube Recreativo da Caala」と書かれてある。カアラ・レクリエーション・クラブ？　市民体育館か公民館のようなものだろうか。奥にある大きな建物から、火事かと思うほど煙がもうもうと漏れ出ている。そのなかで人がすし詰めのようになって、騒然としていた。そこも難民の避難所だった。

屋根で雨をしのげるのはよいのだが、難民の多くが屋内で炊事するため、煙がスモッグとなってかすみ、10メートル先も見通せないほどだった。5分もなかにいると頭が朦朧とする。出たり入ったり息継ぎをしながら館内を見て歩いた。

だれかポルトガル語を話す人はいないかと聞くと、ソーバ（村長）を紹介された。

カアラの避難所に逃れてきたのは最近で、村が戦闘に巻き込まれて、畑を捨てて去るしかなかったと言う。町に来れば政府からの支援があると思ったが、期待は外れた。

「村には何もない。ここにも何もない。戦争のせいで何も残されていない」

ナーダ（何もない）、ナーダ、という力ない単語に胸を突かれた。

この避難所に身を寄せる約８００名もの人びとはほぼ全員、ＵＮＩＴＡの支配地域から逃れてきていた。

子どもやお年寄りを引き連れ、鍬や鍋、食器など持てるだけの家財を背負い、なかには50キロもの

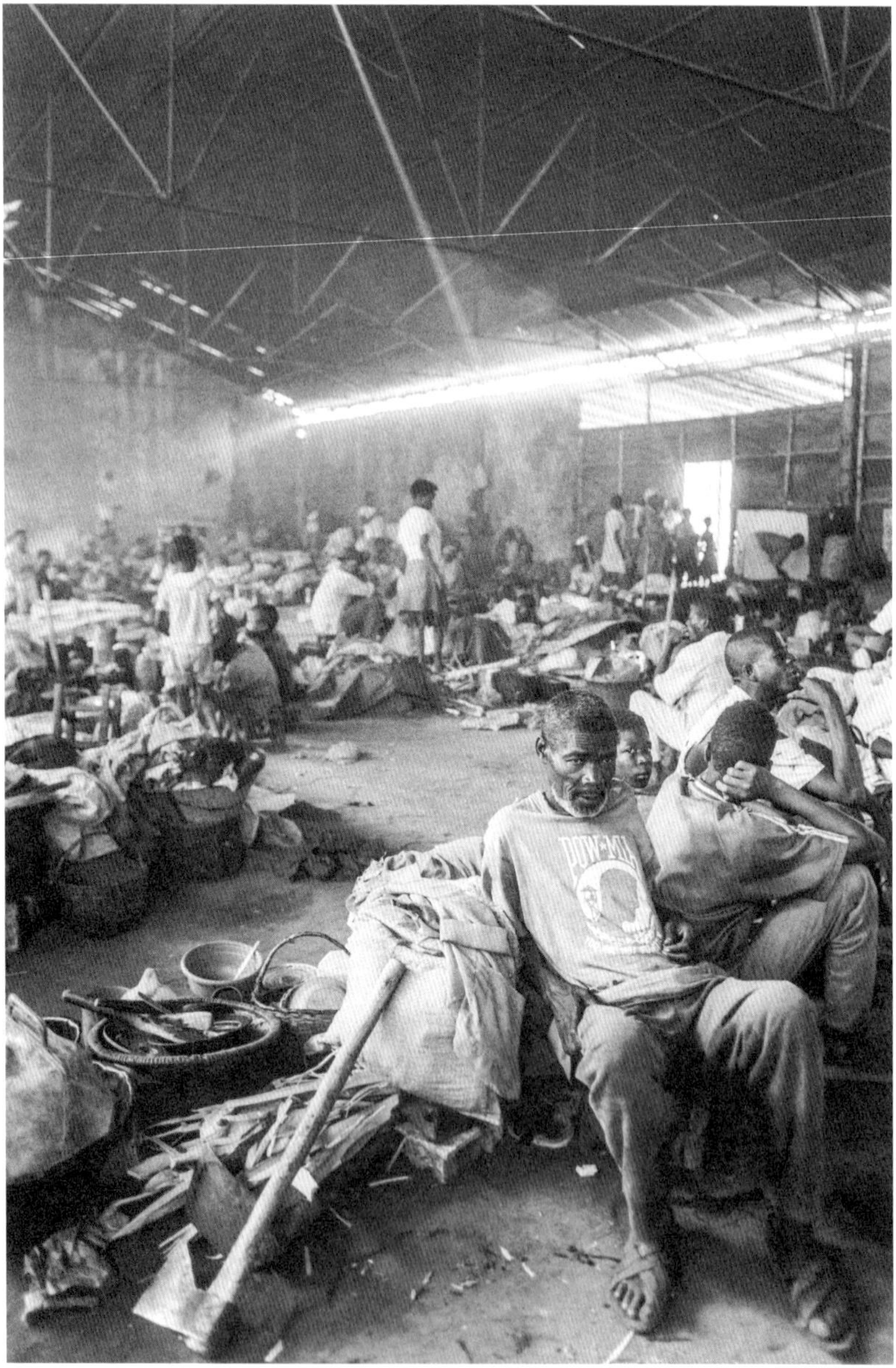

避難生活をする人びと　2000年　アンゴラ

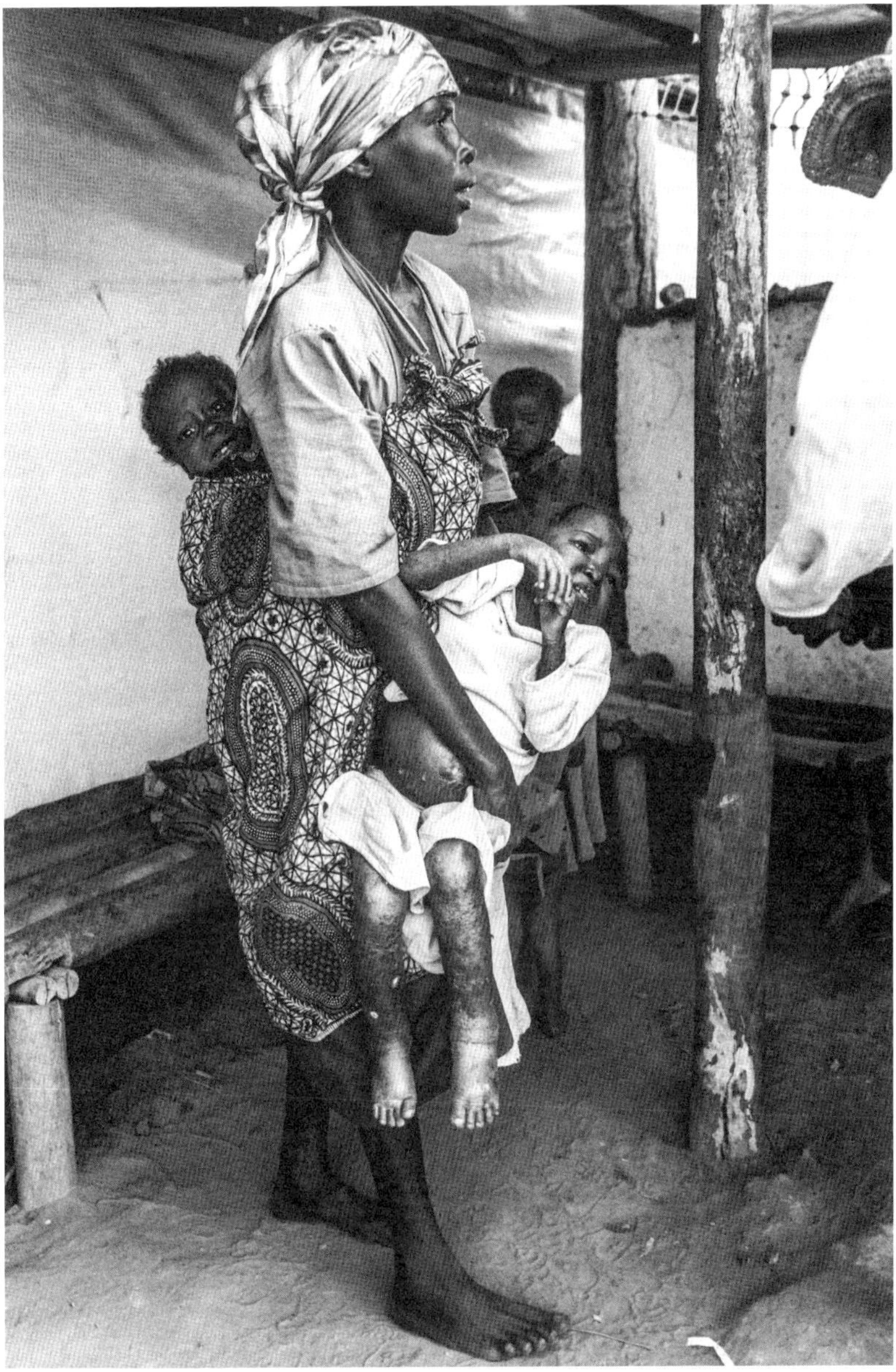

重度の栄養失調に苦しむ母と子　2002年　アンゴラ

距離を着の身着のままで歩いてきた者もいた。避難所のなかは人口密度が高く、煙や悪臭が充満する極めて劣悪な生活環境だったが、見た目の衝撃に少し慣れると、そこにうごめく人間の生命力にどうしてもレンズが引っ張られていく。

周辺で集めた野草を煮て調理する女性。

鉄の塊のようなアイロンとミシンを置いて、小さな商店を開く女性。

どこかのNGOが設置した給水所で、体を洗う男の子、洗濯する女の子。

空き缶でつくった食器や小鍋、トマトなどの野菜を売る者も。

苦境を跳ね返して生きる人びとのたくましさには惹かれるが、その一面だけ見ていてはいけない。その向こう側にある、人びとから故郷を奪い、難民生活を強いる戦争の不条理にまで迫って伝えなければ、と気持ちを引き締め直した。

雨が止み、町歩きの続きをしようと外に出ると、突然ひとりの男性が意味不明の言葉を発しながら詰め寄ってきた。

「ちょっと待ってくれ、ぼくが何をしたというんだ」

両腕で押し返しても執拗に体をぶつけてくる。さすがに怖くなって逃げようとすると、まわりの男たちが「こいつは頭が狂っているから離れたほうがいい」と、男性とのあいだに入ってくれた。

それでも身ぶり手ぶりで何かを必死に訴えかけようと食い下がる男性を見ると、右腕の肘から先がないことに気づき、首からぶら下げていたカメラをとっさに握り、ノーファインダーで2回シャッターを切った。

そのあと男性はまわりの男たちにボコボコにされて、少し気の毒だったが、とりあえず危ないところを救ってもらったお礼を言ったあと、あらためて腕のない男性に何があったのか、ぼくを取り囲む人たちに尋ねた。

「この男はUNITAに鉈で腕を切られたんだ。UNITAに従わない者は見せしめに腕を切られるんだ」

鉈で腕を切る？　なぜ？　なぜそんなひどいことをする必要があるのか。

「恐怖をつくるためだ（Para fazer medo）」

それはUNITAの戦術の根幹だった。

身の毛もよだつような残虐な方法で人間の生身に危害を加えることで、その本人だけでなく、それを見た住民にも大変な恐怖心を植えつけることができる。その上で男性を兵士や労働者として、女性をポーターや性奴隷として強制的に働かせるというのだ。

この話を聞いたときはただただショックで、言葉通り受け止めるのが精一杯だった。

いったいなぜこんな非人道的な行為が行われるのか、まったく想像もできなかったのだが、このあとに続くアンゴラ取材で、暴力の被害者や故郷を追われた難民の証言から思い知らされたのは、人間がもっとも恐れるのは死ではなく苦痛だということだった。苦痛への恐怖こそが人間から人間性を奪い、抗う力を根こそぎにして、人を隷属させる最強の武器であることを、戦争の遂行者たちはよく理

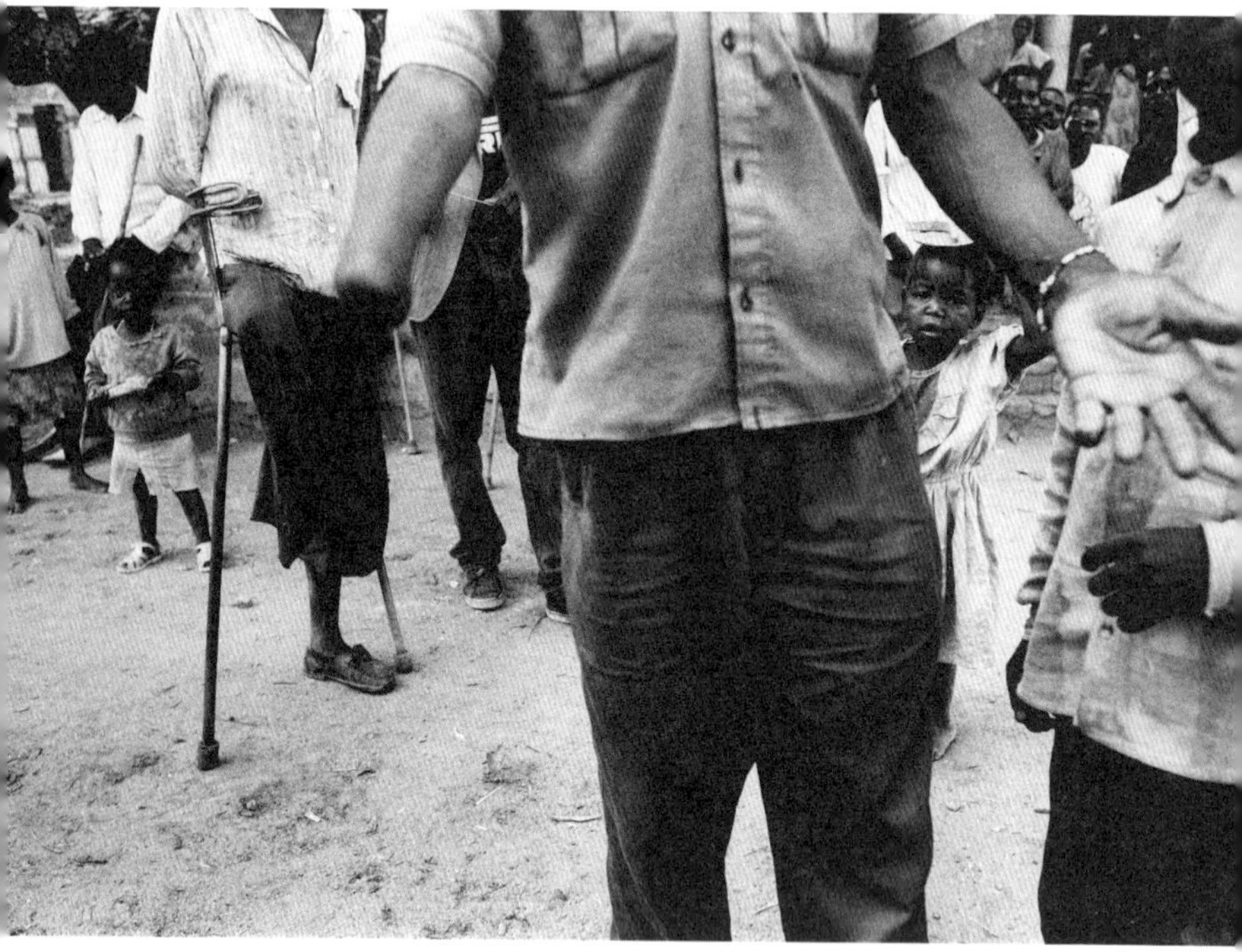

アンゴラ全面独立民族同盟（UNITA）に鉈で右腕を切断された男　2000年　アンゴラ

解している。

この非人間的な戦争（人間的な戦争などないが）の発端は1960年代にある。

ポルトガルによる苛烈な軍事支配から脱しようと、アゴスティニョ・ネトがMPLAを結成し、解放闘争が始まった。1975年に念願の独立を果たすのだが、今度は米ソの代理戦争の舞台となっていく。旧ソ連とキューバの支援を受ける支配政党のMPLAに、ジョナス・サヴィンビ率いる反政府武装勢力UNITAが対立する構図で内戦が勃発。南部アフリカ地域の共産化を阻止したいアメリカのイデオローグたちは、アパルトヘイトの白人政権を死守したい南アフリカ（と日本は友好関係だった）と手を組んで、UNITAを軍事的に強く支援した。

冷戦が終結した後、1992年に和平協定が結ばれ、国連の監視下で大統領選が実施されたが、サヴィンビが敗戦を認めず、和平は頓挫する。代理戦争の勝者アメリカは天然資源の権益を確保すべく、手のひらを返すようにMPLAに接近する。しかし代理戦争時の深い分断は修復されないまま、内戦は泥沼化していく。

「アンゴラには、アフリカの貧困問題をすべて解決しても余るほどの豊富な資源がある」

そんな記事を何かの雑誌で読んだ。国は豊かなのに、なぜ国民は飢えているのか。そんな素朴な疑問を持って取材をスタートしたが、アンゴラの実情を知るにつれ、戦争の資金源となる豊富な資源があるからこそ戦争はどこまでも持続可能であり、それゆえに人びとの苦しみにも終わりがないという不条理が見えてきた。

紛争の常態化にくさびを打ち込もうとする国際社会の動きもあった。UNITAが資金源としていた、いわゆる「ブラッド・ダイヤモンド（血のダイヤ）」の取引に厳しい制限をかけることで、その勢力を削ごうとしたが、追い詰められて逃げ場を失ったUNITAは窮鼠のごとく反撃し、その残虐性を強めていった。

1983年からアンゴラで活動している国境なき医師団の報告書には、次のような難民の証言がある。

「朝4時ごろ家族と寝ていたら、UNITAの兵士が家に入ってきて、私たちを外へ連れて行きました。彼らは私を押さえて、私の腕をいきなり鉈で切り落としたのです。そして兵士は『政府軍がそこまで来ている。お前は政府軍に入隊しようとしていた。手がなければそれもできないだろう。政府軍でもどこでも行け』と私に言って去りました」

他にも殺害、略奪、強制労働、性奴隷などの証言は枚挙にいとまがなく、ぼくが出会った腕のない男性が受けた暴力も例外的ではなく、氷山のほんの一角の出来事であることがわかる。

平和はスローガンではない

ある日、カアラの町中を歩き回って撮影していると、突然「ドーン！」という轟音がした。その直後、ズンッと振動が腹に伝わる。地雷だった。

生まれてはじめて聞く地雷の炸裂音に慌てふためいていたのは、ぼくだけだった。

「近いな」「だれが踏んだ？　牛かな？」「犬じゃないか」

まわりにいた人びとのなんとも薄い反応が、地雷の存在がどれほど身近なのかを物語っていた。

どうにも気になって音のしたほうへ向かうと、すれ違った人から、農作業をしていた女性が地雷を踏んでさっき病院へ運ばれた、と教えてもらう。この町で病院といえば、国境なき医師団が支援している施設しかない。病院へ急いだ。

入り口に到着すると、ワゴン車の荷台から血まみれになった女性が担架に移されるところだった。そのまま病棟に運び込まれ、担架ごと床に降ろされた。隣の病室で別の容態の悪い患者の対応に当たっていたフランス人医師２名がこちらに来て、すぐに止血に取り掛かる。病室は突如、ＥＲ（緊急救命室）に変わった。

悶絶する患者を正視するのは精神的にかなりきつい。それでも、自分の目で見る代わりにカメラというフィルターを介在させ、目の前の現実をファインダーのなかのイメージに変換することで、ほんの少し冷静になって見ることができた。

医師が血まみれの左足を水で洗っている。膝下の傷口から白い骨が見えた。動脈を探しているのだろうか。女性は白眼をむき、口から泡のようなものを出して、体をかすかに痙攣させている。

生きてる。まだ生きている。

28ミリの広角レンズで傷口に肉薄するように近づく。集中していたら、いつの間にか医師たちの隣でカメラを構えていた。呼吸をするのも忘れていたので、一度大きく息を吸ってから吐き出し、ふたたびカメラを構えて傷口にピントを合わせようとすると、患者の肉体から立ち上る熱気でレンズが曇り、血の臭いがもわっと鼻をついた。麻酔の効きが悪いのか、患者の「うぅ」といううめき声を聞いた途端、気持ち悪くなってその場を離れて、胃液を吐いた。

傷の縫合が終わった。「女性は一命を取り止めたが、膝下を切断する必要がある」と言って、医師のふたりは隣の病室の容態の悪い患者のところに戻ったが、手遅れで死亡を確認しただけだった。

これが病院の日常だった。

見たところで理解できない衝撃的な出来事を立て続けに目撃したのがストレスだったのか、ベッドから2、3日起き上がれなかった。夜、地雷を踏んだ女性のうめき声を思い出して、目を覚ますことが何度かあった。

普段以上に鮮明な夢を見た。ほとんどが悪夢だ。親が殺されたり、通っていた小学校が爆破されたり、目の前で見た現実から派生したような夢ばかり。ふと、常用していたマラリアの予防薬の箱を見ると、副作用に「nightmare（悪夢）」とある。気にしだすと余計に安眠から遠ざかる気がして、それ以後マラリア薬の服用は止めた。何もしていないのに下痢や微熱が続き、疲労が蓄積している。

これ以上寝込んでいるわけにはいかない。でも体が言うことを聞いてくれない。ぼくのなかの何かが、自分にとって手も足も出せない出来事に向かうことを拒んでいる。その内側からの拒絶反応を抑えてもいけないと思った。その鋭敏すぎる感触を頼りにして現実と対峙し、真に拒絶すべきものに抗う強さに変えていかなければと、重い腰を上げて出かけることにした。

集中栄養治療センターに行くと、いつもコンゴ人のダミアンさんが案内役を買って出てくれた。同じアフリカ人同士ということもあってか、フランス人エキスパットよりも近い距離でアンゴラ人の患者やスタッフに接しているように見えた。

精神的にまいっていることを表情に隠しきれないぼくに、ダミアンさんは「まだ世界の終わりじゃないぞ」と笑顔で声をかけ、テントの病棟に入っていく。

「ほら、アッシ、今日はこの子を撮ってあげてくれ」

そう言って、栄養失調から順調に快復に向かっている子どもの前に座り、聴診器を子どもの耳に装着させて、胸にあてるチェストピースをマイクのように子どもの口元に近づける。自分の声の大きさにびっくりする子どもを見て、まわりの母親たちからどっと笑い声があがる。ダミアンさんの得意技だった。

「たしかに、どうにもならないときはある。でも、ここにいる子どもの多くは回復する力を十分に持っている。この子のように元気になった子どもが、さようならと言って病院を去るのを見るのがうれしいんだ」

そこは行き場を失った小さないのちの最後の駆け込み寺。そこで国境なき医師団のスタッフたちによって手渡される目に見えない思いやりは、子どもたちの記憶のなかに温かみとして残って、やがて他のだれかを温める熱になるのだろうと想像すると、ダミアンさんがいつになくカッコよく見えた。

テントの内側には入院している子どもたちが描いた絵が飾られ、メッセージが添えられている。

「Paz para Angola」。アンゴラに平和を。

この国では、平和（paz）はスローガンではない。戦争しか知らないアンゴラの人びとにとって、戦争とは何かを深く知る人びとにとって、平和とはどういうものなのか。

平和という言葉が「交通安全」のような標語になってしまっている日本で生まれ育ち、戦争を経験したことも、難民となって故郷を追われた経験もないぼくにとって、アンゴラの人びとの平和への思いがどれほどのものなのか、自分のことのように想像するのは難しい。

だが、難しいことを自覚しつつ、戦争を知らない者と戦争しか知らない者の垣根を越えて、世界が平和であるとはどんなありようかをより深く考えるためにも、戦争とはなんなのか、人間はなぜ戦争を繰り返すのかについて問うことを手放してはならないのだと思う。それを考えるだけでなく行動で示すためにもまず、目の前の容易に理解できない戦争の現実に頭を打ちつけ、絵に描いた餅となっている平和をリアルなものとして再想像する方法を学ぶこと。もちろんそれが簡単ではないこともわかっているが、そうするしかない。

隣のビエ州の州都クイトに移動した。

クイトの破壊は凄まじかった。目抜通りには砲撃で崩落した家屋が並ぶ。交差点にある廃墟と化した建物には郊外の村から逃れてきた難民が住みついている。

市場やレストランなどの商業活動はなく、不気味な静けさが町を覆う。住民によると、つい最近まで戦闘が町中で続いていたが、UNITAが撤退したことで、避難していた住民がようやく町に戻ってきたところだという。

ウアンボやカアラのような生活感はまだないが、打ち捨てられた戦車は子どもの格好の遊び場となり、銃痕だらけの壁の前では少年たちが布を巻いてこしらえたボールでサッカーに夢中だ。平穏な暮らしの足音がすぐそこまで来ていることを、子どもは敏感に聞き取っているのかもしれない。

町の周辺に点在する難民キャンプでは、UNITAの支配地域から逃れてきた難民およそ13万人が24か所ものキャンプに分かれて避難生活を送っている。

そのキャンプのひとつを訪ねると、土をこねて家をつくり、軒先の小さな家庭菜園でトウモロコシを育てる人びとの姿があった。そのかたわらでは、幼子をおぶった少女が自分の背丈ほどもある杵《きね》を使って、「ズン、ズン」と臼をついている。ところどころに咲くヒマワリの花が、殺風景なモノトーンのキャンプに彩りを与えていた。

キャンプ周辺には広大な原野が広がっているが、大半が地雷原で、耕作地としては使えない。だから立ち入らないようにと言われた直後、敷地のなかで子どもを背負いながら鍬で土を耕す女性を見つけた。

手前には「Perigo Minas（地雷危険）」と書かれた札が立っている。そこから先に立ち入らないように子どもでもわかるように紅白のテープが張り巡らされているのに。「そこは危ないですよ」と女性に声をかけたが、「キャンプに農地はない。いま植えなければ、来年食べる物がない」と耕す手を休めようとしない。

地雷の危険を知りつつ、生きるために土を耕す女性。その姿をテープの外側から写真に撮ろうとする自分。届くようで届かない。お互いのまなざしがどんどん遠ざかる。ぼくはこれからもこうして、安全圏から世界を見ていくのだろうか。

イギリス、911、内戦の終結

帰国後、新聞や雑誌、写真展を通じてアンゴラでの取材の成果を発表したが、その内容は到底満足の得られるレベルではなかった。写真で伝える能力の不足を痛感したぼくは、方法論から学び直そうと、英国にあるLondon College of Printing（現在のLondon College of Communication）のフォトジャーナリズム・コースに留学することにした。アンゴラから宿題のように持ち帰ってきたやり場のない悶々とした思いを、奨学金試験の準備や英語の勉強、バイトにぶつけた。

2001年8月にロンドンへ渡り、2週間英語の語学学校に通ったあと、9月から始まる授業を前に学生寮からロンドン中心部のアパートの部屋に引っ越して数日過ぎたころに、大阪に住む母親から電話がかかってきた。

「アメリカが大変なことになってるけど、そっちは大丈夫？」

アパートのオーナーが設置してくれたばかりのテレビをつけると、ニューヨークの高層ビルにジェット機が相次いで突っ込む映像が流れていた。

「カミカゼアタックだ」

「真珠湾攻撃の再来だ」

ＢＢＣのニュースキャスターの言葉が胸に刺さる。英国から見れば、かつて軍国主義だった日本もテロリストと同様の狂信的な人びとの住む国に見えるのか、と複雑な気持ちだった。

あの衝撃的な映像を否応なく見せつけられて、底が抜けていくような不安を覚えたぼくは、いてもたってもいられなくなり、生まれてはじめてデモに参加した。米国による報復戦争に抗議するデモだ。ぼくのようなアジア系だけでなく、アラブ系の人も、インド系やアフリカ系の人も、もちろんイギリス人など欧米系の人びとも参加して、人種や宗教の違いを越えてひとつの声を発信した。

「殺すな」という声を。

しかしその声は、不安や危機を煽り、「これは戦争だ」と猛々しく宣言する当時の米国大統領の「大きな声」に虚しくかき消されていく。

やがて米軍はアフガニスタンへの軍事攻撃を開始する。

かつて自分たちが育て上げた過激派組織「タリバーン」を「ならず者」に仕立てて報復するという筋書きは、アメリカが軍事支援したアンゴラのＵＮＩＴＡを、冷戦後、手のひらを返すようにテロリスト集団扱いして追い詰めた構図と重なって見えた。

世界中の耳目がアフガニスタンでの戦争の行方に向けられているころ、ぼくはアンゴラで大きな転機となる出来事がひそかに起きていたことを見逃さなかった。２００２年２月、ＵＮＩＴＡのカリスマ的指導者であったサヴィンビが戦闘で死亡したのだ。それを機に組織は急速に弱体化し、同年４月には停戦協定が結ばれ、27年におよんだ戦争はあっけなく終わりを迎えた。

そのニュースに触れたとき、陰謀論的な考えは好まないけれど、この先、中東地域に戦争が拡大することをにらみ、石油の供給が不安定化することを懸念した米国が、アンゴラからの石油供給を当てにして内戦を終わらせるよう政府に相当の圧力をかけたのではないか、そんな疑念が湧いた。

戦争が始まるのも終わるのも、大国のエゴのさじ加減次第なのだ。まったく世界は欺瞞で満ち満ちている。でもだからこそ、世界がそんな単純な原理に簡単に屈しないことを、写真と言葉で粘り強く伝えていく他ないのだと自分に言い聞かせて、萎えそうな心を奮い立たせた。

アンゴラでは、戦争の果てに１００万人を超える人びとのいのちが失われていたが、その死因の多くが戦闘によらない餓死や病死だったといわれている。そして戦争が終わった今も、４００万人以上が国内外で難民生活を余儀なくされる状態が続いていた。

国内の難民の多くは戦闘や地雷のために立ち入ることができなかったいわゆる「空白地帯」に囚人のように閉じ込められていたが、その内部からの報告が徐々に届き始めていた。それが指摘していたのは、大規模な飢餓の実態だった。

戦争が終わったからといって、平和がひとりでに歩いてやってくるわけではない。戦禍を生き延びたサバイバーは今も苦難のなかで助けを待っている。その姿をなんとしてもこの目で見て伝えたいと考えたぼくは、英国での学校が終わり次第すぐにアンゴラ入りできるように準備を進めた。

アンゴラふたたび

思えば、飢餓というものにはじめて興味を持ったのは１９８５年、小学校4年生のときだ。その年のことはわりとよく覚えている。なぜなら、子どものころから阪神タイガースのファンだったぼくにとって、85年は阪神が日本一になった忘れられない年だからだ。今でも子どものころの西暦の年号と学年を照合するときは85年＝小学校4年生を基準にするが、それはともかく、その年にテレビで飢餓に苦しむアフリカの子どもたちのことを伝える番組を観たのがきっかけだった。

当時はどこの国の問題なのかまでは考えず、「アフリカ＝飢餓」と認識していたと思うが、ガリガリに痩せているのにお腹だけが異様に膨らんでいる子どもたちの映像を見てショックを受け、近所の図書館で調べ物をするほど関心があった。

とはいえ、飢餓というものはテレビのなかの非日常的な出来事にすぎなかったし、飢餓の問題は自分が大人になるころ、つまり21世紀になったらあたりまえのように克服されているだろうと、子ども心にも楽観していた。それがまさか、自分が大人になって、自分の眼でその問題を目の当たりにすることになろうなどとは、タイガースの帽子をかぶっていた少年は夢にも思わなかった。

2002年7月、首都ルアンダに到着した。2年ぶりのアンゴラだ。

さっそく国境なき医師団フランスの現地事務所を訪問する。

出迎えてくれたのはフランス人のジャン・リュック・アングラードさんだった。1999年にケニアで国境なき医師団フランスの現地事務所を訪ねたときに知りあったが、アンゴラ事務局の代表責任者に就任していたのは、うれしいサプライズだった（後年、ジャン・リュックさんとは東京とウガンダでも会うことになる。いかにも国境なき医師団らしい縁だ）。

「とにかくやることがありすぎて、タフだよ、アンゴラのミッションは。国境なき医師団の力だけで今のひどい状況を打開するのは到底不可能なので、アンゴラ政府や国連に対してさらなるアクションを訴えているのだが、国際社会の関心は低く、国連も他の人道支援団体の動きも遅いよ」

ケニアのときのようにじっくり話を聞く余裕も再会を懐かしむ時間もないまま、全体ミーティングの末席に加えてもらった。

ミーティングには現地の5つの事務局の代表者全員が集結していた。それはつまり、世界に5つある国境なき医師団のオペレーションセンターすべてがアンゴラで活動を展開しているということだ。

4月の停戦から7月までのあいだに、180人ものエキスパットと約2200人ものアンゴラ人スタッフがミッションに参加し、20もの集中栄養治療センターを新設して、他にもさまざまなプロジェクトを実行しているというから、アンゴラの緊急支援のニーズがどれほど高いかがわかる。

さっそくウアンボに移動し、現地事務所を訪ねた。そこでもうれしい再会があった。なんとコンゴ人のダミアンさんがまだウアンボで働いていたのだ。彼以外のスタッフは入れ替わっていたが、今回はフランス人だけでなく、スペイン人やイタリア人、オランダ人、アメリカ人なども加わり、前よりもより多国籍なチーム編成に様変わりしていた。

今回の取材では、「空白地帯」で飢餓に苦しむ人びとに焦点を絞ろうとはじめから考えていた。前回の取材では、10のことが起きているとすれば、そのうちの3つ、4つと、ひとつでも多くの状況を撮ろうと欲張った結果、状況に写真を撮らされてしまっていたところがあった。その反省を踏まえて今回は、ひとつでもよいので、そこから10を想像してもらえるような1枚を撮ろうという意識で臨んでいた。

内戦が終結したことで移動の自由はかなり増えた。戦闘に巻き込まれる心配もなくなった。だが、別の懸念が残されていた。地雷の存在だ。

アンゴラは、世界最大規模の地雷汚染国だ。約600万個というデータもあるし、約1300万の人口の数だけあるという推測もある。正確な数は知りようがないが、どちらにしても尋常ではない数の地雷が四半世紀以上続いた内戦のあいだに埋められ、10万人ともいわれるいのちを奪い、今も多くの民間人を巻き込んでいた。

とくにUNITAが支配していた地域は危険だといわれていた。戦争が終わったばかりで、地雷除去は手つかずのままだ。そこでの不用心な行動はいのちとりになる。

そこで、ウアンボで活動している英国の地雷除去NGO「ヘイロー・トラスト」にお願いし、地雷回避のためのレクチャーと地雷除去のデモンストレーションを見学させてもらうことにした。

「これらが実際に使われていた地雷です」

アンゴラ人スタッフのアルベルト・カパンバさんが、タイプの違う地雷をテーブルに並べて説明を始める。「ここを踏むとスイッチが作動して、ボーンとなるわけです」。

地雷には対戦車地雷と対人地雷がある。厄介なのは対人地雷のほうだ。小さくて数が多く、どこに埋められているのかわからない。そのうえ雨に流されて移動する。そんな地雷がウアンボ周辺だけで10万から20万個はある。

「地雷はUNITAによって埋められたのですか?」と聞くと、「UNITAと政府軍の両方だ」と言う。

過去にウアンボで政府軍がUNITAの攻撃にあって撤退したことがあったが、そのさいに政府軍が「置き土産」として埋めた地雷がまだ残っているとアルベルトさんは説明する。地雷の戦術的意図は明白で、できるだけ多くの一般住民に対して無差別に危害を加えることであったから、必然的に畑や学校といった住民が普段生活する場所が狙われた。

ただ、とアルベルトさんは続ける。

「ここがポイントだが、人に危害を加えるといっても、殺すことが目的でないのです。地雷で亡くなる人もいますが、多くは足を失うなど怪我をして四肢障害者となります。四肢障害者を増やすことで相手に経済的な負担を与えて、抵抗する力を奪う。それが地雷の戦術なのです」

身の毛のよだつような話に耳を傾けながら、ぼくはＵＮＩＴＡによって腕を切られた男性のことを思い出していた。敵を不具にし、兵士や農民として役に立たないようにして相手の戦力を削ぐという冷酷非情な発想が、地雷と四肢切断、どちらの暴力にも共通してあるように感じた。

さらに共通してあるのがその「安さ」。安価で安易なのだ。地雷ひとつつくるコストはわずか３〜４ドル。腕を切るには鉈や斧があれば足りる。地雷の効力と人心に埋められる恐怖は持続的で、戦術的な観点から見ると、とても理にかなっている。こんなところに発揮される人間の創造性とはいったいなんなのだろうと、残虐さの権化であるプラスチックの箱を眺めながら思わずにはいられなかった。

レクチャーのあと、地雷原へ移動して実際の地雷除去の作業を見せてもらう。どんなところにどんな状態で地雷が埋まっているのかを知ることは、地雷回避の根本だ。間近で見るわけではないのだが、防弾チョッキとフルフェイスのヘルメットの装着は義務づけられている。爆発のさいに破片が飛んでくることがあるからだ。直接地雷に触れなくても、破片にあたって大怪我をするケースがよくあるのだという。

「ロープから外へ出ないように注意してください」

自分が歩いている踏み固められた道は安全だとわかっていても、ビクビクして足元をつい確かめてしまう。

地雷は地面から大抵20センチ以内のところに埋められているが、アンゴラでは鉄くずが地中に混ざっていて地雷探知機があまり役に立たないらしい。そのため作業員が目視で地雷を探し、スコップを使って土を地道に削ることになる。地雷を埋めた当人は、この国に戦後が来て、自分の埋めた地雷が半永久的に人びとのいのちを脅かし続けるなどという想像はできなかったのだろう。

ドーン。ドーン。ドーン。

3発立て続けに起爆させられた。大きな打上げ花火を近くで観たときのような振動が腹にズンと伝わった。

モバイルクリニックに同行する

ウアンボからカアラを経由して、そこからさらに100キロほど離れたブンジェイから取材をスタートした。国境なき医師団がそこに集中栄養補給センターと病院を開設したばかりだった。

もともとは田舎の小さな村にすぎなかったが、「ブンジェイには病院があって、子どもの治療をしてくれる」という情報を口づたえに聞いた人びとがUNITAの支配地域から押しかけてきて、センターを中心に草や木々で葺いた住居をどんどん建て、巨大な難民村が形成されつつあった。

「2、3か月前までは本当にひどかった。毎日子どもが何人も死んでいた。そのときと比べると、かなり状況はよくなった」

難民村のなかを案内してもらいながら、フランス人看護師のアニック・カースンさんの話に耳を傾ける。

「ここには現在1万4000人ほどが住んでいるが、去年9月から半年ほどのあいだに4000人以上が死んだわ。飢えと病気で。でも、こうして目に見えて状況がよくなって、厳しい生活のなかにも活気が戻ってきて、そこから笑いや歌声が生まれるのを見るのはうれしい」

村の外観をざっと見る限り、このキャンプの困窮ぶりは世界のどん底といってもよい深刻さなのだが、子どもたちが外で楽しそうに遊びまわったり、女性たちが路上にマーケットを開いて商売している様子からは、前回感じることができなかった安心感というか解放感のようなものが漂うのを感じる。

ここで国境なき医師団は、医療はもちろん、全住民に対して飲料水を提供し、10歳以下の子どもには定期的に食料を配っている。

その日は女の子の日ということで、身長110センチ以下の女子4471人に対し、粉末状の栄養食4キロとサラダ油1キロが配られた。配給の過程で子どもの栄養状態を迅速にチェック、結果、40人の重度の栄養失調児がカアラの集中栄養治療センターに搬送されることになった。全子どもの30%以上が重度の栄養失調に陥っていた最悪の時期と比べれば、数字も状況の改善を裏付けていた。

何人かの住民にインタビューすると、ブンジェイでの国境なき医師団の支援活動に対しては満足度は高かったが、ここまでたどり着く体力のなかった人や病気の親とともども置いてきぼりにされた子どもたちがまだ村にいるようで、その人たちを助けてほしいという声があった。

もちろん、国境なき医師団はそういった声にすでに応答していた。周縁の村に取り残されている人びとをカバーするためのモバイルクリニック（移動診療）がアンゴラ各地で稼働しつつあり、それに同行させてもらうことにした。

チームは医師と看護師、薬剤師、そしてアンゴラ人スタッフ2名とぼくの6人編成。四駆後部のトランクには医薬品や外科器具などがぎっしり詰まった緊急医療キットの他、テーブルと椅子、寝袋、バナナや米などが積み込まれている。全行程車での移動ということで、エチオピアの高地のときのように、何日も歩く必要はなさそうだ。

カアラを出発して5時間ほどで、チラッタという町に到着した。

村長が村の入り口で出迎えてくれた。ただ、村はすでに廃墟となっていた。ポルトガルから独立する前は、目の前にまっすぐ続く並木道に沿って、商店や学校、保健所、市場などがあってにぎわっていたというが、その面影はひと欠片もない。銃痕が残る崩れた壁と、屋根のない廃屋がわずかに残るだけ。閑散として何もないように見えるが、2万6000人ほど住民が周辺に分散して暮らしているという。

「青空診療」は、村の入り口にあるコンクリートの基礎と壁が残る廃屋で行うことになった。最初、患者は10数名しかいなかったが、2時間もしないうちに100人以上の集まりになった。

ふたりの子どもをおんぶに抱っこで抱える母親、幼児を背負う小児、手作りの担架で運ばれてきた女性、息も絶え絶えで見るからに重症の女性。ほとんどが女性と子どもだった。

患者たちが静かに順番を待つ前で、急に地面に倒れこんだ女性がいた。「3日かけて歩いてきたので、お腹が減って死にそうだ」と訴えている。

チームリーダーのアメリカ人医師キャサリン・ホランことケイティさんがチェックしたが、特別に悪いところはなさそうだ。それでも「お腹が減りすぎて帰る力がない」と女性はあきらめない。すると、ケイティさんは「空腹と飢餓は違います」と言い、食料配給の対象として認めなかった。それから順番待ちの他の患者に向かって、「重症の人がたくさんいます。頭が痛いとか、お腹が減ったとかいう人はダメです」ときっぱり伝えた。なかなか厳しいのだ。

休憩もなく診療は続く。その合間に村長のジョゼ・モスキータさんに話を聞いた。1992年から2000年のUNITAに支配された8年間は忘れられないと言う。

「物やお金はすべて奪われる。逆らえば殺されるとわかっているので、逃げようと思う人はなく、わたしたちは動物のように扱われていた」

2000年になり、ようやく政府軍がUNITAからチラッタを奪還するが、町はそのさいの激しい戦闘で無残に破壊された。

「ご覧の通り、わたしたちには何も残されていません。政府からの援助もない。でも戦争が終わり、安心して眠ることができるようになったのはよかった」

何も残されていないと聞いたそばから、こんな質問をするのは気が引けたが、「では戦争が終わった今、どんな物が必要ですか」という問いに、ジョゼさんが順にあげたのは、食料、医療、穀物の種と農具、そして最後に「できれば服も」とつけ加えた。

通常であれば、10月の雨季の到来より前に土地を耕しておきたいのだが、来年用に保存しておいた種はすでに食いつぶしてしまい、食料援助に頼る以外に生き残る方法がないのだと言う。

そして雨季に入ると、道がぬかるんで食料援助の運搬は困難になり、マラリアの感染が増える。2月ごろになれば、また飢餓が深刻になって、餓死者が続出する。ジョゼさんは頭を抱えるしかなかった。

カアラから車でアクセスできるチラッタでさえこれほど切迫している状況ならば、支援がまったく届かないより奥地の「空白地帯」では、いったいどれだけのいのちが人知れず失われているのだろう。

結局この日は、重度の栄養失調の子ども6人と、肺炎や髄膜炎の疑いのある重症患者18人をカアラの病院に搬送するよう手配し、青空診療は終わった。

ケイティさんが診療器具や医薬品を片づけているあいだ、アンゴラ人スタッフがテーブルを並べて食卓のセッティングを始めた。今日はチラッタで宿泊することになっているのだが、それにしてもどこで寝るのだろう? と今更ながら聞くと、「ここよ」と彼女がコンクリートの地面を指差した。他にどこがあるというのよ、と言わんばかりの表情で。

ノープロブレムだ。もちろん廃墟で寝るのははじめての経験だし、快適とはほど遠い環境であることはたしかだが、エチオピアの3000メートル級の山岳地帯の民家でノミやダニに体中を刺されながら一睡もできなかった夜を思えばどうということはない。こうでないと、国境なき医師団は。

「コンパッション」とは何か

こうしたフィールドトリップを重ねるごとに、国境なき医師団への憧れはどんどん強まっていった。それがピークに達していたのが、この2回目のアンゴラのミッションだったと思う。

医師団の活動には医療だけでなく、ロジスティック（物資調達）やコーディネーション（運営管理）、広報などさまざまな役割がある。そのなかでぼくには写真を撮って伝えるという広報的な役割が与えられているわけだが、それはまさに自分が望んでいた仕事のスタイルであり、その役割に徹することで世の中に貢献しているという手応えと誇りが少なからずあったことは間違いない。

だがその一方で、矛盾するようだが、国境なき医師団と活動しているからこそ満たされない思いもある。だれかの痛みや苦しみを和らげることもお腹を満たすこともできない自分に、もどかしさや苛立ちを感じないわけにはいかなかった。写真家は所詮、傍観者にすぎないのではないかというコンプレックスが、国境なき医師団の現場に来るたびに大きくなっていった。

とくに、痛苦の極みにある人びとにカメラを向けることが避けられないアンゴラのような現場にしばらくいると、眼がだんだんと「悲惨さ」に慣れていくのがわかる。慣れれば慣れるほど、他者の痛苦への感度が麻痺していくようで、そうした自分に嫌気がさして、一回もシャッターを押せない日も正直あった。

でも、精神的に辛いから撮れませんでしたと帰るわけにはいかない。カメラを置いて、ロジスティックの仕事を手伝わせてくださいというわけにもいかない。現実を重く真剣に受け止めすぎないように、ある意味で感じるスイッチをオフにしてシャッターを切るのであるが、そこに違和感を覚えながら撮れば撮るほど写真を撮る意味を見失い、自分は世界に何ひとつ触れていない、自分と世界を隔てる境界を自分自身でつくってしまっている、そんな気がしてならなかった。

写真家であるかぎり、この境界を越えることはできないのではないか。

そんな出口のない問いを抱えてずっと悶々とし、「フォトグラファーズ・ブルー」とでもいうような状態になっていたのだと、振り返って思う。

その日の夜、フィールドで寝食を共にして同志のような親近感を抱き始めていたケイティさんに、ため込んでいた悩みというか愚痴をつい吐露してしまった。

「写真が苦しい。できれば、あなたのように苦しんでいる人を直接助ける仕事がしたい」

そう弱言を吐くぼくに、ケイティさんは「あなたは疲れているのよ」と言い、こう続けた。

「compassion fatigueって知ってる?」

コンパッション・ファティーグ?

コンパッションとは共感、ファティーグは疲弊という意味なのはわかるが、あまりなじみのない言葉だった。

「人の苦しむところばかり見ていると精神は疲れてしまう。でもそれは悪いことではなく、自分の心を守るための普通の反応なのよ。自分を守りながら、自分が何者なのかロスト（喪失）しているような感覚なんだけど」

ケイティさんの話しぶりは、ぼくの精神状態のことを言おうとしているのか、それとも自分自身のことを言おうとしているのかはっきりしない、混じりあったような言い方だったと思う。ケイティさんはさらに続ける。

「たしかに医者は人の痛みを和らげることができる。でも、助けても助けてもエンドレス。しかもアンゴラの今の状況では、もっともひどい一部の人しか助けることができない。苦しむ人は他にもたくさんいるのに。飢餓が続くかぎり、苦しむ人はなくならない。だから根本的には人が飢えない状況にしなければならない。そのためには戦争を止めることが必要」

ぼく自身がどこかで感じていた無力感を医師のケイティさんも感じていたことに、ほんの少し安堵を覚えた。どんなに過酷な環境でも、冷静にポジティブに仕事するタイプの人だと勝手に思い込んでいたから。

でもよく考えれば、患者の痛みに「素手で」触れる医師だからこそ、自分の存在価値が大きく揺さぶられるほどの、どうしようもないロスト（喪失感）にさいなまれていたとしても不思議はない。悩みは多かれ少なかれあるに違いないが、ぼくみたいにいちいち感情的に反応して立ち止まっていられないし、そんな暇もない。現場ではひとりでも多くの患者を救うために手を尽くすしかないのだ。

そんな思いをめぐらせながら黙って彼女の言葉にうなずいていると、いみじくもこう言った。

「でも、戦争を止めるのは医療の仕事じゃない。政治やジャーナリズムの仕事。そして医療とジャーナリズムは車の両輪のようなもの。どちらが欠けても、車は前に進めないでしょう?」

日中は重症患者が横になって並んでいたコンクリートの地面にキャンプ用の薄いマットを敷き、ケイティさんの隣で寝袋を広げた。

それぞれが思い思いに時間を過ごすなか、ぼくはメモ帳に「コンパッション・ファティーグ」と書き記して、今日一日の出来事を振り返りながら、ケイティさんが語った言葉をもう一度自分の葛藤にくぐらせる。すると、ぼんやりしていた思いにわずかな輪郭が見えてきた。

コンパッション。

自分という存在を「ロスト」してなお他者の苦しみに向かう真情というものを、ぼくはこの言葉に重ねていた。同情や憐れみとは違う、共感をも越える心性。人間はこんなふうに苦しめられてはいけない、人間をこんなふうに苦しめてもいけない、というやむにやまれぬ思い。

その思いを支えにして、ぼくは閉塞する自分のまなざしを外へ開いていくしかない。

飢餓を生き延びた人びと

モバイルクリニックからウアンボに戻った。

体調はすこぶる悪かった。微熱、頭痛と歯痛、食欲不振、無理して食べては下痢という状態だったが、難民たちの苦しみと比べればなんということもないと自分に鞭打ち、次の目的地であるバイルンドへ向かった。

バイルンドにつながる道は、道ともいえない悪路だった。途中の川に架かる橋は内戦のあいだに破壊され、交通は寸断されていた。迂回しようにも無数の地雷がそれを許さない。川から先は長らく人道支援や食料援助がまったく届かない「空白地帯」となっていたが、内戦終結によりようやく活路が開かれようとしていた。川に丸太を数本かけて、その上に巨大な鉄板を敷いて架橋した川を渡り、デコボコ道を行くこと2時間、バイルンドに到着した。激しい揺れがカンフル剤となったのか、体調はいくぶん持ち直した。

かつて政府軍とＵＮＩＴＡが激しい戦闘を繰り広げたこの地で、国境なき医師団はようやく集中栄養治療センターの開設にこぎつけたところだった。大きなテントでできたセンターのまわりは、医師団からの支援を頼りに集まってきたと思われる人びとがテントも何もない野ざらしの状態で生活していた。

そこに、国境なき医師団のロゴと銃の絵に赤くバツ印が書かれた大きなコンテナがトラックで運ばれてきた。クルロという村から瀕死の31人を含む１００人あまりが搬送されてきたという。

アンゴラ人スタッフがコンテナの扉を開けると、患者たちが立った状態ですし詰めにされていた。荷台から降ろされた女性は屹立し、子どもは力なく地べたに尻をついた。

子どもの衰弱ぶりはとくに激しかった。皮膚はひび割れ、手足は枯れ枝のように細く、腹は風船のように膨らんでいる。眼光は乏しく、腫れたまぶたや鼻の粘膜にたかるハエを追い払う力もすでにない。母親が子どもの手を引いて歩こうとすると、激痛を感じているのが表情でわかるのだが、悲鳴は声になっていなかった。衰弱などという言葉では生ぬるい、まさに餓死寸前の生きた屍の群れだった。

「典型的なクワシオルコルよ」と、イタリア人の女性医師が言った。

これまでにもクワシオルコルの子どもを何度か見てきたが、ここまでひどいケースははじめてだった。いったいどうしてこんなことになるのか、現実感を保てないほど痛々しい光景におののいた。

「極度にタンパク質が不足するとこのようにお腹が膨らみ、手足が腫れる。外から入る栄養がないので、体が自分の体を食べて破壊しているとでもいうのかしら」

それが生物学的にどういうメカニズムなのか、専門的なことはわからないが、子どもたちの悶え苦しむ表情を見るかぎり、それが単なる空腹などではけっしてないことだけは明白だった。

ここまで重症化した場合、「はいどうぞ」と食事を与えれば助かるというものではなく、それは逆に命取りになるのだという。長時間の飢餓状態によって体内の消化機能は壊され、食事を受けつけない体になっているからだ。また、免疫システムも十分に働いていないため、簡単に感染症を引き起こし、途端に重症化するリスクも抱えている。そんな状況に対処するために栄養治療の専門的技能を携えたプロフェッショナルが集まってはいるが、「もし治療がうまくいったとしても、なんらかの障害が残って成長の妨げになる可能性が高い」のだという。

治療に先立ち、医師や看護師たちが子どもたちの状態を確認して治療の優先順位を決めるスクリーニング作業に取りかかる。対象は5歳未満の子どもたちで、名前と性別、年齢の聞き取り、体重と身長の測定、MUACによる栄養状態の迅速判別などを通じ、即座に集中治療を受けるべき子どもを選抜していく。母親が連れてこられたのは、あくまで「子どもの保護と授乳」のためであって、大人の治療はどうしても後回しにされてしまう。

「600人も子どもがいるのよ。わたしたちは国境なき医師団であって国境なき小児科医じゃない。他にも救わなければならない人がたくさんいるのに」

だれに向かって言うのでもないこの医師の叫びは、このセンターで働く人全員が共有する悔しさや苛立ちであっただろう。

スクリーニングを通過した子どもたちが収容された入院病棟を見て回ると、だれもかれもが飢えて衰弱していた。9人の兄弟のうち8人が餓死したという絶望的な話もあった。極限状況にまで追い詰められた人びとの姿を、震えながら、打ちのめされながら、カメラで執拗に追うぼくに、ひとりの看護師が言った。

「ここにいる人たちは強い人ばかり。本当に弱い人たちはもう死んでしまったから」

まったくその通りだった。

ぼくの目の前にいる人びとは陸の孤島のような森や茂みに身を隠し、野草や芋の葉っぱで食いつないで生き延びた飢餓地獄のサバイバーなのだ。

治療食を口にできる子どもには、さっそく栄養を強化した特殊なドリンクが配られていた。母親が一番幼い子どもに一口一口飲ませるかたわらで、自分も空腹のはずの年長の子どもが母親をまねて、年下の子どもに懸命に飲ませようとする姿には胸打たれた。

　クルロ村から搬送されてきた患者のなかに、ジョゼフィーナ・ディンガさんという23歳の女性がいた。隣で少しおびえた様子で座るのが7歳のトーマス君、そしてジョゼフィーナさんが抱きかかえている子が8か月のジョゼ君だ。体重測定によると、ジョゼ君の体重は3・2キロで健康児の半分以下、トーマス君の体重も16・2キロしかなかった。

「コモ・ヴァイ・セウ・フィーリョ？（お子さんの具合はどうですか？）」とポルトガル語で声をかけると、ジョゼフィーナさんは手ぶりで母乳が出ないことを静かに訴える。それでもジョゼ君はおっぱいに吸い付いてあきらめようとしない。

　そんな母子の必死な姿をファインダー越しに見ていると、これは飢えとの戦いではなく、「生きること」との戦いなのだと思えてきた。生死を分かつ戦禍をくぐり抜け、今ここにいる。ここで生きている。その存在は弱いけれど、とても強い。彼女の透徹したまなざしに宿る生命の灯火が、罪なき人びとを長く愚弄してきた不条理の真実を、無言のうちに語る証言となってほしい。そう願わずにはいられなかった。

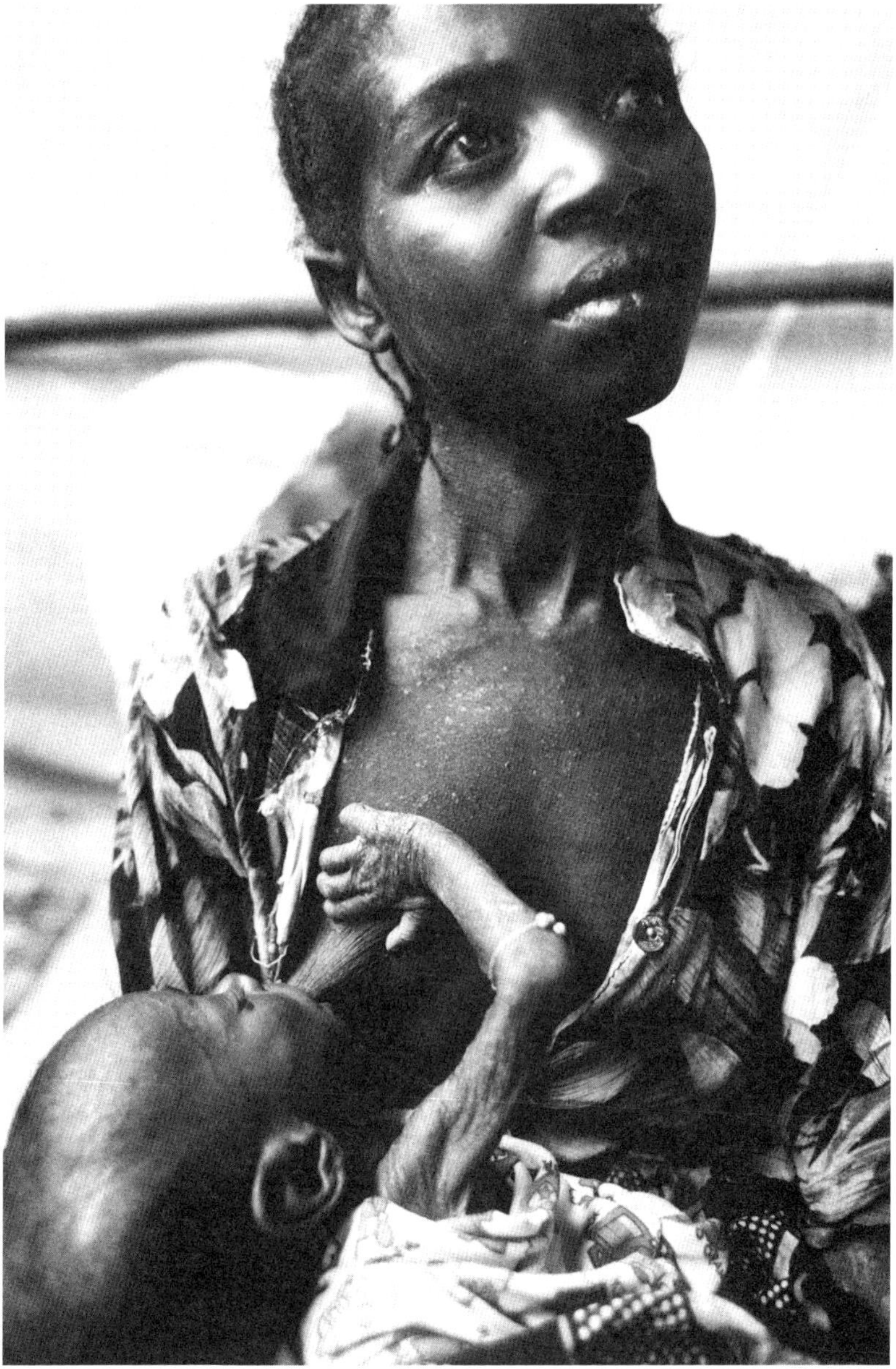

ジョゼフィーナさんとジョゼ君　２００２年　アンゴラ

サルガドとの共同記者会見

現場での迷い、自分の弱さ、逡巡する時間、いのちの手触り、抗えないこと、割り切れないこと……。さまざまな思いが込もったアンゴラ取材のフィルムを携え、真夏の日本に帰ってきた。現像から上がってきたネガのコンタクトシートとにらめっこしながら取材のメモを整理し、急いで仮原稿を準備した。

日刊紙から順に週刊誌、月刊誌、テレビ局と電話をかけ、写真と記事を売り込んだ。新聞ではいくつか記事で取り上げてもらえたが、雑誌や出版社の反応はどこも芳しくなかった。

「何か日本つながりのストーリーであれば形にしやすいんですが」という反応はまだよいほうで、ある編集部で「なぜ今アンゴラなのか。時事的なバリュー（価値）がないと雑誌では取り上げにくい」と言われたときには、「この目で見たんですよ。子どもが飢えで衰弱死していく姿を。その死の向こうには50万人もの瀕死の人びとがいて、実際、毎日何十何百の子どもが飢えや病で死んでるんです。そんな現実にはバ、リ、ュ、ーがないんですか。100万人死ななければ、アフリカではバリューにならないんですか。死者の数によって高まるバリューってなんですか」と、つい感情的に反応してしまい、自己嫌悪に陥った。

自分の写真や文章に編集者を説得するだけの力がなかったのは悔しかったが、それ以上に、アンゴラで写真を撮らせてくれた人や、取材に惜しみない協力をしてくれた国境なき医師団のスタッフのことを思うと、申し訳ない気持ちでいっぱいだった。

東京では親戚の家に居候させてもらっていたが、無収入の状態で発表の目処も立たないまま、これ以上甘え続けるわけにはいかない。そろそろロンドンに戻って、写真以外の生業を探さなくては、と真剣に考え始めていたとき、国境なき医師団の日本事務局から思いもよらない話が舞い込んできた。それはなんと、あの憧れのセバスチャン・サルガドとぼくとふたりで、アンゴラの現状を報告する記者会見をやらないかという提案だった。それはサルガドさん自身の発案でもあるという。

国境なき医師団の依頼でサルガドさんが5月にアンゴラを取材していたことは、ブンジェイで出会ったフランス人看護師のアニックさんから聞いてはいた。そのサルガドさんが、難民や移民など地球規模で移動する人びとを撮った写真展『ＥＸＯＤＵＳ――国境を越えて』の東京での開催を控え、来日していたのだ。

ぼくにとっての写真の神様のような存在のセバスチャン・サルガドに会える。それだけでも自分の人生においては十分に「事件」なのに、一緒に記者会見をするなんて、これはとんでもないことになった、と喜びよりも緊張と焦りしかなかった。

２００２年９月２日、東京の青山にある会場のビルで、国境なき医師団のスタッフと共にドキドキしながらサルガドさんを出迎えた。

会うなりサルガドさんが聞いてきたのは、アンゴラの最新の現状だった。サルガドさんにとっては自然な姿勢だったのかもしれないが、まっすぐアンゴラに向かう関心というか気遣いが単純にうれしかった。

通訳を交えて段取りのおおまかな打ち合わせを済ませたあと、会見が始まるまでのあいだに、アンゴラの現状をかいつまんで伝えた。これまでアクセスできなかった「空白地帯」の状況が明らかになりつつあること、そこでの飢餓が非常に深刻だが人道支援が追いついていないことなど。それを聞いたサルガドさんは少し苛立った様子でこう言った。

「先週、わたしの写真展の会場で開いた記者会見には、今日の10倍もの記者が集まっていたが、アンゴラから帰国したばかりのわたしに、そのことを質問する者はなかった。個人の写真展は話題にしても、まさに今、何十万もの子どもが死の危機に直面していることには関心を払わない。これこそが今のわたしたちの世界に起きている深刻な問題なんだ。地球上の他の場所で起きていることをもっと知らなくてはいけない。日本も一国では生きていけないのだから」

それはぼく自身にも通底する問題意識だったので励まされる思いがしたが、しかし実際日本で、飢餓の問題を記録した写真はなかなか売れないし、自分にやれることはもうないんじゃないかと半ば自暴自棄になっていたところだった。「これから先、何をどう撮ったらいいのかわからない」と正直な心内を吐露すると、サルガドさんは「時間をかけて知ろうとすることが大事だ。わたしたちは人びとと共に生きることを学んでいる途上なのだから」と真摯に語ってくれた。

「わたしたち（we）」。その言い方がいかにもサルガドさんらしいと思った。それはぼくが普段使う「わたしたち」よりももっと大きな振幅を持つ「わたしたち」で、「あなた」と「わたし」を一体化して包みこむ「人類」という響きがあった。

記者会見が始まった。サルガドさんから切り出された話は、アンゴラで起きていることの報告というよりも、不平等と差別によって引き裂かれた世界と向きあう意思があるのかと問いかけるようなメッセージだった。その主な内容を、自戒を込めて今の自分に投げかけるためにもここに記しておこうと思う。


停戦合意後、アンゴラ政府は「みな戦争で苦しんできました。われわれ国民全員が勝利者です」と言いましたが、いったいだれが何に勝利したというのでしょうか。戦争を始めた者以外の人びとが得たものとはいったいなんだったのでしょうか。これだけ多くの人びとが死に、難民となった原因はなんなのでしょうか。

アンゴラの飢餓状況は、苦しむ人びとに背を向けてきた同盟者たちの悪しき心による帰結です。一部の特権階級や私企業が資源を収奪する一方で、生きていくための基盤を破壊された人びととの福祉のために利益を役立てようなどとは露ほども考えなかった残虐な政府と、自分たちの豊かさと支配力を維持することばかりに腐心する国際社会という名の金持ちクラブ会員の過剰なまでの欲望と、それに後押しされたビジネスマンが結託して、金持ちが勝ち続ける強固なシステムを整えてきたのではないでしょうか。

地雷に土地を、国際社会に資源を、貧困に子どものいのちを奪われている人びとをわたしは見てきましたが、わたしたちは取り返しのつかないことがたくさん起きたあとで、アンゴラの悲惨な状況を知ったのです。そのことをただ伝えるために写真をお見せするのではありません。わたしたちの人間への関心のありようこそが、物事の認識や世論を形成し、国際社会の行動や関係に反映されていることをもっと考えてほしいのです。

経済大国の力は強力です。もしわたしたちが平和な世界を希望せず、自分たちさえよければ、自分たちの国さえ発展すれば、という考えを持つならば、暗たんたる雲が国境を越えて憎悪と暴力の雨を降らします。それを予報するために写真が役に立つことを期待しています。

国境なき医師団の活動は貧困問題の根本的な解決には至りませんが、たくさんのメッセージを含んでいます。いのちを大切にする心、相手の立場になって考える想像力、暴力の再生産を断ち切る勇気。彼ら彼女らのアクト（行動）に、わたしたちはどうリアクト（応答）していけばいいのでしょうか。

第3章　子どもたち一人ひとりのカンボジア

1 バッタンバンの中学生　２００４年　カンボジア／**2** 子どもをリヤカーに乗せ廃品を回収する男　２００５年　カンボジア／**3**「若者の家」の少年　２００４年　カンボジア

トゥールスレン虐殺博物館で写真を見て、粟立つように鳥肌がたった。

カンボジアの首都プノンペンにあるその博物館は、ポル・ポト政権時代（1975〜79年）に政治犯などの拷問や殺戮が行われた秘密の収容所「S21」を保存、改修した施設だ。拷問の器具や囚人を閉じ込めた独房、ポル・ポト派兵士による首切りの絵など非道の痕跡が展示されてあるが、そのなかでぼくをもっとも震撼させたのが、処刑される直前に撮影された囚人の写真だった。

機械が写すパスポート写真のような白黒のポートレートが、部屋いっぱいに展示されている。赤子を抱いた母親もいる。一枚一枚が、無表情のままこちらをじっと見つめる。そのだれひとりも、もうこの世に存在しないという不在感が重くのしかかる。

撮られたとき、いったいどんなことを思ったのか、これが人生最後の写真だという予感はあったのか。宛先を失った遠いまなざしとじっと対話をしながら、ぼくはかつてこの国を愛してやまなかったひとりの日本人写真家の面影を思い浮かべていた。

「クメール・ルージュといえども同じ人間同士、話せばわかりあえるはず」

そう信じていたからこそ、彼はクメール・ルージュの勢力下にあったアンコールワットに飛び込む勇気を持てたのであって、虫けら同様に扱われて殺されるなどとは露も思わなかったのだろう。

ぼくが生まれるより少し前の1970年代はじめ、クメール・ルージュと呼ばれていた謎の多い武装勢力と政府軍が激しい内戦を繰り広げていたカンボジアで、戦闘があるごとにカメラを持って最前線に駆けつけ、銃撃戦に肉迫しながらシャッターを切り続ける男がいた。

一ノ瀬泰造。フリーの報道写真家だ。

「好きな仕事に命を賭けるシアワセな息子が死んでも悲しむことないヨ、母さん」

「火葬場は煙の絶える日はありません。棺桶に泣きすがる遺族の写真も、近くでアップには撮れません。僕には。写真家失格かも知れませんネ」

「アンコールワットにクメール・ルージュ、村人を撮ったら死んでもいい」

「地雷の位置も全然解らず、行き当たりドッカンで、例の所の最短距離を狙っています。……旨く撮れたら、東京まで持って行きます。もし、うまく地雷を踏んだら、サヨウナラ！」

そんな、荒削りでも忘れがたい数々の言葉を残した一ノ瀬は、クメール・ルージュの支配下にあった聖域の遺跡群アンコールワットへの潜入を試み、そのまま帰らぬ人となった伝説の写真家だ。

一ノ瀬が残した日記や、家族や知人友人と交わした手紙でまとめた著書『地雷を踏んだらサヨウナラ』は多くの人に影響を与えたが、間違いなくぼくもその一人だった。

こういえば一ノ瀬には大変失礼かもしれないが、17歳のぼくを写真家の道に駆り立てたのは、彼の写真そのものというよりは、その飾り気のない言葉やいのちを燃焼させるように突進する生き方だった。自分しか知らない光景を見たい、魂が震えるような生き方をしたい。そんな思いを募らせていたとき、一ノ瀬の命がけの生き方から湧き出た言葉が、「君もカメラを持って世界に飛び出してごらん」と背中を押してくれたのだと思う。

1947年、佐賀県武雄市に生まれた一ノ瀬は、日本大学芸術学部で写真を学ぶ。在学中より報道写真家を目指していた一ノ瀬は、卒業後、インド・パキスタン紛争を足がかりに、ベトナムの戦場へと足を向ける。ベトナム戦争ですでに名声をほしいままにしていた日本人報道写真家たちの活躍に刺激を受けていたに違いない。

ベトナムの戦場で現場経験を積んだのち、1972年、24歳のときにカンボジアにたどり着く。まだだれも撮影していない未知のアンコールワットを撮れば、ピュリツァー賞も夢ではない。そんな野心を抱いて、遺跡群の門前町であるシェムリアップに取材の拠点を構える。

そこから何度もアンコールワットに潜入を試み、1973年11月、友人宛の手紙に「地雷を踏んだら、サヨウナラ」と書き残して、アンコールワットを厚く囲む密林に分け入り、そのまま消息を絶った。26歳の若さだった。現地の政治勢力に捕まり処刑されたと見られているが、その勢力こそがのちにカンボジアで大虐殺を主導実行するポル・ポト派だった。

1975年4月、反米共産ゲリラのクメール・ルージュは、親米ロン・ノル政権を撃破してプノンペンを制圧、内戦に勝利を収める。その指導的立場にいたのが、元教員のポル・ポトと呼ばれた男だった。

カンボジア全土を掌握したポル・ポト政権は、極端に原初的な共産主義思想にもとづき、通貨制度や裁判、学校の廃止、私有財産の没収、都市部から農村部への住民の強制移住など、過激な革命計画を次々に推し進める。

前政権の関係者や学校の教師、芸術家といった知識人の多くは「反革命分子」とみなされ、高校の校舎を改造して建てられた「S21」に収容された。そこで過酷な拷問によって罪の自白を強要させられたのち、プノンペン近郊の別の場所に移され処刑された。のちに「キリングフィールド」と呼ばれるようになる刑場で殺された人の数は、記録にあるだけで1万4000人を超える。

ポル・ポト政権は、1979年のベトナム軍のカンボジア侵攻によって一気に弱体化するが、そのときまでにすでに170万人もの人びとが、虐殺や病死、重労働による過労で死に追いやられたとされている。

80年代になってからも、ベトナムが支援するヘン・サムリン政権とポル・ポト派の残党勢力とのあいだで泥沼の内戦が続き、1991年になってようやく和平協定が結ばれ、平和への道筋が開かれた。

一ノ瀬の死後に出版された著書や写真集をあらためて手に取ると、死の間際、戦場に執着していたまなざしが少しずつ人びとの何気ない日常へと向かい、たくさんの笑顔にシャッターが切られていることに気づく。

「たいした写真はできなかったけど、これがぼくが最も望むことであり、望む写真でした」

一ノ瀬の言う「最も望むこと」。それを、現在のカンボジアの人びとはどれだけ取り戻すことができたのだろうか。そんな思いを胸に、一ノ瀬のまなざしと自分のまなざしを重ねながら、内戦終結から12年が過ぎたプノンペンの町を見て回った。

「国境なき子どもたち」の取材

プノンペンの表情は想像していた以上に明るかった。大通りには建設中のビルや高層アパートが林立し、日本製の車やバイクがせわしなく行き交う。経済は目まぐるしいスピードで成長を続けており、訪れる外国人観光客の数は１００万人を優に超えているという。１００万人以上の難民を生んだ内戦がほんの十数年前まで続いていたことを考えると、その復興のさまは奇跡的に思える。

ただ、新生カンボジア王国は新たな矛盾を抱えていた。町のいたるところに、農村部から都会の豊かさを求めて流入した人びとが住むスラム街が広がる。だが、そこでの暮らしもけっして楽ではない。もっと手っ取り早く現金収入を得ようと、国境を越えてタイに出稼ぎに出る者もかなりいた。

富める者と貧しい者との不平等が放置されたまま、労働者が国境をまたいで流動化するなか、社会の底辺に取り残されている子どもたちが人身売買に巻き込まれている。そんな子どもたちの現状を伝えてほしいという依頼を日本のＮＧＯ「国境なき子どもたち（ＫｎＫ）」から受け、その取材の足がかりを探し歩いていた。

夕方、プノンペン中心部にあるオルセー市場の前で、屋台から出たゴミやアルミ缶、プラスチックを集める子どもたちのグループがあった。そのなかで一番目立っていた子に声をかけた。名をマップという。他の子と違ってアルミ缶などのリサイクル品には興味を示さず、粗大ゴミに狙いを定め、壊れたテープレコーダーを掘り出していた。直して売るつもりのようだ。

許しを得てマップのあとについていくと、寺の片隅のがれき置き場で少年少女らがたむろしていた。マップと生活を共にする仲間で、そこが彼らの「ホーム」だという。

「ここなら安全だ。ブッダが見てくれているから」

10代半ばで親と死に別れ、孤児となったマップは4年前にプノンペンにやってきた。駐車場の見張りで日銭を稼ぎながら路上生活をしていたが、次第に盗みを覚え、路上で知りあった仲間の影響でドラッグに手を染めるようになる。ここで行動を共にする仲間ももとはドラッグつながりだった。

そんな話をマップから聞くかたわらで、別の少年が「ヤマ」と呼ばれる興奮系の覚せい剤の一種を気化させて吸引を始めた。カメラを見せているのに隠す様子もない。ドラッグを買うお金をどうやって手に入れているのか聞くと、その日は仲間のひとりが335ミリリットルの血を売り、2万リエル（約500円）を得たという。マップも輪に加わり、アルミホイルの下からライターの火であぶり、気化して煙となったヤマをストローで鼻に吸い込む。気が大きくなったのか、少女にお金を渡して、追加のヤマをどこかに買いに走らせた。

唯一の少女の名はティダといった。以前は売春宿で働いていたが、現在の彼氏と出会い、一緒に路上で生活するようになった。ドラッグは最初のうちは拒んでいたそうだが、彼氏に何度も勧められるうちにやめられなくなった。

腕にある生々しい自傷痕が気になった。「ドラッグをすると胸が苦しくなる。腕をナイフで切って血を出す。胸が楽になる」。片言の英語と手ぶりでティダが説明する。売春は今でも続けているが、稼いだお金はドラッグに消えると、ハンモックで眠る子どもの背中をさすりながら言う。幼い息子だった。

別の日にふたたび訪ねると、同じメンバーがまたドラッグを使用していた。今度はヘロインだった。注射器で腕から血を抜き取り、そこに細かく砕いたヘロインを溶かして、ふたたび静脈に戻す。少年の頬はげっそりとやせこけて、皮膚には無数の発疹が出ていた。まだ18歳だ。麻薬の転売、窃盗と売血で現金を得て、ヘロインを買うのが楽しみだと話す。「注射器を仲間同士で使い回しするとエイズに感染する危険があると思うのだが」と忠告しても「問題ない」と気にもかけない。

一息ついたのか、マップが出かける支度を始めた。

「今日は国王の誕生日だから、たくさん観光客がいる」と言って、ポケットから物を盗むそぶりを見せ、雑踏のなかに姿を消した。

夜は売春宿を訪ね歩いた。

プノンペン北部にあるトゥールコックと呼ばれる地区は売春街として知られている。夜になると、道路に並ぶ何十軒もの家屋からピンク色の電飾の明かりがもれるので、すぐにそれとわかる。バイクで徐行しながら前を通ると、入り口に立つ女性たちが手招きする。適当に当たりをつけて飛び込んだ1軒に、ダエンさん（仮名）はいた。

店のオーナーは女性だった。5、6人の女性と一緒に売春宿を経営している。「ダエンをテイクアウトしていいか」とオーナーに聞くと、「追加で20ドル払うなら」と了解を得て、バイクに3人乗りしてトゥールコックを離れた。

10分ほど走らせたところで食堂に入り、あらかじめ協力をお願いしていたカンボジア人ソーシャルワーカーの女性が合流したところで、これが取材であることを明かした。

同性のソーシャルワーカーによる説明で事情を理解してくれたのか、オーナーに話さないことを条件に取材を受け入れてくれた。売春宿の暗がりではわからなかったが、よく見ると、濃く塗りこめた化粧の顔にあどけなさが覗く。年齢は、表向きは20歳だが実際は17歳で、2年ほど前にコンポンチャムの村から出稼ぎにきたという。「電気も水道も希望もない貧しい家庭だった」。

ある日、親戚の叔母から「プノンペンに家事の仕事があるから行かないか」と誘われた。最貧の暮らしにあえぐ家族を助けたかったし、都会の生活に憧れもあったので、両親の承諾を得てプノンペンにやってきた。

叔母に連れて行かれた仕事先は、中国人の男性ビジネスマンの家庭だった。それからすぐに、家事労働にはセックスの相手も含まれていることを知る。しかも賃金はすでに叔母に支払われていた。そのときは自分の値段がいくらだったのか知る由もなかったが、「処女だったので300ドルくらいは払われていただろう」と、この世界の内情を知った今は想像できる。中国人の主人は親切ではあったが、直接お金がもらえないことに不満を抱くようになった。そしてある日、買い物に行くと言って1

ドルをもらい、そのままバイクに乗って逃走した。

ただ、逃げるといっても身寄りは叔母しかいなかった。再会して事情を話すと、また別の中国人のところに行かせようとしたので、叔母との関係を絶ち、自力で生きるために売春宿に飛び込み、現在の店で働かせてもらうことになった。稼ぎの多くはオーナーに取られるが、「十分暮らしていける月収」はもらっている。親身になって衣食住の面倒を見てくれ、病気のときに看病もしてくれるオーナーに感謝さえしている。

辛いことは何かと聞くと、貯金していた20ドルを両親に仕送りしたとき喜んでもらえなかったのが悲しかったと話す。「売春で稼いだ金だ」と叔母から聞かされていたようだった。

当面のあいだはこの仕事をやめるつもりはない。ダエンさんは「結局、他に何もできないから」とうつむき加減に話した。

別の売春宿で出会ったチャントゥーさんは南部タケオ州出身。19歳。この仕事を始めて2年ほどになる。父は子どものころに病死し、母はずっと精神の病気で働けず、日々の食事に困るほどの貧しい家庭で育った。14歳のとき、友人から「プノンペンに行けば月100ドル稼げる」と誘われて、村を出る決意をする。最初の2、3年は家事の仕事をしていたが、収入はすずめの涙。一向に貯金はできなかった。

「自分の稼ぎで母を支え、弟と妹を学校に行かせたい」と思っていたチャントゥーさんは、自ら売春する道を選んだ。1日平均2、3人、多い日には8人の客をとることもある。客のほとんどはカンボジア人の若者だ。月収は80ドルほどで金額に不満はないが、ときどき酔っ払った客に暴力を振るわれるのが辛いという。過去に一度、知らない場所に連れ出され、20人くらいの男に輪姦されたことがあった。そのときはさすがに仕事をやめようと思ったが、今も貧しさに耐えかねている家族のことを考えると、この現実に踏みとどまる以外に選択肢はなかった。

村の住人はチャントゥーさんが売春していることを知っている。だがそんなことは気にしていられない。

「ただ家族のことが心配なだけ。でも、村ではもうだれにも信用されないのかな」

学校に行ったのは1年ほどで読み書きはほとんどできず、年をとったらまた家事の仕事をするしかないと思うが、今はまだ先のことまで考えられない。

夜8時過ぎ、公園の一角にある小さな遊園地をチャントゥーさんと歩く。まわりを見渡すと、若者たちが無邪気にはしゃいでいる。アイスクリームを食べながら歩くチャントゥーさんの姿はそんな若者となんら変わるところがない。

「アイスクリーム、ありがとうございました」と英語で言う彼女にこちらも両手を合わせて会釈し、バイクに乗せて見送った。去り際に後ろを振り向いて、「バイバイ」と手を振ってくれたときの笑顔が今も脳裏から消えないでいる。

売春の実態が少し見えてきたところで、雇う側の話も聞きたいと思い、売春宿のオーナーに正面から取材を申し込んでみたところ、意外にも何人かが承諾してくれた。

話を総合すると、トゥールコックが売春街に発展していったのは、内戦終結後の90年代前半、平和維持の任に当たる国連兵士が多く駐屯していたころ。売春婦の女性がある程度の裁量を持ってフリーランス的に働いている場合もあるが、オーナーに借金があって、体で返済させられている債務奴隷状態の場合も少なくない。

「トラフィッカー」と呼ばれる人身売買業者に連れてこられる場合もあれば、友人をつてに自らやってくる場合もある。一般的にトラフィッカーは田舎の生活や人間関係に通じていて、金銭的な悩みを抱える家族へ言葉たくみに近づく。だまされる親も多いが、親自ら娘を差し出すこともある。「処女は500ドルで売れると教えればだれだってイエスと言う」とうそぶいたオーナーもいた。

やっかいなのは警察だという。週に1、2度、見回りに来る警察に金銭を払い、目こぼしを願い出る。もし女性たちが摘発されたら、多額の保釈金を払わなければならない。「自分も逮捕される危険な仕事で、潤うのはトラフィッカーと警察だけだ」。

「15歳より年下の子どもはいるのか?」と尋ねると、「90年代はいたが今は店にはいない。携帯電話で連絡して手配する」と答える。買う側の罪が問われないかぎり、問題は潜在化する一方なのだろう。

いくらか謝礼を払って帰ろうとすると、オーナーが顔を寄せてきて耳打ちした。

「もしよかったら14歳の女の子がいる。60ドルでオールナイトだ」

こういう具合にランダムに売春宿を訪ねながら、何人かの女性に話を聞いた。印象的だったのは、自ら進んでその道を選んでいる者が少なくないことだった。そこで問わずにはいられなかったのは、ではなぜその道を選ばねばならなかったのか、だった。そしてその問いかけには、全員が異口同音に「家族のため」と答える。

売春を生業とする女性たちの多くは、経済発展から取り残された貧しい農村の出身だ。そこには貧しさから学校に通うことさえかなわない子どもたちが大勢いる。幼少時から労働力として家族に貢献することを求められるのは、珍しいことではなかった。ただでさえ厳しい生活環境のなかで、思いがけず親が借金をかかえてしまったり、家族のだれかが病気になって高額の治療費が必要になったとき、まとまった額のお金を得るための方法といえば、十代半ばの少女にとって売春以外にあるだろうか（少年が売春をすることももちろんある）。そうした選択肢のない立場に立たされた弱みに、トラフィッカーはつけこんでくる。

まことに貧困は、かくも選択の余地がない状態なのだと、つくづく思い知らされる。

「強い光があるところには濃い影がつきまとう」

そう言ったのはゲーテだったが、まさに経済発展という「強い光」は社会の貧困や不平等という「濃い影」を方々につくりだしている。「戦争のときのほうがよかった。前はみんな貧しかったが、お金がなくても生きていけた。今は豊かになったが、お金がないとだれも生きていけない」。夫の病気の治療のために、娘を60ドルで売った母親にそう言わしめる状況がそこにある。

内戦が終結し、銃弾の飛び交うことのない社会がやってきたのはたしかに希望であるが、その社会の底辺で「子どもたちの戦争」はまだ続いている。家族崩壊、ホームレス、児童労働、人身売買、性的暴力、薬物中毒、子ども売春……。抗うことのできない現実のなかで声をあげることもできない子どもたちの声を、だれが聞いてくれるのだろうか。

ストリート・チルドレンとトラフィックト・チルドレン

正午過ぎ、制服姿の子どもたちが続々と学校から帰ってくると、男子棟は一気ににぎやかになる。普段着に着替えた者からお皿を手に取り、白米を盛ってスープをぶっかけ、胃袋に勢いよくかき込んでいく。食後は食器洗いの当番以外は庭でバレーボールをしたり、テレビでアニメを見たりと、それぞれの自由な時間を過ごす。一見するとアジアの国のどこにでもいそうに見える青少年らは、実はみな、路上で生活をしていた「ストリート・チルドレン」か、人身売買の被害にあった「トラフィックト・チルドレン」だった。

ここはカンボジア第2の都市バッタンバン。町の中心にサンカエ川が流れ、フランス植民地時代に建てられたコロニアル建築が残る、のどかで美しい町だ。米どころとして名高く、食の町としても知られている。

この町の片隅に、子どもたちの自助自立を支援する施設「若者の家」がある。「国境なき子どもたち」が2000年に開設、ストリート・チルドレンやトラフィックト・チルドレンのために教育支援や職業訓練を行っている。

カンボジアには貧困層の子どもを支援する施設は数え切れないほどあるが、「若者の家」が他の施設と違うのは、受け入れ年齢が14歳以上という、子どもから大人に移行する青少年を対象にしている点だ。幼い子どもを対象にしたほうが支援の必要性を寄付者にアピールしやすい面があるのだが、ではその施設を卒業した13歳、14歳の子どもたちはどうなるのだろう。彼らは社会で自立して生きていけるほど十分に大人なのか。

とりわけストリート・チルドレンやトラフィックト・チルドレンは、子どもが本来持ち合わせているべきもの——家族や友人との社会的つながり、教育やさまざまな経験の機会など——が根こそぎ剥奪されている。そんな権利なき子どもたちが、自助努力で生き抜けるほどカンボジア社会は優しくない。現実を知った「国境なき子どもたち」のスタッフが、子どもたちにまっとうな「子ども時代」を生き直す時間と場所を提供しようと、「若者の家」は始まった。

「彼らはわたしより身長も高いけど、小さい子どもみたいに甘えてきます。親にもまともに甘えることもないまま、大人でも耐えられないような世界に投げ込まれてきたので、何かを取り戻そうとしているのかもしれません」

2001年から現地スタッフとして働く大竹綾子さんが子どもたちに囲まれながら語る。

「その点ではトラフィックト・チルドレンよりもストリート・チルドレンのほうが難しく感じる」と言う。

どういうことなのか。

「一概には言えないが」と断りながら、「ストリート・チルドレンだった子は周囲の人間に対して強い不信感を持っているので、反抗的で暴力的なところがあります。孤児になって路上生活を余儀なくされた子もいますが、親がいたとしても、失業やアルコール依存症で子どもを育てる力がない上に、子どもに暴力を振るったりします。そうした家庭内の生きづらさから路上に〝避難〟したのがストリート・チルドレンです。ですので、『若者の家』に来ても他の子どもと摩擦が生じてしまい、またストリートに戻ろうとする子もいます」と大竹さんは話す。

それと比べてトラフィックト・チルドレンは、甘えん坊で従順な面があるという。

「トラフィックト・チルドレンは家族が嫌いになって家を出たのではなく、家族のために家を出たケースが多い。子どもたちは親の苦労を見て育ったので親を助けたい思いが強く、その善意につけこむブローカーにだまされやすい。だまされているとわかっていて、現実を受け入れる子どももいる」

「若者の家」の男子棟で暮らす16歳のダウ君は、典型的なトラフィックト・チルドレンだ。病気で借金を抱えていた両親に1500バーツ（約5000円）で売られたダウ君は当初、「50回以上もタイに出稼ぎに行った」と豪語していたそうだ。一度も学校に通ったことがないまま、タイの街角で花束やお菓子を売ったり、外国人バーで働いたり、白人のペドファイル（小児性愛者）のコンドミニアムに囲われたこともあった。

ダウ君が帰国したときには両親はエイズで亡くなっていて、死に目にも会えなかった。「若者の家」に保護されてからは理髪店の職業訓練を受けているが、ときどき無断でどこかに出かけている。「タイで覚えたドラッグがやめられないのかもしれない」と大竹さんは見ている。

その大竹さんが「忘れられない子」と気にかける少年がいる。名前はタン君、タイとの国境の町ポイペトのスラムに住んでいるはずだという。それならばポイペトの取材をかねてタン君を訪ねてみようと思い、「若者の家」のソーシャルワーカーのサカンさんと一緒に現地に向かった。

いつでも帰れることのできる「心の家」

ポイペトは、タイとカンボジアの経済的な格差を象徴する国境の町だ。

国境のカンボジア側には、高級カジノホテルが立ち並ぶ。タイから大型バスで到着したばかりの外国人観光客にカンボジア人の子どもが駆け寄り、物乞いをしたり、日傘を差し掛けたりしている。その様子を観察していると、国境の川にかかる橋の下から、異様に着太りした子どもたちが上ってくる。橋の下に行ってみると、子どもの全身にビニールひもで衣服を巻きつける人びとの姿があった。タイ側の町アランヤプラテートにあるクロンクルア市場に、衣類を運ぶのだ。大人だと越境するのに10バーツ（約30円）かかるが子どもは無料で、体に巻きつけることで私物扱いしてもらえるので、関税が免除されるらしい。いうなれば、子どもに密輸の片棒を担がせているということか。

子どもたちは越境ついでに市場で食用のバッタを選別する仕事をして、夕方にはポイペトに戻ってくる。そのままタイに残って他の町に移動することも簡単だという。

「プノンペンでは仕事がなく、子どもを養うために仕事を求めてポイペトに来たが、今は子どもの稼ぎに頼って生活している」と苦笑いするチャン・タンさんは5か月前にここに来た。5人の子どもを総出で働かせている。

国境の橋からバイクで未舗装の道を数分行った町の外れに、ベトナム出身者ばかりが密集して暮らすスラムがあった。そこにタン君は暮らしていた。タン君はぼくとサカンさんを丁重に自宅に招き入れてくれる。体は子どものように小柄だが、落ち着いた雰囲気は17歳のものとは見えなかった。

「会話は英語でもタイ語でもベトナム語でも問題ない」と英語で話す。タン君の生まれはプノンペン、母親はベトナム人で、英語はタイで覚えた。カンボジア人の父親は5歳のときに他界している。背骨の病気で思うように働けない母親のため、タン君は子どものころからタイに出稼ぎを繰り返してきた。右足には小児麻痺の後遺症が残る。左足はマンゴーの木から落ちて複雑骨折した。

「でも歩けるから問題ないし、ハンディキャップがあるからお金を稼ぐことができるんです」

つい先週まで7か月間、タイに出稼ぎに出ていた。タイ南部のコサムイで花売りや物乞いをし、2万バーツ以上持ち帰ったそうだ。一般的なカンボジア人の年収に相当する額だ。

なぜ「若者の家」を出たのか聞くと、「自由がほしかった」と言う。

「タイでは月2000バーツで部屋を借り、働きたいときに働き、遊びたいときに遊べる自由がある。『若者の家』の人は好きだが、自由がない。何よりそこにいるかぎり、母を助けることができない」

そう語るタン君に母親は微笑みかけ、息子を誇りに思うと言った。

バッタンバンに戻り、タン君に会えたことを大竹さんに報告した。すると、大竹さんは彼が「若者の家」を去った日のことを話し始めた。

「足ひきずってね、笑顔でひょこひょこってそばに来て、何か言葉をかけてくれたんです。バイバイって言ってたかな。でもまさか遠くに行くなんて思ってなかったから。前にも行方不明になったことがあったんです。スラムを探し回り、やっと連れ帰ってきて、職業訓練を受けさせて。『若者の家』にも馴染んでいるように見えたし、気持ちも話してくれてたのに」

涙をこらえきれない大竹さんの顔をきちんと見れないまま、耳を傾け続けた。

「あのとき、ありがとうって言葉が聞きたかったわけではなかったけど、急にいなくなってしまって、自分に何ができるんだろう、できることなんてないのかなって思ってしまう、タンのことを思い出すと」

お母さんを助けるのは自分しかいないと、苦労を覚悟の上で「若者の家」を飛び出したタン君を誇りに思うと同時に、もう少し辛抱して職業訓練を続けてくれていたらという思いもよぎる。果たしてどちらが彼の人生にとって幸せな選択だったのか、ぼくにはわからない。けれど、少なくとも大竹さんら仲間と共に「若者の家」で過ごした時間は、これからもタン君の記憶のなかでいつでも帰ることのできる「心の家」であり続けるのではないかと思った。

内戦の時代から休業状態が続くバッタンバン駅周辺をさまよい歩く。

路上で大きなゴミ袋を寝袋代わりに熟睡している子、ボンドの入ったビニール袋を吸いながら酔っ払いのようにふらふらする子、市場で捨てられていた魚の半身を七輪で焼いている子。そこかしこにストリート・チルドレンの姿を見ることができる。

ぼくはまだ「貧困のイメージ」を探し求めていた。

この国で貧困にあえぐ子どもたちは、社会の底辺で不可視の存在にされているわけではない。むしろ見えすぎるくらいで、路上でほんの少し目を凝らせれば、イメージとしての貧困は赤裸々に姿を現す。

それを見ようとしないから、子どもたちの存在がますますないがしろにされて、解決が遠のく。そうさせないために、証拠性の高いイメージで「これでもか」とすでに顕在化している現実を突きつけるのが報道写真の役目なのだとおのれに言い聞かせ、カメラを盾にストリート・チルドレンの群れに分け入った。

地面にひざまずき、視線を低くして子どもたちに近づいていくと、野犬のような眼でこちらを睨みつけてくる。まるでとがめられているようで心がうずく。

彼らを見ようとしない社会の無関心が子どもたちをこんな眼にさせるのか。

シャッターを切りながら、そんなありきたりの解釈で目の前の現実を飲み下そうとしたとき、異議を申し立てる内なる声を聞いた。

——そんなわかったような言葉でやり過ごすのはちょっと違うだろう。

子どもたちが「こんな眼」をしていているのは、社会のだれでもない、目の前にいるカメラを持ったお前のせいではないのか。

それは、この国で苦境にあえぐ子どもたちにカメラを向けながら、ずっと心の奥底でかすかに流れていた声だった。

「見られること」がだれかの恥辱であるとき、「見ること」はある種の暴力になりうる。そのことを薄々と自覚してはいたが、根拠のない理由や言い分で自分を正当化して「撮る」という立場に固執してきたのだと思う。

その特権のような立場に立ちながら、相手を一方的に見下す。そこにコミュニケーションはない。実際、バッタンバンの路上では、表層的なイメージをかすめ取ろうとしただけで、子どもたちに名前すら聞いていなかった。

あの眼が鋭く問いただしていたのは、撮る者もまた見られている存在であることを引き受けようとしない、ぼく自身の不遜なまなざしではなかったか。

「若者の家」の子どもたちとのフォト・セッション

大竹さんからバッタンバン駅近くの歓楽街にあるカラオケ店で、以前「若者の家」にいた女の子が働いていると聞き、金曜日の夜、彼女と一緒にカラオケ店を訪ねた。

店に入ると、受付の前に女の子が7、8人立っている。そのなかにクウはいた。再会に喜ぶ大竹さんを前に、クウはちょっと恥ずかしそうな様子だ。親が職場見学にやってきたような感覚があったのかもしれない。

クウと彼女の仲良しふたりの計3人を指名し、ピンク色の壁の個室に案内された。天井から吊るされたミラーボールがキラキラと回る。大竹さんもカラオケ店に入るのははじめてということで、店の内装や女の子の仕事ぶりに興味津々だった。

取材めいたことをすると場がしらけると思い、一通り飲んで歌ったあと、クウとあらためて週末に会って話を聞く約束をして店を出たが、そこは本来、奥の別室で別料金のアフターサービスを行うことを主な売りとする特殊なカラオケ店であることがわかった。「クウの化粧が濃くって、幼いのにそれを隠して急に大人になったようでさびしい気がしました。パトロンもいるっていうし」と言って、大竹さんは小さなため息をついた。

大竹さんの話によると、クウは14歳のときに母親を亡くし、その後父親は別の女性と出て行ってしまう。孤児になったクウはバッタンバン病院近くのスラムで妹と暮らしながら、盗みや物乞いで糊口をしのいだ。

17歳のときにソーシャルワーカーに保護されて「若者の家」にやってきたが、1年半ほどで自ら出て行ってしまう。規則が多い生活になじめなかったそうだ。「住み込みで働かないか」とカラオケ店の女性に誘われて仕事を始めたが、最初はほぼ無給の状態で、お店を何軒か転々としたあと、今の店に行き着いた。

週末、普段の暮らしぶりを見せてもらおうとクウのアパートを訪ねた。薄いベニヤ板で仕切られた四畳半ほどの一室に、同年代の女の子ふたりと同居していた。壁棚には口紅やアイシャドー、香水などの化粧品が並び、ベッドの脇にはカラオケ店で着る派手な洋服がきれいに畳んである。携帯電話をさわりながら、「ほしかったものは大体手に入れることができた」と今の生活に満足げだった。

部屋でふと壁の上のほうを見ると、B5サイズほどの写真が飾られてある。モデルのようにポーズするクウのポートレート写真だった。「これは何？」と聞くと、ベッドの下から写真アルバムを取り出した。ポケットホルダーには同居する友人を含めたポートレート写真がびっしり収納されている。町の写真スタジオで撮影したもので、焼増しプリントして友人と交換し、思い出を共有するのが楽しいのだという。プリクラ感覚なのかも、と思った。

ただ、家族との記念写真はなかった。

「友だちとの思い出が一番大切だから」

このクウのひと言によって、ぼくはあるアイデアを思いついた。

取材に協力してくれている「若者の家」の子どもたちに何かお礼がしたいと思っていたぼくは、子どもたちを写真スタジオに招待しようと考えたのだ。

自分の稼ぎがあるクウには写真スタジオに行く金銭的余裕があるが、「若者の家」で暮らす子どもたちはそんなお金を持っていない。でも、「友だちとの思い出が一番大切」という思いはきっと変わらないはずだ。「思い出す」「共有する」という写真のもっとも素朴な特性を活かせると思った。

さっそく大竹さんに提案した。「大喜びで行くと思います。全員行くと言い出すかもしれませんよ」と了承してくれた。

サンカエ川沿いに並ぶ西洋風ビルの1階に写真スタジオはあった。日本の町のどこにでもあるような写真館だ。クウの写真にあったようなスタジオの背景と着せ替え衣装もあった。価格は3パターン撮影してプリント代込みでひとり9ドル。「若者の家」の子どもたち全員を撮ったらけっこうな出費になるなと一瞬思ったが、彼らが喜んでくれるなら、と試しに女の子3人を招待してみることにした。

3人とも写真スタジオで撮影するのは、はじめての経験だ。「結婚式のときにしか撮ったことがないわ」と同行するソーシャルワーカーの女性が一番落ち着かない。入念にメイクをしたあと、好きな衣装に着替える。撮影用の背景も無地のものからアンコールワットの絵柄まで、好きなデザインを選ぶことができる。

いよいよ撮影本番。機材に囲まれて、スタジオのカメラマンにポーズをつけられる子どもたちを眺めていると、まるで彼女らの父親であるかのような気分になった。両サイドからストロボの閃光を受けながら、カメラマンのアドバイスを受ける。ポーズがさまになってくると、不思議と表情も引っ張られて豊かになっていく。モデルになりきったかのように自信に満ちた顔をしたかと思えば、カメラマンの掛け声に乗せられて破顔一笑する。ぼくには微塵も見せなかった顔、顔、顔の連続だった。

驚きを通り越して写真家として嫉妬にかられ、黙って見ていられなくなったぼくは、「ちょっと待って、ぼくに撮らせてくれ！」と、思わず申し出たのだった。

思いがけない形でめぐってきた子どもたちとのフォト・セッションには、ことのほか、多くの気づきがあった。

子どもたち一人ひとりにも「自分をこう撮ってほしい」という気持ちがそれぞれにある。当然のことなのだが、そこを知ろうとせずに、撮る側にとって都合のよいイメージを子どもに押し付けていた自分にあらためて気づかされた。写真家としてあるまじきことだと言われそうだが、彼らのなかにある豊かな心模様を一片でも写し出そうとする姿勢が欠如していたぼくは、本当の意味で「子ども」に出会ってはいなかった。

フォト・セッションというある種の共同作業を通じて、ぼくは子どもたちと出会い直したのだと思う。それはぼくにとって、大げさに聞こえるかもしれないが、人間らしく生き直す転機ともなった体験だった。

ぼくが一方的に目を向けてきた子どもたちのまなざしに逆照射されたことで、ぼくの子どもを見るアングルはぐっと動いた。子どもを見る視角が変わったことで、カンボジアという国との関係性や距離感にも変化が生まれた。こうした内なる変化を積み重ねていけば、世界さえもこれまでと違って見えるのではないだろうか。

写真で世界を変えるというのは、もしかしたらこういうことなのかもしれない。

かつての子どもたちは今

時が流れて2016年。

「国境なき子どもたち」から、12年ぶりにカンボジアの子どもたちをテーマに写真展をやらないかと打診があった。事務局のスタッフから電話で話を切り出されて即座に頭をよぎったのは、「あの子たちは今、どこでどういう人生を送っているのだろうか」という懐かしさだった。その思いを写真展で形にすれば、子どもたち一人ひとりの人生が立体的に見えてくるかもしれないと直感した。そんなわけで今回のカンボジアの旅は、「かつての子どもたち」の行方を探すところから始まり、結果的に6人との再会がかなった。

次の語りは、そのひとりサム・シナット（31歳）へのインタビューで聞き取りしたものの一部だ。12年ぶりにアンコールワットのある町シェムリアップでシナットと再会し、シェムリアップ西のバライ貯水池近くにあるカペム村を一緒に訪ねた。結婚したばかりの妻スレイホイさんの実家がある村だ。

「こんな未来があることを、子どものときに想像するのは難しかった。父の暴力が原因で、家を出た。あのときは心が限界だった。勉強どころではなく、生きる力が奪われるような毎日だったから。家を出てフランスの団体に保護されたが、面倒を見てくれるのは日中だけで、住む場所ではなかった。そ

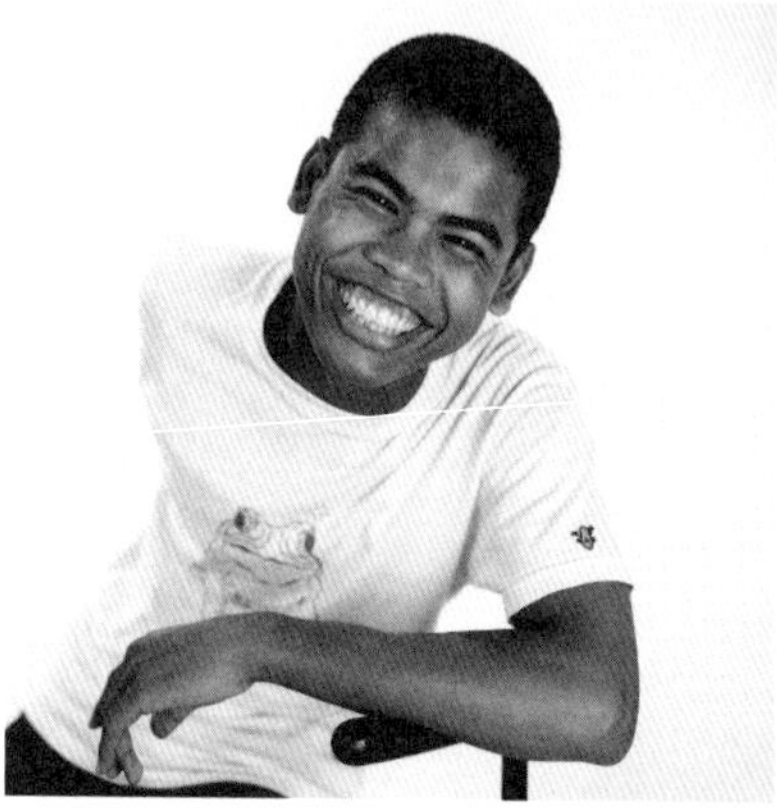

［上］2004年のロウ。バッタンバンの写真スタジオで／［下］2016年のロウ。妻のミニアとアンコールワットそばの自宅で

［上］2004年のサム・シナット。バッタンバンの写真スタジオで／［下］2016年のサム・シナット。妻のスレイホイとカペム村で

［上］2016年のヴィ・ラヴォン。「親を助けたかった」と涙ながらに語る／［下］2016年のマウ・ソカー。「若者の家」の工房で

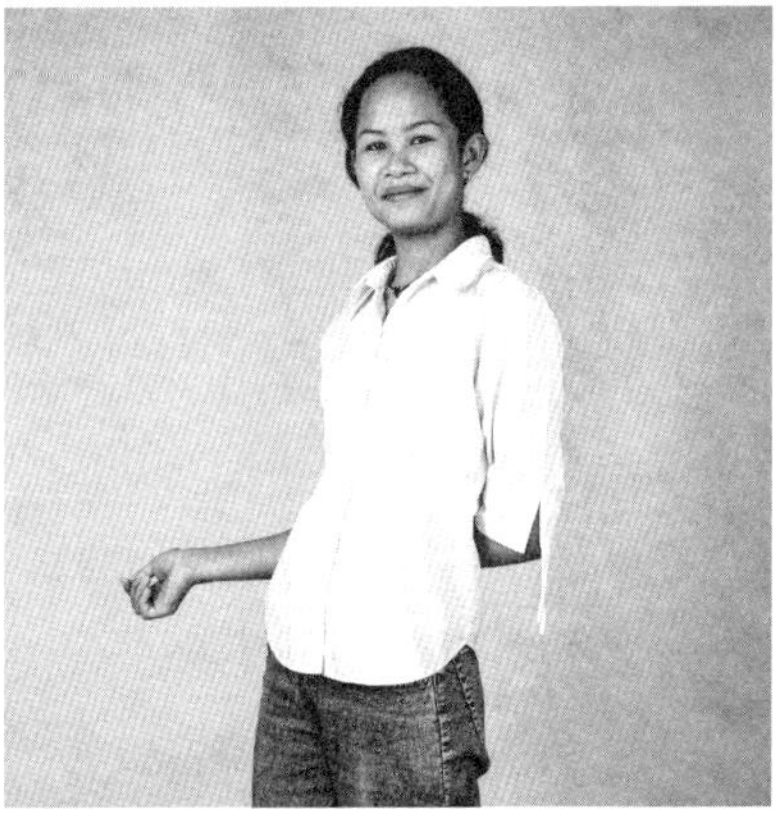

［上］2004年のスレイネッチ。バッタンバンの写真スタジオで／［下］2016年のスレイネッチ。経営するガソリンスタンドで息子と

のあとで『若者の家』を紹介してもらった。15歳だった」

「学校に通い直すと、勉強が遅れていたから低学年のクラスに入れられた。他の子どもより身長が高かったのが惨めだった。でも、勉強しなければ未来はないと思って我慢した。なぜ頑張れたのか？父みたいになりたくないという気持ちが心の支えだった」

『若者の家』の支えがあって高校まで勉強することができた。それだけでなく大学での勉強でも支えてもらった。大学ではマネジメントを学んだ。ホテルで皿洗いのバイトをしながら2年前にやっと大学を卒業し、今はホテルの受付で働いている。スレイホイはそのホテルの隣のレストランで働いていた」

「父は今もバンテアイミンチェイで生きている。結婚式に無理に連れてきたが、婚約式には来なかった。カンボジアでは普通は婚約のときに父親の出席が欠かせない。父は自分のことしか考えない人で、今も父のことを理解できないままだけど、自分ももうすぐ父親になるので、絶対に父のようにならないことが目標です」


シナットと同じくシェムリアップに住むロウ（28歳）は、アンコールワットでドイツ語のガイドとして働いていた。ロウと会うのもやはり12年ぶり。インタビューのために彼の家を訪れたが、そこはなんとアンコールワットの敷地、つまり世界遺産のなかだった。２００3年、２００4年に「若者の家」で撮った写真を一緒に見返しながらインタビューした。

「（写真を見ながら）彼はタイ。ずっと会ってない。彼女はスレイネッチ。サムナヴィにトゥイ……。トゥイは死んだんだ。たしか子どもがふたりいた。彼氏の親がトゥイのことを気に入らなくて、別の女性と結婚させようとしていた。トゥイは心臓の病気があって、ストレスに苦しんで死んだのだと思う。これはチュラブとポイ（笑って吹き出す）。ポイは歩くのも話すのもゆっくりで、その姿を思い出して。彼の名はクダン。手がカニみたいだったから、みんなにクダンって呼ばれてた（クダンはクメール語でカニの意味）」

「ぼくの両親は幼いときに離婚し、しばらく叔母と住んでいた。タイに出稼ぎに出ていた叔父を頼ってバンコクに行き、建設現場で働いた。2年後に警察に捕まったんだけど、まだ14歳だったから、刑務所に入れられず、ポイペトまで強制送還された。そこで人身売買から子どもを守る団体に保護されたあと、『若者の家』に受け入れてもらった」

「バッタンバンで中学1年から勉強をやり直した。高校を卒業したあと『若者の家』を出て、シェムリアップに来た。それまで仲間たちと一緒に住んでいたから、最初の数日間はさびしくて眠れなかった。でも、そのときはもう孤独とは感じなかった。今は奥さんがいるから、また自由は失われたけど（妻のミニアさんと顔を見合わせて苦笑い）」

「（逆境のときに支えになったものは？　との問いに）苦しいときは今が一番苦しいときではない。よいときも今が一番よいときではない。なぜなら、これからも変わる。明日はもっとよくなる。その明日をつくるのは今日の自分なんだ。そう思うようにしていた」

次の語り手のスレイネッチ（29歳）は、プノンペンからバッタンバンに行く途中にあるカンダール県ポニャルー村のガソリンスタンドでオーナーとして働いていた。2007年に結婚した夫はガソリンスタンドに隣りあう鉄筋加工工場の社長。家には料理人もいて、食べるのに困らない生活を送っている。2004年にバッタンバンの写真スタジオで撮った写真を見せると、「夫が見たら笑うわ」と懐かしそうに語り始めた。

「子どものときはタケオ州に住んでいた。母が6歳くらいのときに亡くなり、父はその3、4年後に亡くなった。そのあとは叔父と叔母と住んでいた。一時、国境のほうへ行こうと思った。タイとの国境ね。でも姉が人身売買の被害にあうことを心配して、わたしを呼び寄せた。そこが『若者の家』だった。たしか12歳のとき」

「小学校には通ったけど、思い出したくもない。両親がいないさびしさがあった。学校で名前を登録するときに親の名前が書けない。人と違うのが辛かった。学校が遠くて、帰り道、いつもお腹が空いてた。小遣いをもらっていたけど、わたしは100リエルしかなかったから、それでお腹いっぱいになるものを買った。芋とかパンとか。パンは半分も買えなかった。そんな思い出しかない」

「当時、『若者の家』にコサルさんという警備員が働いていたの。彼の奥さんが今のわたしの夫のお姉さんだった。コサルさんの夫婦はわたしを妹のように可愛がってくれて、のちに夫を紹介してもらった。『若者の家』に行かなければ今の生活はなかった」

「『若者の家』に行ってからは楽しいことばかりだった。だからあるとき、先生に出て行けって怒られたときはかなり悲しかった。『若者の家』は母のような存在だったから、そこから出て行けと言われるのは辛いことでしょう？」

「（かつて子どもだった自分に贈る言葉があるとしたら？　との問いに）あなたは狭い世界にいるのよ。勉強して働いて、広い世界に出る準備をして。自分のサマタピップ（力）とラタピップ（可能性）が試されるときがいつか来るから。ミエン・アオカッ（チャンスはある）と言ってあげたい」

一人ひとりの語りが開くまなざし

「かつての子どもたち」をめぐる旅でつくづく思ったのは、ありきたりだが、一人ひとりの人生はみんな違うということだった。

だれにもそれぞれの「かつて」があり、「いま」があって、「いつか」がある。社会の見えない圧力に押しつぶされそうになり、寄りどころのなさにもだえながらも、子どもたちは自分なりのやり方で生きる術を学び、大人への境界を越えていった。そんな一個一個の人生の輝きと陰影へのまなざしが、彼ら一人ひとりの語りによって目の前に開かれていく思いがした。そこに至るまでに10年以上回り道をしながら、壁に頭ぶつけてあれこれと考える時間が必要だったのは、ちょっと情けない話だが。

「かつての子どもたち」に開かれたまなざしで、もう一度、「若者の家」の若者を見つめてみようと思った。7％前後の高い経済成長率だけ見れば順調に発展を続けているように見えるカンボジアだが、その実社会は若者にとって生きやすいものとなっているのかどうか。当然のことだが、その問いは彼らの視点に立って投げかけられるべきものだからだ。

24歳のヴィ・ラヴォンさんは、バッタンバンの村からバイクで「若者の家」に通う。国境なき子どもたちが施設内に女性の雇用創出のためにつくった縫製工房で働く。妊娠中ということで自宅で仕事をするラヴォンさんを訪ねた。

「1年半前に結婚して、今妊娠3か月目です。夫の母親が持っていた土地を譲ってもらい、そこに家を建てて夫とふたりで暮らしています」

「わたしの家族についてですが、母は今46歳で、わたしは6人兄弟の3番目です。父は家族を養うために市場で働きずくめでした。それがよくなかったのか、家族の記憶も忘れるくらい心が病んでしまいました。そしてある日、夜9時ごろでしたが、家のそばの1メートルくらいの深さの用水路に誤って落ちて、そのまま亡くなりました。わたしが17歳のときでした」

「生前の父は市場で発酵した魚や瓜、生姜などを売り、母も手伝っていましたが、生活は一向に上向かず、兄も姉もわたしも学校を辞めて働くことにしました。姉と一緒にプノンペンで縫製の仕事をしました。子どもが働いてはいけないことは知っていましたが、家のなかだったので捕まることはなかったです。毎日働いて食べて寝る。それで終わり。親を助けたい一心で、自分の夢のことなんて考える余裕はありませんでした。姉とふたりで半年間働き、稼いだお金は150ドル。それをすべて母に送りました。すべてです。そのときは、本当に何もいらない、家族のためだからと（ラヴォンさんの目から涙がこぼれた）」

「バッタンバンに戻り、母とアイスクリームを売ったりして働きました。母のそばで働いたことで、家族がいかに困っているのかがよくわかりました。そんなときに父が亡くなったのです。出口の見つからない日々を送っていたとき、村を訪ねてきた『若者の家』のソーシャルワーカーに出会い、縫製の職業訓練を受けさせてもらった。1年半の訓練のあとでミシンを1台譲ってもらい、自宅で仕事を始めました。地域の住民の服を修理したり、服をつくったり。仕事がないときは町の縫製の店にミシンを持ち込み、仕事をわけてもらった。1着縫って500リエル（約15円）でした。十分ではなかったけど、自分の力で稼ぐのはうれしいことです」

「『若者の家』に機織りと縫製の工房ができて戻ってきました。今は15人の仲間と一緒にカバンをつくっています。月給は85ドルです。義理の両親から独立したのでギリギリの生活です。100ドルになったら、豚とかアヒルを飼いたいと思っています。そしていつか縫製のお店を持って、お母さんを助けるのがわたしの夢です。その前に自分が母になりますね。自分は勉強を途中でやめたので、子どもには自分より勉強して、知識を持ってほしい。そのためにもがんばらないといけませんね」

ラヴォンさんと同年代のマウ・ソカーさん（24歳）は3か月前に結婚したばかり。現在は夫の家族とバッタンバン郊外の村で暮らしているが、17歳のときからから結婚するまで「若者の家」に住んでいたので、町中のことはほとんど知らず、迷子になるという。世間のことにもちょっと疎いソカーさんだが、「若者の家」では縫製班14人を率いるリーダーだ。

「4歳くらいから施設で育てられたので両親のことは知りません。施設に入る前に人身売買の被害にあって、タイからカンボジアに連れて来られたと叔母から聞きました。兄弟はいません。いるかどうかもわかりません。両親はどこかにいると思いますが、顔も見たことがないし、どうしようもありません。ひとりでいることには慣れていたのでさびしいと感じることはありませんでしたが、17歳のときに『若者の家』に来て、毎年正月になると寮の仲間が実家や親戚の家に帰省してひとりきりになることがあり、そのときは自分は孤独なんだなと感じました」

「縫製の勉強を始めたのは、まわりの人たちが自分できれいな服をつくっていたのを見て憧れたからです。服を買うお金はなかったし、自分でつくることができればいいなあと思って。ここはカバンをつくるところなので、土日の休みに近所の縫製店に通っています。仕事をするのではなく、お金を払って服をつくる技術を習っています。貯金から200ドルを4回にわけて払いました。期間は決まっていないけど、できるようになるまで。いつか自分の家の前で縫製店を開いて、布や服を売りたいという夢があります」

「(『若者の家』で働いていて何が一番よかったか？との問いに)結婚できたことかな(笑)。相手は『若者の家』の藤家具工房のスタッフでした。結婚は今年の1月だったので、今年のお正月(4月13日〜16日)は家族とコンピンプイというダムにピクニックに出かけました。そんな経験は今までしたことがなかったのです。今の楽しみは、クルサー(夫)と親戚の家族と一緒に過ごす時間です」

「(あなたの宝物はなんですか？との問いに)う〜ん(としばし考えて)。クルサーじゃないですよ(笑)。クルサーの両親です。自分に親がいなかったから。わたしを自分の娘のように大事にしてくれるふたりがわたしの宝物です」

「あなたはひとりじゃない」

スレイネッチが「自分の母のような存在だった」と語る「若者の家」は、失われた子ども時代を生き直そうとする子どもたちにとって、開かれた「ホーム」であり続けている。それは貧困や人身売買という影が今も社会から消えていないことの裏返しではあるが、その影の苛烈さは以前と比べれば和らぎ、暗闇にわずかな光が差し込んできているようだ。

ただ、その光は新しい影をまた生んでいるようにも感じる。それは孤独という問題だ。以前からあったのだろうが、貧困という「濃い影」に打ち消されて、ぼくにはよく見えていなかった。

内戦の終結以来、社会の変化の荒波にもまれながら、人びとはより豊かな暮らしを求め農村部から都市部へ移動し、ときに国境を越える。それが結果なのか原因なのかはわからないが、地域社会での住民同士のつながりや家族関係はますます希薄になり、目には見えない心的な「ホーム」を失った「シェルターレス・チルドレン」が社会のそこかしこにいる。ぼくの現場感だ。

ひとりでもいい、だれかが見てくれている。遠くからでもいい、だれかが自分のことを案じてくれている。そんな「だれか」であり続けることで、「あなたはひとりじゃない」という無言の、しかし温感のあるメッセージを子どもに伝えようとする。そんな「若者の家」の挑戦は今日も続く。

バッタンバンでの最後の週末、「若者の家」の若者たちとピクニックに出かけることになった。

朝8時に集合。みんないつもよりちょっとおめかしをしている。何台かのバイクに分かれて、馴染みのマーケットへ移動する。料理の得意な人の指示で食材を買い集める。人参やキュウリ、葉物の野菜、ノンボンチョク（米粉のそうめん）、サンワ（魚すり身のバナナの葉包み）、ナエム（生春巻き）、おつまみのタニシなど。買い物のあいだにつまみ食いするノンパウ（肉まん）がおいしい。ぼくの役割は支払いと荷物持ち、ときどき撮影。買い物が終わったところでふたたびバイクに分乗し、機織り班のリーダー、ハン・リーさんの自宅があるオタキ村に向かう。

20分ほどでハン・リーさんの家に到着。カンボジアの農村で一般的な木造の高床式家屋だ。最初に裏庭で自生するマンゴーを収穫。未熟で青いが、サラダ代わりに唐辛子と塩を混ぜたオンバルマテをつけて食べるのがカンボジアでは一般的だ。

「若者の家」の若者たちの記念撮影 2016年 カンボジア

家の1階にある調理場で火をおこし、サンワを焼く班と、春巻きの準備をする班に分かれる。料理が苦手な人は赤ん坊をあやしたり、子どもとバナナの葉の茎で遊んだり。これも大事な役割。

「春巻きの仕上げはみんなでやりましょう。いつもは適当につくるけど、今日はカメラマンがいるのできれいにつくりましょう」とハン・リーさんが呼びかける。ライスペーパーに生野菜とそうめんをのせて巻いていく。「仕事中は時間が経つのが遅いけど、楽しいときは時間が経つのが早いね」。

総勢20人が2階に上がり、輪になって座って、「いただきます」と手を合わせた。どんな話をしているのかわからないけど、とにかく笑い声がたえず楽しそうで、それを見ているだけでこちらも幸せな気持ちになる。たわいないおしゃべりをして、笑いあい、みんなでご飯をいただく。

そんなありふれた、なんでもない、でもだからこそ、愛おしいと実感できる光景こそが、晩年の一ノ瀬の求めていた「最も望むこと」だったのではないか。

食後はみんなで記念撮影だ。

「ニョニュム・プカー・トロクン・ムイ（空芯菜のお花みたいに笑って）」

と言うだれかのかけ声に合わせてシャッターを切った。

カメラの前に立つ一人ひとりの笑顔がカンボジアの未来に吹くさわやかな風のように感じて、そのとき、帰国後に開催する写真展のタイトルを「明日に吹く風」にしようと決めた。

第4章

タイ・ミャンマー国境線上で考える

U.S. ARMY

1 難民キャンプをつらぬく国境線　2008年　タイ・ミャンマー国境／**2** シャン州軍の新兵　2008年　タイ・ミャンマー国境／**3** カレン人の伝統行事「ラクキチュ」　2009年　タイ・ミャンマー国境

タイ北部の町ファーンを出発した車は急勾配と急カーブが連続する山道を、クラクションも鳴らさず、豪快に走行を続ける。窓上の手すりをお尻が浮くくらい強く引っ張りながら、対向車が来ないことだけを祈った。

山あいに広がるオレンジ畑を抜けたところで、前方に検問所が見えてきた。

「眼鏡を外したほうがいい」

案内役のシャン州軍（ＳＳＡ＝Shan State Army）の幹部が言う。それでシャン人と見分けがつかないというのだ。

タイ軍の兵士が車に近づいてきて、助手席の窓から後部座席にいるぼくの顔を覗き見る。一瞬目が合って息をのむ。

しかしそれだけだった。質問や荷物検査もなく、ゲートの通過を許可された。

緊張の場面を無事に通過し、胸をなでおろしたぼくは、「もうここはミャンマーなんですか」と聞いた。するとドライバーが「ミャンマーじゃない。シャンだ。わたしたちのネーション（国家）だ」ときっぱりと言い、「あなたは日本人だからビザなしでＯＫだ」と笑った。

どうやらぼくはすでにシャンに「入国」を果たしていた。どこにも線などは引かれてはいなかったが、国境と呼ばれる見えない境界線をどこかで越えたのだった。

ミャンマー（ビルマ）には130以上もの民族があるといわれる。人口の7割ほどを占めるビルマ人の他、主に7つの少数民族があり、これらの少数民族の名を冠した州が7つある。シャン人はビルマ人に次いで人口が多く、少数民族のなかでは最大民族とされている。

国土の2割を占める広大な土地を有し、タイとラオス、中国の3か国と国境を接するシャン州には、多数派のシャン人の他に、リスやパラウン、アカなど多くの少数民族がそれぞれの言語や生活様式を守りながら共存している。地理的、歴史的にはミャンマーよりはタイに近く、「シャン」もタイ王国の旧名「シャム」と語源を同じくするほど近い関係にあるが、タイ人が自分たちの国を持った一方で、シャン人は今も「国を持たない民族」として困難に直面している。

その困難に関心を傾けてこなかった者の代表として、「だれも行かないところにだれかが行かなければならない」と自分に言い聞かせて、はるばる辺境の国境地帯までやってきた。

検問所を抜けてしばらく山道を走ると、道路脇にもうひとつの検問所が現れた。ロイサントゥと呼ばれる難民キャンプの入り口だ。

その実態はほとんど知られていない。シャン州軍の軍事拠点があるため、国際的な人道支援が入ることもない。難民たちは、自力で山から材木や竹を切り出し住居を建てる。食料はタイ側の同族の支援団体から米や油がわずかに届くのみで、基本的には山林で野草を集め、家畜を飼育して最低限の暮らしを立てている。標高が高いのでマラリアの心配はないが、子どもたちの腕は見るからに細く、食料事情の厳しさがうかがえる。

１９９０年代後半、ミャンマーの中央政府はビルマ人を優位に置く支配体制を強化するべく、全土の少数民族に対し強力な同化政策を推進する。そのプレッシャーは辺境シャン州の隅々の村にもおよんだ。政府の実権を掌握するミャンマー国軍による収奪や強制労働、女性への性暴力などの犯罪行為はどんどんエスカレートし、約30万人が国境を越えてタイへ流出したと推定されている。

「自国民を守るため」にシャン州軍がこの山奥に小さな「解放区」をつくったのは１９９９年。そこに２００６年、リス人の難民約１４０人が命からがら逃れてきたのを機に、シャンやパラウンなど行き場を失った人びとが次々とシャン州軍に庇護を求めて集まり、難民キャンプが形成されていった。ぼくが訪れた２００８年４月の時点で、４２４人１２０世帯がそこで避難生活を送っていた。

「村にミャンマーの兵士がやってきて拘束され、軍隊のためのポーターや道路工事を強制された。さらに２００６年ごろからは、ワ人が自分たちの土地で牛を放牧するようになり、トウモロコシづくりや焼畑ができなくなった。そうして生活していけなくなって、ここに逃れてきたのが２００７年４月ごろだったと思います」

１歳になる三女に授乳しながらナン・ロさん（35歳）が振り返る。その隣で長女（18歳）が同じく１歳の長男に授乳しながら、母親の話に黙って耳を傾けている。

次の日の早朝、ナン・ロさんの家に面するキャンプの広場では、新兵のための軍事教練が行われていた。「SSA」のロゴが入った軍服を着た50名ほどの若者が自動小銃を手に匍匐《ほふく》前進、射撃構えから散兵線まで、教官の指示に従ってきびきびと動く。シャン州軍はシャン人のすべての成人男性（18~45歳）に対して5年以上の兵役義務を課しているが、新入隊員の多くは志願して軍に参加している。

「シャンでは自分たちの言葉を話すことも、自分たちの文化を子どもに教えることも禁じられていた。自分に何ができるか。そう考えたとき、シャン人として生きるためには武器を取る以外になかった」

22歳まで僧侶の修行をしていた指揮官のサイ・トゥンクー方面部隊長が、ゲリラ闘争に身を投じた理由を語る。

「シャン州軍は人びとに支えられている。だからわたしたち軍は人びとを守る義務がある。ミャンマーは1948年に独立したが、シャンはまだ独立を果たしていない。ラオスやカンボジアは自分たちの国を持てたのに、なぜわたしたちは自治さえ認められないのか。ミャンマーは諸民族の自治を認めあうような連邦制国家をつくるべきで、それまで武装解除はできない」

そう毅然と語るシャン州軍の隊長も、ミャンマー国軍から見れば、象にケンカを挑む蟻のように見えるのではないだろうか。蟻一匹で巨象に立ち向かうことはできない。だがもし、その蟻が何万、何十万と群れになって襲ってきたら……。

それと似た恐怖にかられたのであろう、ミャンマー国軍は、シャン州に割拠する反体制の武装勢力が手を組んで反乱を起こす前に、彼らの支持基盤そのものを叩いてしまおうと容赦ない作戦に乗り出す。「ピャ・レイ・ピャ」（The Four Cuts Policy：四分断作戦）と呼ばれる、「食料」「情報網」「資金源」「住民ネットワーク」の4つの生命線を断つという作戦だ。

ミャンマー国軍の兵士は、村に来ては住民に「シャン州軍を支援しているだろう」と言いがかりをつけるのだという。家や田畑を破壊し、食料や土地財産を没収した上で、軍管理の収容地に移動させる。住民が抵抗した場合は拷問や発砲、レイプなどの報復も加え、食料や武器、弾薬のポーターとして駄馬のように酷使する。地雷原を人間探知機として歩かせたり、戦闘で弾除けに使うこともある。相手を使い捨ての道具か下等な動物とでも思わなければ、そんな残酷な行為はできないはずだ。長いあいだ隣人として共に生きていたはずの人びとを排除や蔑視の対象にして「周縁」化する意識が、辺境におもむく一兵卒にまで徹底させられている現実にゾッとする。

卑劣極まる「ピャ・レイ・ピャ」により廃村に追い込まれた村の数は、シャン州だけで1400を超え、30万人以上がなんらかの深刻な人権侵害を受けたという報告がある。静かな民族浄化ともいえる事態が進行しているにもかかわらず、国際社会からの関心は向けられず、ミャンマー政府に異議を唱える声は消され、国を持たない民族であるシャン人の問題は起こっていないものにされている。

少数民族の難民キャンプ――だれかが行かなければならないところ

ミャンマーの「問題」に関心を持ったきっかけは、2007年9月27日、ヤンゴン中心部で民主化を要求する僧侶や市民のデモを取材していた映像ジャーナリストの長井健司さんが治安部隊に数メートルの至近距離で射殺された事件だった。

「だれも行かないところにだれかが行かなければならない」

そういつも語っていたという長井さんに、リスクがあるから「そこ」に行かないという考えはなかっただろう。リスクを冒すことなしに、「そこ」で起きているのっぴきならない実相に迫ることは難しい。「そこ」はつねに何かを知るということの出発点である。それが同じフリーランスのぼく自身も共通して持つ心がけだが、「そこ」に行くことが命がけになってはならないといつも自分に言い聞かせている。

射殺の映像を見たときに思い起こしたのは一ノ瀬泰造のことだった。ぼくは一ノ瀬のクメール・ルージュの残忍性に対する認識に油断があったのではないかと考えているが、ミャンマー国軍にカメラを向けた長井さんもまた、拘束されるようなリスクはあっても、まさかその場で躊躇なく実弾射撃されるとは想像できなかったのではないだろうか。

長井さんを含めた一般市民十数人の尊いいのちの犠牲によって浮き彫りになったのは、異議異論の声を唱える国民を徹底して敵視し排除する軍事政権の素顔だった。それにより覚醒したぼくの視線は、外国人ジャーナリストやマジョリティであるビルマ人の仏教徒に対してすら容赦ない強権的な軍政が、民族的、宗教的マイノリティの人びとをどう扱っているのかという方向に向いていく。

アフリカやアジアの国々での飢餓や難民の問題について取材してきた経験から、国家というものの本質的なゆがみは、権力や体制から遠く離れた「周縁」の社会により先鋭的に露わになると感じていたからだ。

タイ・ミャンマー国境地帯で難民支援を行っている欧米のＮＧＯ連合組織「タイ・ビルマ国境支援協会」の報告書によると、１９９６年以降、ミャンマー東部にある民族州で３５００以上の集落がミャンマー国軍による強制移住や焼き討ちの被害を受けた。この取材を始めた２００８年の時点で、タイ側にある９つの難民キャンプで暮らす人の数は14万人を超え、ミャンマー側にはいまだ47万人以上の国内避難民が取り残されていた。

差別や暴力に苦しみ、故郷から周縁の地へと疎外されている人びとにとって「生きる」とはどういうことだろう。統計上の大きな数字からこぼれ落ちてしまう難民一人ひとりの声を国境線を歩きながら拾い集めてみたい。そんな思いを胸に２００８年3月、タイとミャンマーの国境をめぐる旅を始めたのだった。

「キャンプから移動しなくてはならなくなった」

ロイサントゥ難民キャンプを取材中に突然、タイ軍の情報部員がキャンプ内に手入れにやってくると知らされた。慌ただしく荷物をまとめ、兵士が運転するバイクの後ろにまたがった。

バイク1台が通れるほどの細い山道を20分ほど走ったところで待機していた別のバイクに乗り換え、さらに密生する樹林の獣道を15分ほど走ると、視界がパッと開けて、なだらかな山頂に広がる集落が見えてきた。

もうひとつの解放区、ロイコーワン難民キャンプだった。

「ペンファ村に来てくれてありがとうございます」

到着を歓迎してくれたのはシャン人のサイ・ピエンさん。キャンプ内にある小学校の先生だ。

「ここはロイサントゥと違って、軍のエリアと難民のエリアが分かれています。わたしたちがいるのは難民のエリアで、ペンファ村と呼ばれます。ペンファは天空の意味です。8つの地区があり、シャンやパラウン、ラフ、リス、アカなどいくつかの民族が共に暮らしています」

宿泊先となるサイ・ピエンさんの自宅にお邪魔した。竹簀のベッドに荷物を置いて、奥さんのナン・モーサーさんがつくったお菓子と番茶をいただきながら、キャンプについてオリエンテーションを受ける。

2001年、ミャンマー国軍の掃討作戦や強制労働によって村を追われた数百人の難民がこの地に逃れてきて、キャンプが形成されたのがペンファ村の始まりだった。難民の数は徐々に増加し、今では3000人に迫る。山の緩やかな稜線に沿ってペンファ村を貫通する一本道はタイとミャンマーの国境線で、ぼくたちはまさにその境目にいた。

道の両側には草葺の家屋が立ち並び、畑仕事から帰ってきた女性たちが井戸端会議に花を咲かせ、子どもたちはゴム跳びやおはじきに夢中になっている。日本の田舎でも今はめったに見ることのない風情に気持ちが和むが、そこはまぎれもなくミャンマー国軍の迫害によって故郷を追われた人びとが暮らす難民キャンプなのだ、と自分に念を押す。

ホストファミリーであるサイ・ピエンさん自身も難民だ。2001年にシャン州のラショーから逃れてきた。5歳の息子はペンファ村で生まれた。奥さんと子どもの前では柔和な父親の顔を見せるサイ・ピエンさんだが、話がミャンマー国軍のことにおよぶと目つきが鋭くなる。

「ミャンマー国軍による嫌がらせの方法は強制労働や強制移住などさまざまありますが、一番嫌だったのは故郷を失う以上に、ビルマ人になることを教育で強制されることでした。わたしたちはイギリスから独立したとき、ビルマ人と対等だったはずなのに、約束はずっとないがしろにされているのです」

慣れ親しんだ故郷は奪われてしまったが、心の拠りどころとしての言葉や文化まで圧制者に支配されるわけにはいかない。そんな危機感がサイ・ピエンさんを子どもの民族教育に駆り立てている。

その不屈の正義感にシンパシーを感じながら、一方でこんな思いも頭をよぎる。

ビルマ人の自民族中心主義をくるりと反転させたような民族意識を叩き込まれた子どもたちの心は将来、どこに向かっていくのだろう。それではビルマ人への憎しみが蓄積して世代を超えて連鎖するだけで、民族をめぐる相克を超えることはできないのではないだろうか。

その思いはしかし、民族差別を受ける側の苦しみを知らないこちらの身勝手な理屈であるような気もする。振り子のように揺れる不確かな感情をかみしめながら、黙って耳を傾けた。

ミャンマー国軍に親を殺された子どもたちが暮らす孤児院を訪れた。

村が焼き討ちにあったのち、2002年にペンファ村に逃れてきた16歳の少女を紹介された。女子寮の窓際にあるベッドの上で、顔を伏せて何かを書いている。

「ナン・センホンです。親のない人生を送っています。シャン人の自由のために助けてください」

その言葉の続きは彼女自身の声で語られた。

「親は殺されました。村は壊されました。帰るところはありません。ビルマ兵を殺すこと、復讐すること、それがわたしの願いです」

一語一語、記憶の奥底から絞り出すように吐き出したあと、彼女のまなざしは翳った。

孤児の少女たちと同居する小学校の先生ナン・モールンさんは、「彼女たちは自分たちの親がどのように殺されたのか知っています。ポーターとして兵士に乱暴に使われたあげく、レイプされたり、殺されたり」と言い、トラウマ（心的外傷）へのケアが必要だと訴えたあと、こちらに釘をさすようにこう言った。

「もうすぐお正月ですが、子どもたちに会う親はなく、帰る家もない。自分たちには何も残されていないことを忘れたころに、あなたのような人が来てインタビューをして、そのことをまた思い出すのです」

窓際でうつむく彼女の背中の向こうに無数のナン・センホンさんの存在を感じて、ため息がこぼれた。

「辛い体験を思い出させてしまってごめんなさい」と彼女に詫び、孤児院をあとにした。

「あなたの自由を使ってください」

夜、サイ・ピエンさんの家で撮影した写真データを整理していたとき、ロイコーワン方面軍の部隊長であるサオ・コーンチュンさんが、わざわざ訪ねてきてくれた。「SSA」のワッペンがついた濃い緑の軍服に、名探偵ポワロのような特徴的な口ひげ。強面だが、物腰には威張ったところがなく、とても礼儀正しい。「高血圧にいいんだ」と、ひまわりの種をつまみながら、自身のルーツがシャン州にあるワという少数民族であることから、語りは始まった。

「同じワ人でも、シャン州軍と戦ったこともあるワ州連合軍のワ人とは違う。シャン州の民族は複雑に入り混じり、その関係はつねに変わり続けている。ミャンマー国軍と敵対するワ州連合軍とは共闘する可能性もある。兄弟みたいなものだから。兄弟も一年に一度くらいは喧嘩するものだろう」

シャン州軍はミャンマー国軍と停戦中だが、今も独立を求めているのかと問うと、「それは公平な政府ができたときに民衆が決めることだ」と答える。

「1990年の総選挙でアウンサンスーチーの国民民主連盟が勝利したが、結局、民主化運動は弾圧され、否定された。次の選挙が単に軍政の優位を強めるだけの『殺人の正当化（licence to kill）』を得るための選挙であれば、シャン州軍含め停戦しているグループもふたたび戦うかもしれない」

政治的な話題に触れてこなかったナン・モーサーさんもこみ上げてくる思いがあったのだろう。「いつになったらあなたのように自分の国を持てるのだろう、と考えると涙が出ます。他の国はどんどん発展しているのに、わたしたちはずっと端っこの翳りあるところで暮らしています」と語り、悔しさをにじませる。

隣でうなずきながら話を聞いていたサイ・ピエンさんもこちらに目を向け、言葉を連ねる。

「わたしたちのような自由のない民族がいることを、自由のある国から来たジャーナリストに伝えてほしいのです。そして、血を流さずに話しあいで解決できるように助けてほしい」

それを聞いたとき、かつてアウンサンスーチーが語った言葉を連想した。

「あなたの自由を、わたしたちの自由のために使ってください（Please use your liberty, to promote ours）」

その言葉は、いつもぼくを立ち止まらせる。その言葉に応えるのが自分の役割なら、勇気を持って越えなければならない境界がどこかにあるはずだ。

朝6時過ぎ。

顔を洗おうと外へ出ると、竹で編んだバスケットを背負った女性たちが子どもを連れ、タイ側に越境していく姿があった。

「シャンの村には帰れないし、キャンプには仕事がない。現金収入を得るにはタイで働くしかない」

山あいに広がるオレンジや玉ねぎの畑で働き、夕方には戻ってくるという。日給は50バーツ（約160円）ほど。タイ人の最低賃金の3分の1に満たない待遇だが、かすみを食べて生きてはいけない。生活のためにはたとえ低賃金の不法就労であっても、タイで働く以外に選択肢がないのが難民の実情だった。

タイとの経済格差が広がるにつれ、タイ北部に流入する移民の数は増加し続けている。豊かさを手にしつつあるタイ人がやりたがらなくなった農業や建設、飲食や性産業などの労働を貧しい少数民族の出身者が担い、タイ経済を底辺で支えているのだが、そのなかに相当数の難民が入り込んでいる現実が見えてくる。

ロイコーワン難民キャンプに暮らす人びとは、ミャンマー国軍という巨大な暴力機構によって故郷を追われ、人権を蹂躙され、生きる術を絶たれた「きわめて難民性の高い」人びとである。にもかかわらず、隣国のタイでは難民として認められることはなく、国境線上の辺鄙なキャンプに押し込められ、国連機関や国際ＮＧＯからの支援もないまま、不法移民に混ざって低賃金労働に従事している。なぜ彼らは、こんな不自由で無権利な生活をいつまでも続けなければならないのか。そんな素朴な疑問は、おおむね次のような答えで濁されることが多かった。

「タイにとってシャンの人びとは、民族的にも歴史的にもタイ人の兄弟姉妹のような存在だから」

実際、ふたつの世界を分ける境界線は長らくあいまいなものだったのだろう。

ふたつだけではない。実に多彩な民族が自由に行き来し、共に生きる「国境なき世界」がそこにはあった。その世界の住人たちは自分たちが辺境にいる少数民族だという意識すらなかっただろうし、自分が生まれ育った土地は中央から見ての周縁でも片隅でもなく、世界の真ん中だったと思う。タイとミャンマーのあいだに国境という境界線が持ち込まれて、世界が分け隔てられるまでは。

国境に囲まれた領域のなかで多数派の国家民族となったビルマ人は、自分たちが手にした特権が脅かされるのではないかという恐怖に駆られて、少数民族を差別的な眼で見下すようになり、対等の権利を求めて声をあげる者たちを暴力的に排除していった。

そんな不条理に抗い、一部の者たちは自分たちの独立国や自治権を求めて武力闘争を開始する。そして彼らの存在をタイはしたたかに利用した。ミャンマーとの国境沿いに展開する武装勢力に対し、国の安全保障上の「バッファー（緩衝帯）」としての役割を求める一方で、武装勢力と密接につながる難民の存在を非合法に黙認していく。

こうしてできあがったいびつな秩序を維持するためには、国境は恣意的なものであるほうが望ましい、という考えがタイ外交の基本線にあるように思える。難民条約を批准しないで難民をいかに扱うかについて玉虫色にしておくことが、難民を多数受け入れているタイの政治的処世術なのだろう。

タイに集中する負担を減らそうと国際社会も手を差し伸べてはきたが、それがかえって難民問題の長期化を招いているという意見もある。もちろん根本的には、ミャンマー国軍による分断と排除の原理にもとづく暴力が止むことが不可欠だが、その見通しはいまだ見えず、難民たちはあらゆる権利が剥奪されたまま、「端っこの翳りあるところ」に閉じ込められ、見えない存在にさせられている。

国境沿いのカレン人難民キャンプへ

満月の日の夜、キャンプ内の高台に激しいドラム音が鳴り響く。その音はキャンプの隣にあるモン人の村まで届きそうな躍動感がある。境内の特設ステージではカレンの民族旗を背に、カラフルな貫頭衣の衣装に身を包んだ若者が、歌の合唱に合わせて激しくステップを踏んでいる。「ドーンダンス」と呼ばれるカレン人の伝統的な踊りだ。カレン人だけではない。シャン、パオ、カチン、リス、ビルマなど他の民族もそれぞれの伝統衣装をまとい、継承されてきた歌と踊りを繰り広げるさまは「多文化祭」といった趣だ。

広場では、平焼きのパンや噛みタバコ、ゲームコーナーなどの屋台が並び、若者たちが特別な夜の時間を思い思いに楽しんでいる。どことなく日本の夏祭りに似た雰囲気を持つこのイベントは、カレン語で「ラクキチュ」(「8月にひもを巻く」の意味)と呼ばれる。毎年8月の満月の日に催されるカレン人の伝統行事で、その前夜祭に合わせてやってきた。前年に続き、2度目の参加だ。

2009年8月、タイ北西部のミャンマーとの国境近くにあるウンピアム難民キャンプに、ぼくはいた。

タイ政府の内務省と陸軍が管理する難民キャンプで外国人の宿泊は認められていないが、この祭のときは特別。難民キャンプの夜の雰囲気を知る貴重な機会でもあった。

ウンピアム難民キャンプは、タイ北西部の町メソットからおよそ70キロ、車で2時間ほどの山間部にある。ミャンマーとの国境沿いに点在する9つの難民キャンプのひとつだ。竹と木で組み、木の葉で屋根をふいた高床式の家屋が急な斜面にところ狭しと並ぶ。学校や病院、市場や教会まで備わり、雑貨店には食料や電気製品、携帯電話まで売られている。約1万8千人（2009年当時）が身を寄せあって暮らす。その多くがカレン人だ。

ミャンマー国軍は1989年以降、少数民族勢力に対して一定の自治を認めることと引き換えに和平協議を進め、17の武装勢力が停戦に合意したが、カレン人の武装勢力であるカレン民族同盟（KNU）だけが唯一、停戦を拒み続けていた。1949年より続くミャンマー国軍との紛争は、世界でもっとも古い内戦だ。

1962年、ネ・ウィン国軍司令官が軍事クーデターを敢行。それ以降、ビルマ人を国家の中心民族、その他を少数民族とする差別的な体制ができあがり、ビルマ人への同化政策が徹底されていく。これにKNUが武力で抗戦し、ミャンマー国軍との内戦は激化していく。

故郷を追われたカレン人の一部はタイへ逃れ、1984年にタイ側で最初の難民キャンプが設立される。1995年にはKNUの本拠地マナプロウが陥落して、勢力地域は大幅に縮小。それ以後、タイに逃れる難民の数は増加の一途をたどり、国境沿いの9つのキャンプで約14万人が避難生活を続けている。

ソー・ワティさんは、会場で忙しそうに挨拶回りをしていた。1999年にウンピアム難民キャンプにやってきたワティさんは、難民の自治組織である「カレン難民委員会」のリーダーとして、キャンプで生まれ育った次世代の若者に自民族の伝統と文化を伝えようと、毎年このラクキチュに合わせて、さまざまな文化イベントに取り組んでいる。

「ラクキチュはカレン人の伝統的なセレモニーですが、難民キャンプで生まれ育った子どもたちはカレンの文化に触れる機会がほとんどありません。ラクキチュを通して、普段意識しない文化を発見してほしい」

その願いは、若い世代のアイデンティティ問題への心配と裏腹だ。

「子どもたちは自分が何者なのか悩んでいる。自分がそこから来たという場所を知らない者は、どこに行くかわからなくなり迷子になってしまうものです。今のままではみんながバラバラになってしまう。困ったときに助けあえるように、つながりを大事にしてほしいのです」

翌朝、朝霧が立ち込めるなか、「ラクキチュ」が始まった。

男女ペアになった若者たちがお盆にのせたもち米やバナナ、白い手まり糸などのお供え物を寺院から祭りの会場まで運ぶ。3列の長テーブルに並べられたお供え物を挟んで、年長者と若者が向かいあって座る。年長者が若者の手首に白いひもを結び、小さくつまんだお供え物を若者の頭上にちょこんとのせ、若者が小さくお辞儀をする。無病息災とよい魂が体に宿りますようにとの祈り、自分を支えてくれる大きな力への感謝を表しているという。そのあと、老若男女が寄り集まり、腕を交差させて互いの手首にひもを結びあう。どれだけほつれても、けっして切れないつながりを確かめあうかのように。

会場のまわりでは、木の粉を水で溶いた「タナカ」を顔に塗った子どもたちがはしゃいでいる。そのなかに見覚えのある女の子がいた。ルル（仮名）だ。少年のように髪が短くなっていたが、すぐにわかった。
「ぼくのことを覚えてる？」と声をかけると、照れながら小さくうなずいて、仲良しの従姉妹の後ろに隠れた。前年に一緒に山を登ったときに撮った写真を手渡し、「とてもお気に入りの写真なんだよ」と伝えると、はにかんで顔を赤らめた。

このとき11歳のルルは、メソットの北西10キロのところにあったホイッカロー難民キャンプで生まれた。生まれてまもなく、キャンプはミャンマー国軍の越境襲撃にあい、新しく造設されたこのウンピアム難民キャンプに移り住んできた。

ルルとは2008年にラクキチュの会場で出会った。セレモニーのあと、彼女が従姉妹たちと一緒にキャンプの聖地のような場所に行くと言うので、どんなところか興味あってついて行くことにしたのだ。

居住地区を抜け、勾配のきつい斜面を登ること1時間、キャンプを眺める見晴らしのよい場所に着いた。頂上付近に大きな岩がゴツゴツと転がっていることから、レーワ（白い石）と呼ばれるその聖地を、休日やデート、お祝い事のあとなどに参拝するのが恒例だという。キャンプの向こうに広がる山並みを背に切り立つ岩の上でポーズをし、互いに記念撮影する様子にカメラを向けた。

少し打ち解けた雰囲気になって、どこから来たの？ どこに行くの？ と質問された。自分は日本から来て、これからメソットに帰るのだと伝えると、「外に行きたい。連れて行って」と遠慮がちに言ったルルの冗談がずっと頭に残っていた。今度会ったときに、あらためてルルの話を聞きたいと思っていたのだが、翌年に再会したルルはすっかり恥ずかしがり屋になってしまっていて、結局、会話にもならなかった。

せめてまた彼女の写真を撮りたいと思い、数日後にふたたびウンピアム難民キャンプに戻り、彼女が通うコムラ小学校を訪ねた。

住居と同じように竹と木でできた教室に、20人ほどの生徒が座る。5列ある机の最前列にルルはいた。カレン語の授業だった。先生が読み上げる文章を、目上の人への敬意を表す腕組み姿で復唱する。「一番大きな声を出した人の写真を撮りますよ」と先生が言うと、生徒たちの声は一段と大きくなった。張り切ってくれるのはうれしいが、あまり長居すると授業の邪魔になる。ルルを中心に5分ほど撮影して、「タブルー（ありがとう）」と言って教室をあとにした。

教員室の先生にお礼を伝えに行くと、ノー・ムムさんが話を聞かせてくれた。キャンプ創設時から子どもに向きあってきたベテランの先生だ。

「小学校1年から高校3年まで1000人近い生徒がいて、40人ほどの教師で教えています。卒業生が教師になることもありますよ。教師の手当は安いですが、子どもの未来をつくるこの仕事には誇りを感じています」

ただ、難民生活がいつまで続くかわからないことは、子どもにとっても、自分にとっても辛いことだと語る。

「帰る故郷がない、国籍もない、移動の自由もない、仕事もできない。その状態が続けば続くほど、

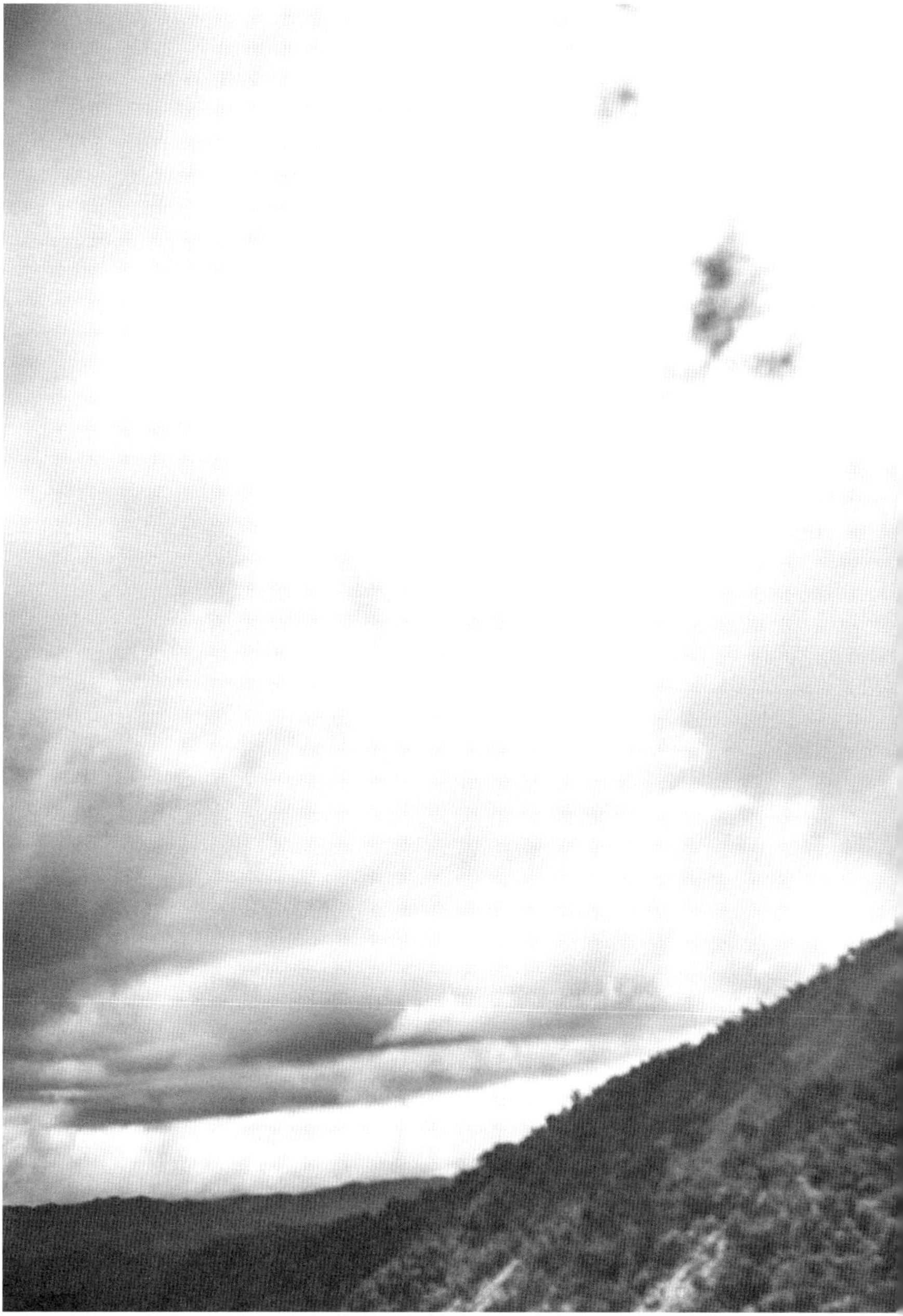

難民キャンプの丘に立つルル 2008年 タイ・ミャンマー国境

根っこがなくなっていくような感覚になります。教育でカレン語を、祭りで伝統文化を教えることで、子どもたちをつなぎとめようとしていますが、その先の未来を想像するのは大人でも難しい」

カーン。鐘の合図で休み時間に入った。

校庭に勢いよく飛び出してきた低学年の子どもたちが二人組になり、互いの耳をつかみながら駆けっこを始めた。日本の二人三脚に似ているけれど、少し違う。それでも、子どもたちが学校の休み時間に生き生きするのは、どこでも同じなんだなあと思いながらシャッターを切る。そのそばでノー・ムムさんは、二人三脚で未来に駆け出そうとするかのような子どもたちの姿を、優しいまなざしで見守り続けていた。

第三国定住と子どもたちの人生

タイ国境沿いの難民キャンプで、日本のＮＧＯとして唯一、活動しているのが「シャンティ国際ボランティア会」だ。７か所のキャンプで21の図書館を運営し、日本で出版された絵本にカレン語やビルマ語の翻訳をはり付けて、子どもたちへの読み聞かせや人形劇を通じた教育活動をしている。

ウンピアム難民キャンプの図書館にお邪魔して子どもたちの撮影をしていたときに、読み聞かせボランティアとして参加していた女の子３人と知りあった。コムラ高校に通うノー・サー（仮名）、セー・ネーポー、ネー・クムのカレン人３姉妹だ。話を聞かせてほしいとお願いすると、さっそく自宅に招いてくれた。

図書館から5分ほど歩いたところにある高床式の家にお邪魔すると、母親のノー・ポーシーさんが、ノー・サーとネー・クムにドリンクとスナックを買いに行かせた。

「お気遣いなくお願いします。それにしても、ふたりは友だちみたいに仲がいいですね」と感心していると、「じつはノー・サーは本当の娘ではありません。でも、わたしたちの家族です」と言う。

ノー・サーは身なし子だった。1999年、彼女が7歳のころ、母親とふたりでホイッカロー難民キャンプからノー・ポーシーさんの隣家に移り住んできた。ところがある日、母親は夫を探すと言って突然ミャンマーに帰ってしまった。ノー・サーをひとり残して。泣き暮れていたノー・サーを放っておけず、ノー・ポーシーさんは家で引き取ることにした。幸い、三女のネー・クムとは小学校のクラスメートですでに仲良しだったこともあり、家族になじむのにそれほど時間はかからなかった。結局、母親は戻らないまま今日に至る。ノー・サーは17歳になり、ノー・ポーシーさんを「お母さん」と呼んでいる。

ノー・ポーシーさんも1999年にホイッカロー難民キャンプからやってきた。もともとはカレン州のタクレーという村に住んでいたが、ミャンマー国軍の兵士にポーターとして強制的に働かされた。村にはレイプされた女性もいた。怖くなって着の身着のままでタイ側へ逃れたが、避難先のキャンプでもミャンマー軍の攻撃にあったりして、避難所を転々とした。

「ホイッカロー難民キャンプにいたときは大変でした。子どもは幼く、夫はアルコール依存症で働けず、豚を育ててお金を稼ぎました。とにかくサバイバルするだけで精一杯でした」

ウンピアム難民キャンプに来て、暮らしはようやく落ち着きを取り戻す。質素ながらも一つ屋根の下で家族と過ごせる喜びは、何ものにも代えがたいものだった。やがて夫の病気も治り、子どもはすくすくと成長。床下のスペースで豚と鶏を飼い、小さな家庭菜園で花やハーブを育てるのがささやかな楽しみだった。

だが、やっと手にした平穏な日々にふたたび変化の波がやってくる。「第三国定住」の手続きが本格的に動き出したのだ。自国の紛争や迫害から周辺国に逃れた難民を、第三国が受け入れる制度のことだが、国際移住機関によると、2002年から09年に約7万4000人がこの制度を使ってアメリカやカナダ、オーストラリアなどの国に渡っている。

ノー・ポーシーさんに自分が外国に行くなどという考えは毛頭なかった。カレンに帰れない場合は、このキャンプで墓に入りたいとさえ思っていたほどだ。だが、定住が現実味を帯びてきたことで、自分がどこで生きるかよりも、子どもたちのこれからの人生をどうすべきかを優先して考えるようになったという。

「子どもたちには明日があるから。これからは子どもの将来のための人生を送ろうと思います」

気がかりはノー・サーのことだった。キャンプ生活のなかで先行きの見えない時間を過ごしてきたが、それは血のつながらない彼女と離れても切れない絆を育むかけがえのない時間でもあった。それがこれからも続いてほしい。ノー・ポーシーさんの願いだ。

ノー・サーはもうすぐ18歳になる。18歳以上であれば、孤児の彼女は単身で優先的に第三国に受け入れられる可能性が高い。それでも「家族と一緒にいることがわたしの幸せ」とノー・サーは言う。

第三国定住は難民にどんな未来をもたらすのだろうか。ふたたびキャンプリーダーのワティさんに意見を求めた。帰るか残るか以外の選択肢があることはよいことだ、と評価しながら、いまだにキャンプにやってくる人がいる根本的な現実を忘れてはいけない、と注意深く釘をさす。

「難民認定の審査はすでに終わっているのに、今も国境を越えてキャンプに来て、ただチャンスが訪れるのを座して待つだけの人がいる。国境の向こうで問題が続いているからだ。カレン側には難民にさえなれずにジャングルをさまよう人もいる。わたしたちが求めているのは安心して故郷に帰れる状況なのに、それがないまま、若者はどんどん外国に出ていき、コミュニティはバラバラになってしまっている」

1984年に最初の難民キャンプができて四半世紀。紛争が長期化し、2世代3世代にわたって難民状態が続いていることで、若者の帰属意識やアイデンティティ、家族の絆などが揺さぶられるなか、カレンの人びとのつながりをどのように守るべきか、模索が続いている。

難民にさえなれない人びと

「難民にさえなれない人びとがいる」

ワティさんからその話を聞いて、ぼくは次の目的地を、国境を越えていないゆえに、国際条約上の難民として保護されていないカレンの人びとが暮らすイトゥタ難民キャンプに決めた。

2010年6月、トラックを改造した乗り合いバスでメソットを出発し、ミャンマーとの国境に面する町メーサリアンへ移動する。本格的な雨季が始まったばかりで、土砂降りの雨で全身はずぶ濡れ、病み上がりの身にはかなり応えた。

つい5日前に急に40度を超える熱が出た。

マラリアにやられたに違いない。そう疑って、メソットにあるミャンマーからの移民や難民のための診療所「メータオ・クリニック」で医療ボランティアをしている日本人医師の田邊文さんに診てもらうが、マラリア検査は陰性反応だった。

「確定できないが、デングの可能性がある」

だがイトゥタ行きを前に入院は避けたかった。ゲストハウスで3日3晩、悪寒発汗にもだえ苦しんだ。すると、4日目あたりにスーッと熱が下がり、憑き物がとれたように体は楽になったが、鏡を見ると、頬はこけ、肋骨が出るほど痩せ衰えた。だが、なんとか乗り切った。ホテルをチェックアウトし、最小限の荷物を持ってバス停に向かった。

11時45分にメソットのバス停を出発。横降りする猛烈な雨と車の揺れが体力をさらに奪う。「自分はこんなところで何をやっているんだろう」と心がへこたれそうになる。でもそんなときこそ、こう自分に言い聞かせる。

肉体的に自分を追い込み、安穏から身を引き剥がし、意識を宙づりにする。そうすることで、周縁に置かれた人びとに向かっていくコンパッションがほんのわずかでも高まるのであれば、この国境までの苦行のような道程も、「見えざる人びと」を見る眼を開き、「声ならざる沈黙」を傾聴する力を鍛える実のある時間なんだと。

17時過ぎにメーサリアンのバス停に到着。KNUの軍事部門であるカレン民族解放軍（KNLA）の幹部に電話を入れると、バイクですぐに迎えに来てくれた。その晩は、彼らのオフィス兼住居に泊まらせてもらった。

そして翌朝、メーサムレップという船着場がある小さな町まで連れていってもらった。「あなたはここからはカレン人だ。わたしたちの言葉を話すんだ。グッドモーニングはニラゲー、サンキューはタブルーだぞ」と言われて焦ったが、ナンシーさんという英語を話せる年配の女性が水先案内人として迎えに来てくれていて、少し安心を取り戻す。

船着場には国境を警備するタイ軍の兵士がいる。シャン州へ越境したときもそうだったが、こちらのことを気にする様子はない。いくら外見がカレン人と近いとはいえ、外国人であることはばれているはずだ。そこには、ぼくがうかがい知ることのできない微妙な力関係がタイ当局とKNUとのあいだに働いているのだろう。

タイの国旗がはためく船外機付きの小型ボートで出発、ミャンマーとタイの国境線であるサルウィン河を遡る。両岸の切り立った崖や屹立する岩山の風景は10年前に旅した中国雲南省の怒江とそっくりだと思ったが、それもそのはず。チベットを源流とするこの大河は雲南で怒江と名を変え、タイとミャンマーの境界を南下し、アンダマン海へ注ぐひと続きの河だった。渦巻きや巨岩をかわしながらのジグザグ航行であったが、雄大な河の流れに身を委ねていると、心が洗われるような心地よさに包まれる。

1時間半ほどで河の畔に着岸、ミャンマー東部カレン州に上陸した。そこからほんの10分ほど歩いて森を抜けると、山あいの鬱蒼とした密林のなかに隠れ家のような集落がふいに現れた。そこがイトゥタ難民キャンプだった。カレン人の「解放区」に入って気が抜けたのか、どっと疲労感に襲われて、竹簀の床で一眠りさせてもらう。

夕方、目覚めて中央の広場に出ると、20インチほどの古いブラウン管テレビの前で100人以上の子どもたちが地べたに座り込み、アニメの番組に観入っている。日が暮れるころにはさらに倍ぐらいの人数に増え、歌番組に盛り上がっていたところで唐突に、「パンパンパンパン」と、銃撃戦の映像に切り替わった。KNLAとミャンマー国軍の実戦を記録した映像のようで、戦闘シーンだけが延々と続く。そのあいだにキャンプ内の有線放送でカレン語のアナウンスが流れ、子どもたちの歓声が上がる。「第二旅団のKNLAがミャンマー国軍に勝利した」という知らせだった。

翌朝はキャンプのなかにある小さな診療所に案内された。診療所といっても、住居と同様、木と竹を組んでビニールシートで覆っただけの簡素なものだ。待合室で、地べたに敷いたゴザの上で診察の順番を待つ妊婦たちと雑談していると、破水した女性が分娩室に運び込まれた。

なかに入ると、木のテーブルにビニールシートをかけただけの分娩台に座り、天井からぶら下がったバスタオルをつかんで陣痛に耐えていた。その女性、ノー・レディアさんに挨拶をして、撮影の許可を得て、そばで待機していると、まもなく出産が始まった。

若い助産師ふたりが慣れた手つきでレディアさんを介助し、いきむタイミングを指示する。そして羊水がどっと吹き出し、瞬く間に赤ちゃんが出てきて、小さな産声が診療所に響いた。男の子だった。洗浄のあと、全身を白いタオルで巻かれた赤ちゃんはレディアさんの右側に寝かされ、一目見ようと振り向いたレディアさんのほおに一筋の涙が伝った。

「母子ともに無事でよかった。もし出産のときに重大な問題が起きれば、タイ側の難民キャンプにある病院に搬送する場合があるのですが、ボートと担架で3、4時間もかかるのです。IDP（Internally Displaced Persons＝国内避難民）とレフュジー（難民）とのあいだには、食料だけでなく、いのちにも格差がある。IDPこそリアル・レフュジーです」と話す助産師のサワさんは、もう次の出産の準備に取りかかろうとしている。

このとき、2か月前にレディアさんの5歳の息子が病死していたことも聞かされた。原因はわからないという。

「雨季になるとマラリアや下痢性疾患の患者があふれる環境で、子どもたち全員が生き延びることは簡単ではなく、救える病気で家族を失うのは普通です。何かが間違っていると思わないですか」というサワさんの問いに、返す言葉が見つからなかった。

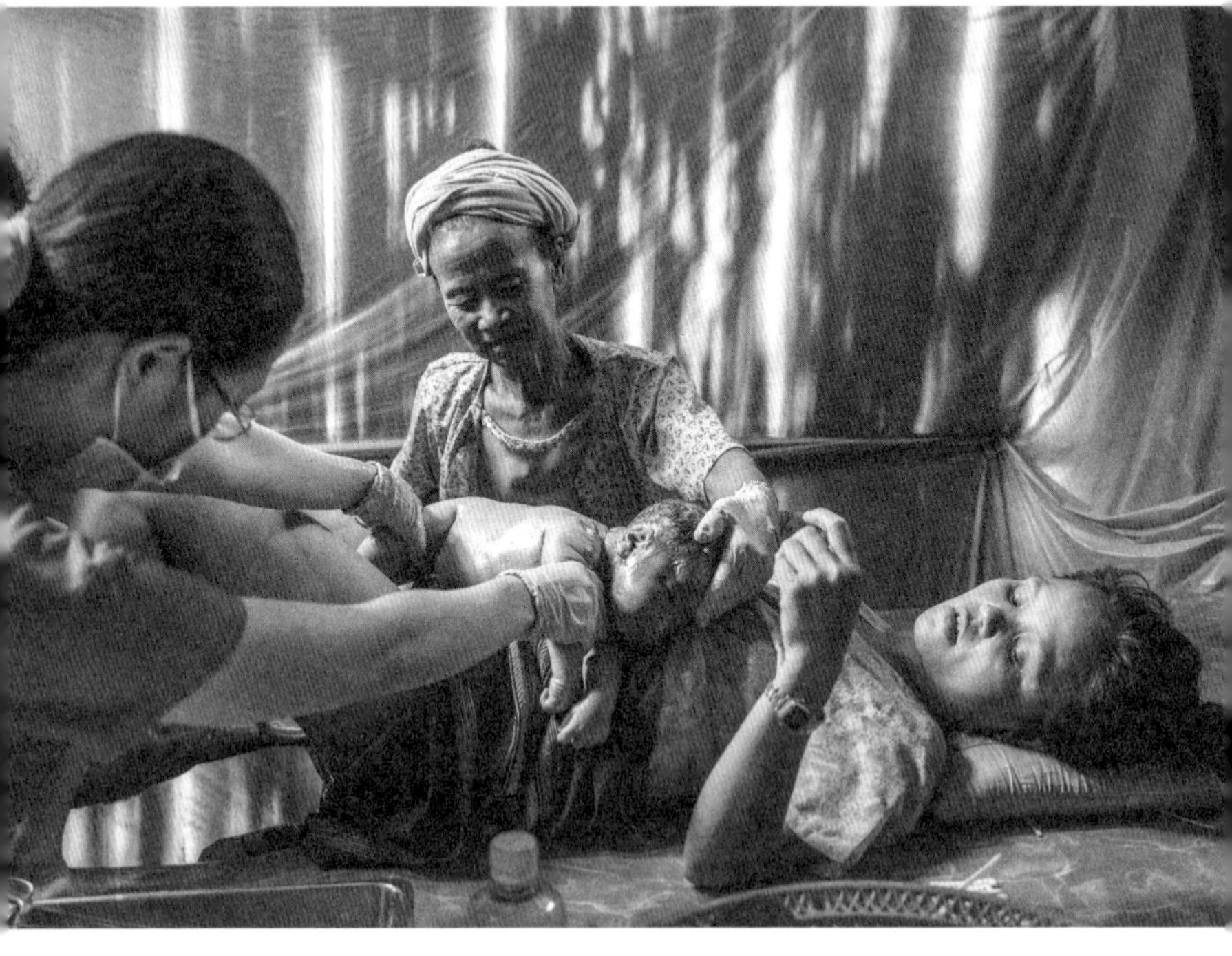

難民キャンプで男の子を出産したレディアさん 2010年 タイ・ミャンマー国境

翌日、自宅に戻ったレディアさんを訪ねた。赤ちゃんを手放せないレディアさんに代わって10歳の長男と8歳の長女が食事の準備に張り切る姿を横目に、レディアさんの表情は沈んでいた。

「赤子の名前はバ・ブルドーといいます。無事生まれてよかったけど、ちゃんと育てられるのかわかりません」

レディアさんは2006年にイトゥタにやってきた。ミャンマー国軍の掃討作戦により、カレン州のヒドホ村を追われた。子ども3人を連れて10日間ほどジャングルのなかをさまよい歩き、命からがらイトゥタにたどり着いた。

「わたしたちは村でカルダモンをつくるただの農民でした。何も悪いことはしていません。子どもも亡くなって、なぜこんな人生になったのかわからない。ただ耐えるだけの生活です」

通訳がレディアさんの話を補足するように「軍は一般のカレン人をも標的にします。突然村に来て人びとを追い出し、食料を奪って放火するのです」と言い、「これが証拠です」と見せてきたのは、ミャンマーの兵士によって全身を焼かれて黒焦げになった遺体や惨殺された子どもの写真だった。

そこには、人間が人間になしたこととは信じたくないおぞましいシーンが写っている。難民から聞いた数々の証言からも、それがミャンマー国軍の仕業であることはおそらく事実だろう。それでも、ぼくはその写真に写っている絵柄以上の何かを感じ取ることはできなかった。もちろん見ていて平気ではなかったが、実際に出会ってもいない、匿名のだれかの惨死のイメージは逆に見る者の目を塞ぐばかりで、世界をますます遠ざけてしまうように思えてならなかった。

レディアさん一家を含め数百人の規模で始まったこのイトゥタ難民キャンプはその後も拡大を続け、2010年6月の時点で約4500人が国際社会からの支援を受けずに、孤絶した環境でサバイバルを強いられている。

サルウィン河を渡り、タイ側の難民キャンプに逃れることができれば、イトゥタよりは手厚い支援を受けることができるのだが、これ以上の難民の流入を望まないタイ当局により国境は閉ざされている。

こうして「難民になること」さえ叶わず、故郷にも戻れないまま、囚われの人生を生きるIDP（国内避難民）の数は47万人以上いると推定される（「タイ・ビルマ国境支援協会」による）。タイに逃れた難民の数のじつに3倍以上もの人びとが、今も国境線上の片隅でさまよっている現実とどう向きあえばよいのだろうか。帰路、サルウィン河を行きながら、そんな答えの見つからない問いが頭のなかをぐるぐると空回りし続けた。

「生きる」を支える家族の温かみ

タイ・ミャンマー国境通いはその後も続いている。

2013年、ふたたび「ラクキチュ」がある8月の満月に合わせて、ウンピアム難民キャンプを訪れた。メーサリアンでの会合から帰ってきたばかりのワティさんを自宅に訪ねると、テーブルには魚や鶏のカレン料理が並んでいた。厚かましいことだが、奥さんのモユさんがつくる絶品カレン料理はウンピアムに来るひそかな楽しみとなっていた。しかも、今回は宿泊でもお世話になることになった。ぼくの取材活動はこうした人びとの厚意がなければまったくもって成り立たない、としみじみ感じ入りながらご馳走を堪能した。

キャンプの人びとの変わらない心遣いに触れてほっと和まされる一方で、目に見える変化が遅々として現れないキャンプの状況に対して苦々しい思いも抱く。ミャンマー側の政治情勢には目まぐるしい変化が起きているのだが、その波はキャンプまで届いているのかどうなのか。

ワティさんの話によると、2011年にミャンマーが軍政から民政に移管したあと、難民問題の解決を優先課題に掲げるミャンマー新政権の意向を受け、難民帰還についての話しあいが続いている最中だという。

4月にミャンマー政府は帰還のためのパイロット事業を発表。カレン州のタイ国境に近いパイチョーという町に40家族を試験的に移住させるというもので、ワティさんは当初、この計画の中身がよければ帰還してもよいと、カレン難民委員会の仲間と話していたそうだが、今はまだ時期尚早と慎重の姿勢を見せる。

「わたしたちが望むのは帰還先でのセキュリティだが、それを判断するたしかな情報がない。セキュリティとは戦闘や地雷の話ではなく、安心して暮らせるかどうか。住む家や仕事、農地、子どもの教育や受け入れ側となる地域社会の理解など。すべて安心となれば帰る人も出てくるだろうが、ミャンマー政府の言うことをどこまで信じればいいのか」というのがキャンプ・リーダーとしての見解なのだが、「個人の気持ちとしては帰りたい」と語る。

「いつかカレンに帰ったら住所を渡すので、また妻の手料理を食べに来てほしい」

第三国定住ですでに海外に渡った子どもを頼って移住する選択もあるなかで、ワティさんは今も「帰郷」という選択肢をできるだけよい形にしようと努力を続けている。

ノー・サーにも再会することができた。驚いたことに、お腹がぽっこり出ている。妊娠8か月だという。相手のことを尋ねると、バンコクで知りあったカレン人で、なんとすでに結婚しているというから、話の飛躍ぶりに頭が混乱する。順を追って聞いた話をかいつまむと、こうだ。

ノー・サーはつい5日前にバンコクからウンピアムに戻ってきたばかり。キャンプ内のコムラ高校を卒業後、「子どもが多いお母さん（ノー・ポーシーさん）を助けたい」と思い、キャンプにいるタイ語が話せる知人に仲介を頼んで、バンコクへ出稼ぎに行く決意をする。

ブローカーの手引きでバンコクに渡り、ベビーシッターの仕事を紹介してもらう。だが、労働許可証も移民向けの滞在許可証もない状況では、外を自由に出歩くこともままならない。しだいにホームシックになってキャンプの友人に電話をかけると、番号違いで知らない男性につながった。ところが相手は自分と同じスゴーカレン語を話し、聞けば一時期、新着難民としてウンピアムに住んでいたこともあり、今はバンコクのレストランで働いているという。偶然に導かれて会ってみると、すぐに距離は縮まり、その勢いで結婚する。バンコクで友人にささやかなパーティを開いてもらったのがうれしかったと話す。

そこまで聞いてようやく「おめでとう」と言えたのだが、では今回キャンプに戻ってきたのはさしずめ「里帰り出産」といったところかと聞くと、出産のこともあるが、ノー・ポーシーの家族が3、4か月後に第三国定住でアメリカのカンザスシティに移住することが決まったからだという。アメリカに行ってしまったら、今度いつ会えるかわからない。もしかしたら二度と会えないかもしれない。そう思うと、いてもたってもいられなくなってキャンプに帰ってきたのだった。

人生の転機が怒涛のようにノー・サーに押し寄せていたが、これから彼女はどのような道を選ぶのだろうか。「家族と一緒にいることがわたしの幸せ」と以前、話していたけれど、やはり家族を追ってアメリカに移住することを考えているのだろうか、気になっていた。ノー・サーには第三国定住の資格があるが、新着難民である夫には応募要件である難民登録すらなく、家族そろって海外に行くことはできないだろう。

「生まれてくる子どもの将来を考えて、アメリカでいい教育を受けさせたい思い」と、「子どもに自分のように父親のいない人生を送ってほしくない思い」のはざまでノー・サーは揺れていたが、今は何より、子どもとの生活を楽しみにしている夫が待っている。だから、子どもが生まれたらまずは彼のいるところへ帰り、タイのどこかの町で家族3人で生きる。それがノー・サーの望む道だった。

「家族と離ればなれになってもロンリーじゃない。SNSやスカイプでいつでもコミュニケーションできるから」と、ノー・ポーシーさんと顔を見合わせて屈託なく笑う。

産みの親に見放され、育ての親とも引き離される事態に直面してなお、持ち前の前向きな気持ちを失わないノー・サーに、逆に励ましを受ける思いだった。

「ひとりで泣いていたさびしい日々を忘れたわけではないが、もう思い出さない」

そう覚悟を口にするノー・サーの、暗い記憶と背中合わせにある明るさは、ノー・ポーシーさんら家族と一緒に過ごした温かみに満ちた時間に由来するものなのだろう、とぼくは想像をめぐらせる。

難民生活が10年、20年と長期化することは当然望ましいことではない。だが失われるものばかりではない。さまざまな喪失の痛みを抱える者同士だからこそ結ぶことができる絆が、ノー・サーと家族のあいだにはある気がしてならなかった。それはもしかしたら、民族の伝統や文化よりも、彼女のこれからの「生きる」を根っこの部分で支える温かみとなるのかもしれない。そんな感慨に浸りながら、小雨の降り続く夜、身重の体のノー・サーを連れて、ふたりで最後の前夜祭に繰り出した。

「わたしには帰るところがないんです」

キャンプを出る前に、もうひとりどうしても会っておきたい人がいる。ルルだ。年齢的には中学校を卒業しているころのはずだが、すでに第三国に移住してキャンプにいない可能性もある。直接確かめる他ないと自宅を訪ねると、母親はいたがルルはいない。聞くと、1か月ほど前にキャンプを出て、タイのある町で働いているそうだ。

「キャンプの外に行きたい」

風が吹き抜ける丘の上でルルが発した一言を思い出し、そうか、その言葉通りにとうとう飛び出したのだなと思った。

なんとかして会う方法はないかと母親に聞くと、ルルは実兄と一緒に住んでいて、彼が携帯電話を持っているという。さっそく番号を教えてもらい、通訳のカレン人にその場でかけてもらったところ、なんとルル本人が電話に出た。場所は伏せておくが、とある町で働いていることが判明した。

会いに行ってもよいかと聞くと、それは構わないが、自分がどこにいるのかよくわからないとルルは答える。兄に代わってもらって住所を教えてもらい、会う約束を取りつけた。

スマートフォンの地図アプリに住所を入力すると、だいたい説明されたとおりの場所を指し示した。案内に従ってタクシーで移動し、目的地の住所の前で電話すると、携帯電話を持ったルルが建物から出てきた。3年ぶりの再会だった。

もしかしたら忘れているかもしれないと心配だったが、「写真を撮ってくれたのを覚えている」と聞いて安堵する。建物のなかに案内してもらう。そこは馬の厩舎《きゅうしゃ》で、住み込みで馬の世話や清掃の仕事をしているという。

兄は外出中だった。ルルの表情が少し緊張気味だったので、問題があるならこのまま帰ると伝えると、今は自分以外だれもいないので大丈夫だと言う。

少し驚いたのは、兄と一緒に住んでいるという部屋だった。厩舎の脇にある、ベニヤ板を釘で打ちつけて囲っただけの掘っ立て小屋で、蚊帳と毛布、テレビとガスコンロはあったが、難民キャンプの住居と比べて相当見劣りする環境といわざるをえなかった。それでもルルは、「これ以上望むものはないのでとくに不満はない」と話す。

逆にいうと、そこよりもある意味で整っている難民キャンプの暮らしにどんな不満があったのか。

「今から思うと、何かが普通ではない場所にいたのだとわかるけど、そこに住んでいるときは不満もなかった。大人に守られていたし、他の生活を知らなかったし、キャンプのルールに疑問を持つこともなかった」

それでは、なぜキャンプを飛び出したのか。少し踏み込みすぎかと思ったが聞いてみた。

「義理の父親と一緒に暮らせないと思った。酒を飲む、大声をあげる、壁を叩く、威張る、すべて嫌でした」

体の弱かった母親を支えなければと我慢していたが、赤の他人である男性との家族関係のなかに自分の居場所はないという感覚は徐々に強まって、2013年7月、ルルはついにキャンプを出る決断をする。

ブローカーが手配する車の場所まで、知らないビルマ人ふたりと山道を歩き、森のなかで3日間を過ごした。疲れ果てて車に乗ったとき、「怖くて行きたくない」と不安に襲われたが、すでに5500バーツ（約18000円）もの借金が発生している。引き返すわけにはいかなかった。

町に着いて、無事に兄との再会を果たし、兄の仕事を手伝いながらの厩舎での生活が始まった。それから1か月間、敷地から一度も外へ出ていない。「タイの警察に捕まったらミャンマーに送還されてしまう」からだとルルは語るが、キャンプという名の「テンポラリー・シェルター（一時的避難所）」で生まれ、タイ人でもミャンマー人でもない無国籍の彼女に、送還されうる「本来的な場所」などあるのだろうか。

ルルには、本人が望めば第三国定住で海外に移住できる可能性は残されているはずだった。だから、あえて聞いてみた。難民キャンプには最低限の食べ物や住居がある、アメリカにも行けるかもしれない、それでもキャンプに戻らないというのか、と。われながら脅しのような聞き方をするなと思いながらも、言語の不自由さもあって率直な物言いで尋ねると、ルルはしばらく沈黙したあと、「ひとりがいい」と答えた。

「再婚した母には義理の父との子どもがいる。母は好きだが、別の家族がある。実の父がこの町にいるが、ビルマ人と再婚した父にも別の家族がある。だからわたしには帰るところがないんです」

馬に食事の草を与えるルルの姿をカメラで追いながら、なんとかして彼女を自分につなぎとめる言葉を探したが、見つからない。こんなとき、ぼくにいったい何ができるのだろうか。ファインダー越しに彼女のさびしさが遠のいていくのを感じながら、「カシャ」「カシャ」という乾いたシャッター音だけが厩舎のなかで鳴り響いていた。

ミャンマーではドラスティックな政治的変化が続いている。２０１６年には民主化運動の星アウンサンスーチーが事実上のトップとして率いる政権が発足、国内の真の民主化を実現するには少数民族勢力との和解が不可欠だという姿勢を打ち出した。実際にタイにある難民キャンプのひとつをじかに訪問、難民問題の解決に向けて事態の進展が期待された。

だが、アウンサンスーチーとて魔法使いではない。「自由」や「平等」を呪文のように唱えるだけではもつれた糸をほぐすことができないことは、だれもがわかっている。でも、何ぶん期待が大きすぎた。難民キャンプの人びとの失望もそれだけ深かった。

第三国定住の募集はずっと打ち切られたままだ。シリアや南スーダンからの難民急増を受け、タイ国境の難民キャンプへの国際支援はじわじわと削られ、難民たちの暮らしは先細るばかり。キャンプ内での自殺者があとをたたない、という話も聞く。そんな知らせを風のたよりに聞くたびに、国境で出会った人びと――サイ・ピエンさん、レディアさん、ワティさん、ノー・ポーシーさん、ノー・サー、ルル――一人ひとりの顔が目に浮かび、会いに行きたくてたまらなくなる。

「問題」から「人間」へ――心の扉をノックする

ミャンマー側にある難民キャンプを頻繁に訪れることはできないが、2017年にタイに行ったときは、ノー・サーとルルには会うことができた。

ノー・サーは、タイのとある町のレストランで夫と働きながら、娘と元気に暮らしている。タイ人のオーナーが彼女らの境遇にとても理解のある人のようで、家族は店の敷地内にある住宅に安く住まわせてもらいながら、仕事と子育てを両立できる環境を手に入れていた。

娘をあやしながら料理をつくるノー・サーの姿は、すっかりお母さんだ。出してくれた魚料理は少し辛めのフィッシュペーストで味付けされたカレン風だ。白米にのせていただきながら、彼女が高校生のときにキャンプで撮った写真を一緒に見返す。「あのときは独身で若かったわ」と笑いあう。

今は第2子を妊娠中で、今度はタイの病院で産む予定だそうだ。

「ママにアイ・ラブ・ユーして」と言うと、娘はノー・サーのほっぺにチュウをし、それをスマホで手早く自撮りする。SNSでときどき送ってくる写真はこういうふうに撮っているのだなと思いながら、幸せそうに自撮りする母娘にレンズを向ける。

こうした娘とのささやかな瞬間を重ねていくことで、ノー・サーは、実母が消えて孤独だった子ども時代を別の形で生き直そうとしているのかもしれないと思いながら、シャッターを切った。

ルルとは、町のショッピングセンターで再会した。

19歳になったルルは恥ずかしがり屋なところは子どものときのままだが、髪が腰のあたりまで伸びて、ずいぶん大人っぽくなった。タイ語は日常生活に支障がないほどに上達し、少しずつタイ社会に溶け込んでいるようだったが、労働許可証はまだなく不法就労状態が続く。

仕事は美容室での下働きで、収入は月9000バーツほど（約3万円）。その3分の1が部屋代として差し引かれ、残りで食事代や携帯電話の料金をまかなう。「他にほしいものはないので不満はない」と言う。

長女とスマホで自撮りするノー・サー 2017年 タイ

一緒に住んでいた兄は結婚して家庭を持ったため、今はひとり暮らしだ。「以前、ひとりがいいと言っていたけど、ひとり暮らしはさびしくない？」と聞くと、「さびしくないし、ひとりが好き」と、これも以前と変わらない答え。ただ、顔を見ると眼が無表情なのが少し気にかかった。

第三国への移住については、考えは変わらないのだろうか。

「母は4年前から待機状態で何も進んでいません。母はわたしに、あなたはひとりでは行けない、募集はもう締め切られた、と言うけど、18歳以上は単身で行けることは知っています。それでも行くつもりはありませんが」

それならタイで何かやりたいことや行きたいところがあるのかと聞くと、「何もない」と即答する。一瞬ウッと胸がつまる。「やりたいこともないし、行きたいところもない」というルルの言葉にたじろぎ、ぼくは口を閉ざすしかなかった。

丘の上に立ち、キャンプを吹き抜ける風を全身で受けるルルの写真を自分の部屋に飾っている。その写真を見るたびにルルの「何もない」という言葉を思い出し、そこはかとなく悲しい気分に引き戻される。彼女は今、何を見つめているのだろう、とそのまなざしに思いをはせる。

ミャンマーの「問題」が知りたくて取材を始めて10年。カメラを手に国境に踏み込み、困難を生きる多くの人間との出会いを重ねることで、自分が惹かれているのは「問題」などではなく、国境のリアルを引き受けて生きる「一人ひとり」の生のありようなのだと知った。

「一人ひとり」が持つまなざしや切実な声、そして沈黙に注意深く耳を傾けるうちに、「難民」と十把ひとからげにはできない多様な現実があると気づいたまではよかったが、ルルというひとりの人間が抱える「何もない」に応答できなかったとき、何十万もの難民の「問題」をはたしてどう伝えうるのか、振り出しに戻されたような気になって途方に暮れる。

難民になったのではなく、生まれながら難民だったルルには、人間として生来的に与えられる（ことがあたりまえと思いがちな）さまざまなもの——国籍や市民権、グループへの所属、職業の選択や移動の自由など——が奪われている。「テンポラリー・シェルター」で生まれ育ったルルは、剥奪されるホームがなかっただけでなく、新たにホームを持つ自由も与えられていない。つまり、まったくどこにもたどり着くことができない「Nowhere Man」のような存在なのだ。

ルルに何を聞いてもいつもにべもない答えなのも、国境にまとわりつく現実的問題や家族のこみ入った事情をひとりで抱えきれず、たくさんの「あきらめ」を内に折り重ねた結果としての「何もない」なのではないだろうか。

「何もない」

寡黙なルルから発せられたそのつぶてのような一言が痛感させるのは、ぼくにはルルが持っていないものが「ぜんぶある」という事実だ。

たまたま日本で、ある両親の子どもとして生まれた、ただそれだけで自動的に国籍を付与され、日本人として生きている。あまりにあたりまえのことすぎて深く考えてこなかっただけで、じつは目には見えない特権の数々を日々、享受している。

そのことに気づかないまま、さも独力で生きている気になっている自分とは何者なのか。

そういうことに無自覚に生きているから、自分の境遇とは遠く離れただれかとのあいだに、知らず知らず境界線を引いてしまって、それを見ようともしなくなっている。

ルルの「何もない」という言葉の向こうにあるものにもっと触れたかったけれど、それはとても難しいことだろう。

でもだからといって、けっしてわかりえない「絶対的な他者」として彼女を遠ざけることはしたくない。ルル自身でさえ自分が何者かわかっていないのに、部外者のぼくが彼女のことを勝手に「難民」というカギかっこ付きの言葉で括ってしまっては、二重三重に彼女を檻のなかに押し込めてしまう。そのことに、少なくとも自覚的でいたい。

もしかしたら、写真家としての自分にできることはそれくらいしかないのかもしれないと思う。でも、そうであるならなおさら、勇気を出して閉ざされた心の扉をノックし続けようと思う。

そしてもしいつの日か、ルルのようなだれかの心の扉がふっと開くことがあって、「あなた」と「わたし」があるがままに出会うことができたとしたら、そのときぼくは本当の意味でボーダーを越えることができるのかもしれない。

第5章　ボーダーランドをめぐる旅のノート

1

1 ラカイの丘を駆けるエイズ遺児たち　2010年　ウガンダ／2 溶接工場で働く子どもたち　2009年　バングラデシュ／3 山岳地帯コヒスタンの少女　2011年　パキスタン

カメラを携えて幾度も国境を越え、辺境への旅を繰り返すうちに、ボーダー（境界）というものに並々ならぬこだわりを持つようになっていった。

最初は、国から国へ国境を移動した移民や、戦争や迫害により国外避難を余儀なくされた難民が写真家としての主な関心の対象だった。そうした物理的な越境を経験してきた人びとへの取材を通じ、紛争や差別といった不条理、あるいは国家権力による力まかせの暴力によって引かれるボーダーがあることを知った。

貧困や格差の拡大、宗教対立や過激派によるテロ、ヘイトスピーチに象徴されるようなむき出しの人種差別、移民や難民排斥の動き、弱者切り捨ての論理……。こうした不寛容や社会的な分断を乗り越えるために、他者とのつながりを再生し、共に生きる方法を想像することがますます重要になっていると思うのだが、そんな「想像」を修練する場を自分のなかでどう設定していくか、ずっと考え続けている。

ぼくは、写真家とはボーダーに立つ境界人だと思っている。

写真家にとってのボーダーとは、まずもって、撮る者と撮られる者のあいだにある目には見えない境界だ。撮る側の「わたし」が合一しえない他者の「あなた」に対面するとき、ボーダーが越えがたい隔たりに思えて四苦八苦する。それでも勇気を出してその場に踏みとどまり、越えられないながらも不器用に対話を続けて、関係を結ぼうと希望する先に写真は生まれる。

そう考えるぼくにとって、ボーダーは人と人をわける線（ライン）ではない。人と人が対等に出会い、違いを引き受け、あるいは違いを越えて、あるがままにつながることができる可能性を宿した場所（ランド）なのだ。

そんな他者との関わりのなかで生きられる世界、「ボーダーランド」の住人になることはできるのだろうか。写真家として未知の世界と出会う機会に自己を投げ出し、他者との接触を試みるなかで、何がぼくらの社会にボーダーをつくるのか、あるいはボーダーがぼくらの心に何をつくるのかについて思考をめぐらせている。

このあとに続くのは、そんな意志的な越境を実践する旅で書きつけていたノートを整理して書き直したものだ。

2005年1月　インドネシア

去年のクリスマスの翌日、スマトラ沖地震による巨大津波がもたらした壊滅的な被害をテレビ画面で目にした。強いショックを受け、どう動いてよいか戸惑っているうちに年が明けた。

人道支援団体のメンバーでもない自分にできることは何もない。でも、じっとしていられない。たとえ何もできないとしても、実際に被災地に立ち、何かを共に感じなければならないのではないか。自分のなかの無力感と無関心に行動でNOを表したいだけだとしても、まさにこの瞬間も絶望的な状況に直面している人びとと向きあわなければならないのではないか。そんな気持ちの「圧力」を自分の内側で高めながら、現地入りする機会を探った。

これから被災者を苦しめるもの。それは時間の経過と共に忘れられることだろうと想像した。そのために写真家にできる役割を自らに問いかけながら、1月中旬、スマトラ島に飛んだ。

スマトラ島の西の端にバンダアチェという海岸の町がある。アチェ州の州都であり、津波による被害がもっとも甚大だった場所だ。着いてすぐに地元の大学生を通訳として雇い、ホンダのスーパーカブにまたがって、朝から晩まで被災地を回った。現地は人命救助や災害医療などの緊急援助の段階から、仮設住宅の建設や商業活動の再開など復興の段階へ進みつつあると報じられていた。だが、町の海岸寄りの地域に足を踏み入れると、布で包まれた遺体がまだあちこちに放置されている。行方のわからない人びとを捜す人の姿はたえなかった。

悲しい再会の瞬間にレンズを向けたことも何度かあった。身元のわからない遺体はまるでゴミのように1か所に集められ、大きな穴に重機で放り込まれて焼却処分されていた。すさまじい腐臭が鼻腔をつく。目眩がしそうな自分に活を入れ、ハンカチで鼻と口を押さえながら、シャッターを切り続けた。

「ヒロシマだよ、ここは」

がれきから家族の遺品を探していた男性は、ぼくが日本人とわかると、そうつぶやいた。一瞬のうちに町ががれきと泥で覆われ、17万人もの死者を出したこの大惨事をたとえる言葉を、ぼくも他に思いつかなかった。

約4000人の被災者を収容するマタ・イー避難所で、カシムさんと5歳の娘サプラちゃんに出会った。地震直後、カシムさんはサプラちゃんの手を引き、家を飛び出したが、津波に飲み込まれてサプラちゃんを手放してしまった。サプラちゃんは流木につかまって奇跡的に助かったものの、流れてきたがれきにぶつかり頭と背中に傷を負った。妻と長女、次女は亡くなった。サプラちゃんは「お母さん」とときおり声を発する以外、何も話さなくなった。

「流されたときに泥の海水を飲んだせいか、咳がひどくて食事も取れずにやせ衰え、とても心配でした。今はなんとか回復して、食事も睡眠も取れるようになりましたが、余震があるたびに泣き出して震えています」

泣き止まないサプラちゃんをダンボールの切れ端で扇ぎながら、カシムさんは途方に暮れていた。

「テントでの暮らしは楽しい。避難所に学校もできた。友達もできた」と照れながら語る10歳のロスディアナちゃんの隣で、母親のヌルマラさんは明らかに不満顔だった。

「外国の団体が援助物資を持ってきて、地区の役人に託して帰っていくが、彼らは物資を抜き取って転売したり、自分たちの都合で分けあったりするから、わたしたちが受け取る分はいつも少ない。あなたのような外国人の記者も同じだ。キャンプに来て、写真を撮って、支援を約束して帰っていく。

でも、何もしてもらったことがない。いったいどういうことなのですか？ 文房具や教科書はいらないのです。困っている人を助けたい気持ちがあるなら、直接現金をください」

避難生活のなかで溜まるストレスや不満を吐き出すように声を荒げたかと思えば、「なぜわたしがこんな目に」と急に嗚咽して顔を両手で覆った。娘ふたりがいまだ行方不明なのだという。

避難所のモスクの壁にもたれかかり、魂が抜けたような表情をしていた少年がいた。アジス君、8歳。父親のウスマンさんと母親のルシアーニさんと一緒にカジュ地区のモスクで肩を寄せあって暮らす。アジス君は父親に助けられたが、5人の兄を失った。津波のときのことはあまり覚えておらず、「道で死体を見るのが嫌だ」と話す。「配給を受けることができる避難所には行かないの？」と聞くと、「カジュにはモスクがあるから遠くの避難所には行かない」と言う。

カジュにはモスクしか残されていなかった。他の建物はすべて津波で流された。もともとはヤシの並木が美しい海岸沿いの村だった。約1万3000人いた人口は約4000人まで減った。生き残った村人の多くは各地の避難所に散らばって暮らしているが、行方不明者の安否を確認しにときどき戻ってくる。「モスクを守ることなしにコミュニティの再生はない」。信心深いウスマンさんの復興への祈りは届くだろうか。

いち早く授業を再開した小学校を訪ねた。作文発表会があるという。テーマは「地震と津波」。震災からまだ1か月だというのに、子どもにとっては辛いテーマではないのだろうか。「ほとんどの子どもが被災しているので、苦しんでいるのは自分だけじゃないと教えたい」と先生は説明する。

11歳のリズキ君が、緊張した面持ちで紙に書いた文章を読み上げる。

「12月26日の朝、強い地震のあと、母は父に食料を買いに行くように頼みました。ぼくも父について自転車で町に出かけました。その途中、〝波が上がってくるぞ〟と叫ぶ声が聞こえました。あっという間でした。自転車はすぐに水に捕まり、歩いて近くのモスクに避難しました。そこで恐ろしい光景を見ました。たくさんの死体が運ばれてきたのです。ぼくは母のことが心配になり、父と自宅に急いで戻りました。家の前に着いたとき、ぼくは泣いていました。家は津波に流されていました。母を捜しましたが無理でした。翌日、応援を頼んで母を捜し出そうとしましたが、この地区のほとんどの人が家や家族を失っていました。ぼくは母を亡くしました。おじいちゃん、おばあちゃん、親戚も。遺体はまだ見つかっていません」

2月8日の夜8時ごろ、大きな地震が起きた。居候先の居間で目の前にいた女学生がショックのあまり気絶した。震災によるトラウマだろうか。普段から笑顔をたやさない元気な女の子だったので、心の傷をひとりで抱えこんでいたことに気がつかなかった。

揺れが収まってから通りに出ると、住民たちが「ツナミが来る。逃げろ！」と叫びながら逃げまどっていた。この余震により、いったいどれだけの人があの日の恐怖と喪失の痛みを思い出したのだろう。

アチェは傷で満ちている。そして目には見えない無数の痛みが置き去りにされている。猛烈なスピードと物量で前へ前へと推し進められる復興の陰で、その速度についていけない、立ち上がることすらできない人がいる。

街の壁に、あの日の日付と共にこう記されていた。

「ACEH BERDUKA（悲しきアチェ）」

人がだれかを悼むとき、インドネシアでは「ブルドゥカ」と言う。

人びとが悲しみを乗り越える日まで、出会った人たちへの共感を忘れぬよう、共に悼むように写真を撮りたいと思う。

2006月12月　東ティモール

ブラジルやアンゴラと同じ、ポルトガル語圏の東ティモールのことが以前から気になっていた。16世紀からポルトガルの支配を受けた東ティモールは、第二次世界大戦中に旧日本軍に占領されたこともある。1976年以降のインドネシアによる併合時代を経て、2002年に独立し、「21世紀で一番新しい国」となったが、そのわずか4年後に新たな分断の危機に直面する。

発端は、政府軍内でのティモール島の東部と西部の出身地による処遇差別だった。西部出身の兵士が冷遇されていると訴え、不当に解雇された。除隊された兵士と国軍が衝突する事態のなかで東西の住民が対立、首都ディリの市民を大勢巻き込む騒乱に発展した。人口約100万人のうち15万人以上が避難民となり、略奪や暴力で30人以上が死亡して、緊張状態が続いていた。

そんな最中に、NGO「国境なき子どもたち」からボランティア活動に誘われ、首都ディリにある子どもの教育施設で仕事をすることになった。業務のかたわら、放火や破壊による無残な傷痕をさらす町にカメラを手に分け入った。

「安全の保証がない」

東ティモールでは、独立をめぐってインドネシア軍と長い闘争が続いた。1999年のインドネシアからの独立派が圧勝した住民投票の直後も、独立反対派の民兵による殺人や略奪、放火が相次いだ。度重なる暴力にさらされたためか、小さな不満やわだかまりがすぐに暴力に結びついてしまうことが住民の心配の種だった。

国連警察部隊と国際治安部隊が市内の要所に駐留して厳戒態勢を続けているにもかかわらず、ディリの市民の多くは避難先から帰宅できず、仕事や買い物にも出られない。通学や通院もままならない。東西の地域対立という分断が新生国家の先行きに影を落とすなか、暴力におびえる避難生活から自らを解き放とうと小さなアクションを起こしていたのは、決まって女性だった。

「政府は何もしてくれなくてもいい。自力で生活を再建するから、ただ町をこれ以上壊さないで」と訴えるヴェロさんは、避難所で託児所を始めた。

「わたしが商売を始めれば人が戻ってくる」と考えたダ・クルスさんは、放火にあい、廃墟となった市場の跡地にトタン板で家をつくり、豆腐屋を再開した。

すでに7人の子どもの母親で、身重の女性は「独立してやっと自由になったのだから、この幸せをもっと大きくしたい」と、新しいいのちの誕生に希望を託していた。

独立後も心に争いの火種を残し、口を開けば隣人の不平不満が先に出る男性たちに対し、女性たちの行動には希望の灯りがともされていた。

彼女たちのポジティブな意欲を紛争後の復興にどれだけ取り込めるか。それが平和国家実現の試金石になると思った。

2007年10月　ルワンダ

「千の丘の国」と呼ばれるルワンダは小高い丘がなだれるように連なる景色が印象的だが、首都キガリの発展ぶりにも驚いた。「アフリカのシンガポール」を目指し、英語教育や産業のＩＴ化を推進していると知り、ルワンダへの先入観は音を立てて崩れた。

先入観とは他でもない、１９９４年に起きた大虐殺のことだ。ドキュメンタリー映画『ホテル・ルワンダ』（テリー・ジョージ監督、２００４年）がこのジェノサイド（特定の人種・民族などに対する集団殺害）を描いているが、そのイメージがずっと脳裏にあった。

ルワンダでは１９９４年、多数派住民のフツ系の大統領を乗せた飛行機が撃墜された事件を発端に、フツが今でいう〝ヘイトスピーチ〟によって少数派住民ツチへの憎悪をあおり、約１００日間に少なくとも80万人というすさまじい数の人びとが虐殺される。そんな大惨劇の真っ只なかで、キガリに実在するホテル「ミル・コリン」の支配人が、殺される恐怖から逃れてきた人びとをかくまい、多くのいのちを救う実話にもとづいた映画だ。

あれから十数年余り経ったが、人びとは過去の悲劇をどう受け止めているのか。それが知りたくて生存者を訪ねた。そのひとり、マニバホ・エジデさんは虐殺で両親と兄弟4人が殺害された。のちに兵士になって内戦を生き抜いたが、戦闘で左腕を失ったあと除隊した。

「今はツチもフツもない。前に進むためにはときに過去を忘れることが大事だ。虐殺より、片手になってハンディキャップを背負った体で仕事が満足にできないことのほうが問題だ」と言い、職業訓練所に通って電気技師になる技能を学びながら、妻や子どもと生きる未来へ目を向ける。

エジデさんのように、個人としては過去にとらわれることなく前向きになれても、集団的な負の記憶となると複雑で、時間でさえも簡単に解きほぐせない禍根がルワンダに潜んでいる。

それを乗り越える試みとして続けられているのが、村人が主体の草の根裁判「ガチャチャ」だ。もともと地域にあった、住民同士のもめごとを解決する慣習的な集会だったが、加害者に罪を白状させ、奉仕活動に従事させるなどして罪を償わせ、「過ちをいかに赦すか」について話しあう制度だ。虐殺の加害者の数があまりに膨大すぎて裁ききれないという現実的な理由もあり、扇動されて暴行や殺害に関与した容疑者については、「ガチャチャ」での審理に委ねられることになった。

裁判は住宅地のなかにある集会所の建物の前で行われていた。7、80人の住民が公判の席に座り、白い服を着た容疑者の言葉や態度に厳しいまなざしを向ける。

法廷の様子を撮影してよいかと裁判長に尋ねると、「虐殺も公開の場で行われた。裁判も公開でされるべきだ。隠すものは何もない」と語った。虐殺を経験した自分たちの世代で憎しみの連鎖を断ち切る。そんな強い決意が裁判長の言葉にみなぎっていた。

取材のあと、学校帰りに水汲みをする子どもたちと鉢合わせになり、村までの上り坂をかけっこした。虐殺を知らない子どもたちだ。必死になって丘を駆け上がる子どもたちの弾けるような笑顔には、ルワンダの「いま」があると素直に思えた。彼らが大人になるころ、ルワンダの人びとを縛り続ける憎しみの鎖は、つながりの輪になっていてほしい。そんな祈りを込めて、シャッターを切った。

2008年1月　バングラデシュ

首都ダッカのショドル・ガット（船乗り場）から古い外輪船のフェリーに乗り、一晩かけて南部の町ボリシャルにやってきた。

猛暑の日中を避け、夜8時ごろ、大小さまざまな町工場がひしめきあう一角を歩いていると、「ビューティー・ロード」という名の薄暗い路地を見つけた。名前にひかれて入っていくと、奥まった穴倉のような建物から溶接の青白い光が洩れている。

働いていたのは、カイルール君という10歳の少年だった。雇用主である溶接職人の親方のそばに立って、作業の補助をしている。光線で目が焼けないように手の平でさえぎりながら、親方の手元を真

アジアをめぐる旅　2005–2011年

剣なまなざしで観察している。

まだ見習いなので、まかないはつくが賃金は出ない。隣で旋盤機を回すアラミン君は2歳年下だが、見習いを修了して、30円弱の日当をもらう先輩だ。

ふたりとも学校には行ったことがない。「働くほうが好きだから」とカイルール君が屈託なく答える。近所には彼らと同じような境遇で働く子どもがたくさんいて、友だちには困っていない。無理やり働かされている風でもなかった。家庭的な小さい工場だからか、「運良く」いい雇用主にめぐり会えただけなのか。

「手に職をつけて家族を助けたい」

働く子どもたちの多くがそんな思いを持っている。国民の7割以上が住む農村では、農家の多くは土地を持たない小作農家だ。子どもを4人も5人も抱え、働けど働けど、暮らしは一向によくならない。雨期の増水による土地の侵食に加え、たびたび襲来するサイクロンや洪水が生活をより困難にする。

暮らしに行き詰まり、やむを得ず難民のように都市へ移住したり、借金をして海外に出稼ぎする人があとを絶たない。子どもも出稼ぎしてくれれば口減らしになって、他の兄弟の食いぶちが増え、仕送りも期待できる。家族の苦労を見て育った子どもたちは、自分には働く以外に選択肢のないことを肌身で知っている。

働くことは、厳しい現実社会を生き抜くための、子どもたちの希望である。現実としてそうなのだ。

しかし、働くことで失われていく希望も少なくない。小さな労働者がときおり見せる誇らしげな表情は、いつもどこか切なさを含んでいた。

夜9時過ぎ、ビューティー・ロードの子どもたちの労働が終わった。油まみれで黒光りした子どもたちが集まり、金属の部品をおもちゃに遊び始めた。子どもが子どもに帰る時間が、やってきたのだ。

2008年8月　バングラデシュ

70万人以上のイスラム教徒ロヒンギャが難民となってミャンマーからバングラデシュに逃れている問題に国際社会の注目が集まっているが、この人道危機が起きている場所からも近い兵陵地帯に「見えざる人びと」がいる。バングラデシュ多数派のベンガル人とは異なる、モンゴロイド系の先住民族「ジュマ」の人びとだ。

伝統的な焼畑農業「ジュム」を生業としてきたことから、「ジュマ（焼畑をする人）」と呼ばれている。約60万人いるとされるジュマの多くが農民で、必要なものを必要なときに必要な分だけつくり、食す、そんな過不足なきジュマの農のありようが重大な岐路に立たされている。

2009年8月下旬、乾季がそろそろ終わるころ、ジュマのひとつ、ムロー族が多く住むバンドルボン県のタンチ村は実りの季節を迎えていた。ミャンマーとの国境にほど近く、山の傾斜地に明るく広がる焼畑に大人の背丈ほどに育った陸稲が黄金に輝く。

「キューン、キューン」

細くて甲高いセミの声が焼畑の空間を神秘的な雰囲気に演出する。日焼け止めの白粉が似合うムローの若い女性が鎌で陸稲をリズミカルに刈り取り、背中に担いだ竹かごに素早く放り込む。稲刈りに汗を流すその姿は、まるで自然の一部のように風景に溶け込み、ジュマがジュマであるために大切にしてきた悠久の時の流れを感じさせる。

タンチ村のワッパラと呼ばれる集落には14世帯、66人が共同で暮らす。村人は全員農家。焼畑を耕作する他、家族ごとに鶏や豚を飼って自給自足する。最近になって、現金収入のために果樹園をつくって、マンゴーやジャックフルーツ、バナナなども栽培するようになった。

村に到着すると、若者からバグパイプのような伝統楽器で歓迎を受け、「ジャングルジュース」と彼らが呼ぶ、焼畑米から醸造した酒でもてなしを受けた。火がつくほどの度数の高さに喉が焼けそうだったが、しめたばかりの豚でつくった煮込み料理との相性は抜群、ほろ酔いで舌鼓を打ちながら村人の話に耳を傾けた。

「昔は先のことの心配はいらなかった。そのとき食べるものがあればよかった。焼畑の仕事が終わると、村に出かけて女たちと遊ぶんだ。仲良くなったら彼女の父親に相談して、双方の折り合いがつくと結婚する。恋愛結婚だ。駆け落ちだってあるよ」

生粋のタンチっ子のカムライ・ムローさんが懐古する。

ロマンチックな色恋話に饒舌な男性陣に対し、部屋の端に並んで座る女性陣からは、「男は女のことばかり考えて仕事を手伝わないの。わたしたちは朝ごはんつくって、畑仕事や脱穀、育児に炊事にいつも忙しい。休閑期の10月、11月でも、かごを編んだり、家を直したり。水汲みは20キロの重さを背負って森の泉まで毎日3、4往復。休み時間なんてないのよ」とブーイングが入る。

そんな平穏そのものの村の暮らしに、じわじわと危機が忍び寄っている。

村長のヌイトンさんは、「家族戸数が増え、焼畑が手狭になってきた。昔は種もみをまいたらその70倍収穫できたが、今は20倍ほどに落ちた。お金に余裕のある人は人工肥料を使って耕作するから、余計に土地がやせる。ベンガル人の果樹園での労働や木工加工工場に出稼ぎして、ジュマなのに米を買わなくてはならなくなった」と、伝統的な暮らしに生じている変化を語る。

そして、それ以上の脅威となっているのは丘陵地帯に駐留する軍の存在だ。

軍はジュマから強制的に土地を接収しては、ベンガル人有力者や軍の関係者に貸し出し、政府がそこにベンガル人の入植を推進しているのだ。軍の後ろ盾があるベンガル人入植者に異論や不満を表明することは命がけの行為だ。そうこうするあいだにカグラチョリ、ランガマティ、バンドルボンの丘陵3県におけるベンガル人の人口はジュマの総数を上回り、ジュマがジュマであるための原点である焼畑中心の生活はいっそう難しくなってきた。

「焼畑は大事だ。でもこうなってしまっては、ジュマの子どもたちに残してやれることは教育しかない。大人になって、ベンガル人から差別されずに生きていくために、せめて9年生まで卒業させてやりたい。でも正直、胸が裂かれるような思いだ」とカムライさんは語った。

かつての村の暮らしや伝統への追憶。それを許さない現実――。その境界でジュマの苦悩が続いている。

2010年12月 ウガンダ

首都カンパラから赤道を越え、車で4時間ほど南下すると、緑の丘が連なる農村地帯ラカイに着く。1980年代、エイズが猛威をふるったウガンダで、最大の感染地域だったのがこの一帯だ。丘陵にどこまでも広がるバナナ畑は牧歌的で美しいが、密集するバナナの葉の下で、村人は今もエイズ禍に苦しみ、絶対的貧困にあえいでいた。

ルビンバ村の赤土色の民家で暮らすシャロンは、10年前に両親をエイズで失った遺児だ。足に麻痺のある叔母と弟、妹の4人で暮らす。

「あと2学期で学校を修了できたのに」とシャロンはしっかりした英語で話した。知人から修学支援を受けてカンパラの小学校に通っていたが、支援が途切れ、やむなく村に戻ってきたところだった。今は叔母と豆畑を耕しながら、兄弟の面倒をみる日々を送る。

畑のなかにふたつの墓があった。両親のものなのかと聞くと、今年に入って立て続けに亡くなった兄と姉が眠っているという。「ふたりが亡くなって、わたしたちはさらに貧しくなった。助けたかったが、お金がなくて病院に連れていくこともできなかった」と話す叔母は、麻痺が残る足を引きずりながら土を掘り起こす。

「夢はいつか勉強をやり直すこと、将来は医者になって、家族を支えたい」

妹を背負い、鍬で土を耕しながらシャロンが言う。彼女が学ぶ意欲を失っていないことだけが救いだった。

ルビンバ村の隣、カカバジョ村の村長カコザ・リビングストンさんにこの一帯を襲ったエイズ禍について聞いた。

「この2年間は薬のおかげでエイズで亡くなった人は10人だったが、前はもっとひどかった。100ほどの世帯がある村で、60人の男が死んだ年もあった。半分以上の家族が働き盛りの男性を失くした。病気だったのはたしかだったが、なんの病気だったのかちゃんと知ろうとはしなかった。エイズであることは恥（shame）だったから、みんな病気のことを隠そうとした。隠すから防ぎようがなかった。そんななかで、いのちがひとつ、またひとつ、静かに消えていった。ある女はロープで首をつり、ある男は湖に飛び込んだ。やけになって車でひどい運転をして、事故で死んだ者もいた」

エイズの大流行により、長く続いた内戦のときよりも多くのいのちが失われ、大勢の子どもたちが遺児になった。内戦のあとにやってきた、この銃弾が飛び交うことのない戦争を、ウガンダの人びとは「音のない戦争（silent war）」と呼ぶ。

さらに隣のビエジティレ村のマリア・ナクティィジャさんは、夫をエイズで失ったあと、キャッサバ畑の日雇い労働で5人の子どもを育てている。頼る親戚はない。家はバナナの葉で覆っただけのきわめて粗末なものだった。

赤道直下でありながら、高地のラカイでは朝晩の冷え込みが厳しい。朝霧がバナナ畑を覆う肌寒い早朝、マリアさんの家をふたたび訪ねた。

マリアさんは不在で、4人の子どもたちが汚れたマットレスの上で、互いの体温で温めあうように体を重ねて横たわっていた。慈愛と残酷が同居する光景にカメラを持って分け入ると、寒さのせいか、いやそうではない、こちらの存在に怯えているのだろう、子どもたちはカタカタと体を震わせていた。そして、相手に敵意を感じるときに睨みつける動物のように、こちらをじっと凝視するのだった。この静かな緊張に満ちたまなざしは、かつて内戦のアンゴラで見た、飢えた子どもたちの刺すような眼を思い起こさせ、言葉を失ったぼくは外に出て深くため息をついた。

マリアさんの帰りを待つことにした。少し距離をおいて子どもたちを観察していると、3、4歳と思われる女の子は下着すら身につけていない。同じ年くらいの男の子の腹はサッカーボール大に膨らんでいる。いったい何を食べて生き抜いているのだろう。7、8歳に見える女の子が、幼い妹と弟の汚れた顔をけなげに水で手洗いする。

1時間もしないうちに、マリアさんが背中に赤子を背負って帰ってきた。早朝から近くの農家の畑で働いていたようで、そこで取れたサツマイモとトウモロコシを持ち帰ってきた。

赤子に授乳を始めたマリアさんの横に、子どもたちが行儀よく並んで座る。赤子はわずか2週間前にこのバナナの葉の家で出産したという。産まれたての赤子を自ら抱きかかえ、100メートルほど離れた隣家まで歩き、カミソリでへその緒を切ってもらったと聞き、ショックでまた絶句した。

おっぱいを飲んで満足したのか、赤子はか細い腕を天高く突き上げ、体をのけぞらせた。「君は本当によく産まれてきたな。これからも生き抜くんだぞ」。そう心からのエールを伝え、ビニール袋に詰めたポーショ（トウモロコシなどの穀物粉）や砂糖を手渡して、家をあとにした。

「貧困があるかぎりエイズに勝てない」

この地域の診療医で、エイズ患者の訪問看護をするカフコ先生の言葉だ。

「今は抗エイズ薬があるのでエイズは死の病ではありません。でも、栄養状態が悪ければ薬はちゃんと効かない。つまり、貧しい人には薬は効かないのですよ。エイズ治療の最大の敵は貧困なのです」

バナナ畑が広がる地平線の向こうに、大きな夕日が沈む。

小高い丘の斜面で、子どもたちが楽しそうに遊んでいる。

この子たちもみんな親を亡くした遺児で、学校には通えず、村の孤児院で読み書きを学んでいる。丘を駆けめぐる子どもたちの姿を日が沈むまで追いかけながら、はじけるような笑顔を、声にならない痛みともども、写真に焼きつけようとした。

追記
3か月後の2011年2月にふたたびマリアさんを訪ねると、あの赤子はいなかった。ぼくが訪ねた2週間後に風邪をこじらせて亡くなったと聞かされた。まだ名前もなかった。

2011年1月　パキスタン

パキスタン北西部で、2010年7月下旬から8月上旬にかけて、集中豪雨によって同国を南北に流れるインダス川が氾濫し、建国以来最悪の洪水に見舞われた。国連によると、ピーク時には国土の3分の1が浸水被害を受け、被災者は約2000万人、死者は1900人に達した。

被災地が厳冬を迎えた2011年1月、洪水による甚大な被害を受けた北西部ハイバル・パフトゥーンハー州に入った。

「温かいトウモロコシはいりませんか」

山岳地帯コヒスタン地方のカンド村で、小学校の男子たちがウルドゥー語の授業で音読の練習をしていた。授業といっても学校の校舎はなく、寒風の吹きつける青空教室だった。

2005年10月に、パキスタン北東のカシミール地方を震源とするマグニチュード7・6の地震が発生し、そのときの激しい揺れで村の建物100軒ほどが倒壊、学校もそのときに壊れたのだが、再建されないまま5年が過ぎた。そこにたたみかけるように洪水が発生し、地震からの復旧はさらに後回しになっていた。

「子どもの震える手を見てください。だれもこんな状況で勉強したくない。それでも親は子どもに教育を受けさせたいと思い、子どもたちも5年間学ぶことをあきらめなかった。それだけがわたしの誇りです」と担任のアブドゥル先生が語る。

その授業を少し離れたところから眺めている女の子たちがいた。そのひとり、ムミナちゃんは10歳だが、家のすぐそばに学校があるにもかかわらず、学校に行ったことがないという。「そこは男の子のための学校で、女の子のための学校はここにはないから」。勉強に興味があるのかどうか聞くと、「勉強して先生になりたい」と答えたのには少し驚いた。

女の子が学校で学び、先生になりたいと夢見る――。

それは、村の男性によれば、女子に教育は必要ないと考えられてきたコヒスタンの伝統的なしきたりのなかでは考えられないことだったが、今では村の男性も含めだれもが、女子も教育を受けるべきだと考えるようになったという。

カシミールの地震のあと、村や自宅を再建するべく、男性たちは湾岸諸国に出稼ぎに行き、他のイスラム世界を見聞したことや、地震や洪水により海外から人道支援に来た外国人との関わりが増えたことで、閉ざされた世界観が押し広げられ、その影響が子どもたちにも伝わったのではないか、というのが村の人びとの見方だった。

現実は男子学校の復旧もままならない状況ではあったが、地震と洪水が契機とはいえ、異なる世界を知り、異質な文化や価値観を持つ他者と関わった経験が、人びとの生き方や考え方を揺り動かしている。

コヒスタンの奥深い谷に、変化の風が吹き込んでいるのを感じた旅だった。

2011年8月　ソマリア

「ソマリアは危険で野蛮な国だ」

「ソマリアの人が飢えでどれだけ死のうが自分たちの暮らしとは関係ない」

そんな思いを心の奥に潜ませて、ぼくはソマリアという国を「不可解な破碇国家」として遠ざけてきた。

「こんな心性が世界の断絶をつくりだしているのだろうか」

この違和感を自分の代わりに引き受けてくれる人はどこにもいない。理解しがたい現実を前にただ沈黙するだけだとしても、混沌の一片だけでも引き受けることで、「他人事」と区切って目を逸らしがちな内なる惰性に抗いたい。そんな思いがあふれ出そうになった2011年8月、ソマリア入りを目指してケニアに飛んだ。

ソマリアは、「アフリカの角」と呼ばれるサイの角のように突き出た半島にある。国土の大部分が乾燥地帯だ。そこに住む人たちのほとんどが同じ言葉を話すイスラム教徒で、クランと呼ばれる氏族が100以上あるものの、アフリカでは珍しい単一民族からなる国だ。

1960年、半島の北部の旧英国領と中南部の旧イタリア領が統合してソマリア共和国が誕生する。

1991年に軍事政権を率いたモハメド・シアド・バーレ大統領が反政府勢力に追放され、武装した氏族グループが群雄割拠する内戦時代に突入する。それから今日に至るまで事実上の無政府状態が続いているのだが、そんなソマリアの苦境に追い打ちをかけるように、過去60年で最悪といわれる大干ばつが襲いかかる。そして２０１１年7月20日、国連は飢饉の発生を宣言する。

国連が定める「飢え」の基準には5段階ある。飢饉はそのなかでもっともひどい段階だ。「20％以上の世帯が極度の食料不足に陥り、栄養摂取が1日1人あたり２１００キロカロリー未満で、5歳未満の子どもの30％以上が急性の栄養失調になり、1万人につき大人２人または子ども４人以上が毎日死亡する状態」というのがその定義だが、ソマリアの置かれた事態はそれをはるかに上回る。ソマリア人口の半分近い約４００万人が飢えに苦しんでおり、このまま放置すれば、４か月以内で75万人が死に瀕すると国連の宣言は警告しているのだ。

そんな危急の事態になる前から、干ばつによる被害は予測されていた。にもかかわらず、なぜ飢饉に陥るまで放置されたのか。

その原因は、紛争だ。

ソマリア南部の大部分はアルカイダ系イスラム過激派組織「アルシャバーブ」の勢力下にある。国際援助機関やアフリカ連合部隊の活動は阻まれ、援助が必要な人に届かない状態だ。

ヤギやラクダと共に生きてきたソマリアの遊牧民は、天災に対しては相当のレジリエンス（復元力や耐性力）を持っていたはずだが、20年以上内戦が続いている上に、アルシャバーブによる課税が重くのしかかり、回復が追いつかないところで干ばつに見舞われ、家畜まで失われる二重苦に陥ってい

アフリカをめぐる旅　2007–2013年

た。飢饉とは紛争が生み出す人災の側面がかなり強いことがよくわかる。国際社会が手をこまねいているあいだに、隣国のケニアやエチオピアに逃れた難民の数は90万人を超えた。そしてさらに、140万人もの人びとが食料と安全を求めて国内で避難民となっている。

そのソマリアに、フリーの写真家がどうやって入国できるのか。

最初は見当もつかなかったが、国連の任務でケニア・ナイロビを拠点にソマリアのモガディシオと行き来する旧知の友人から、彼の自宅の近所にソマリア大使館があることを教えてもらう。8月にケニアのダダーブ難民キャンプでソマリア難民の取材をしたあと、さっそく大使館におもむいた。「無政府の国の大使館が果たしてビザを発給するのだろうか」と半信半疑のまま、女性の係官に申請書を提出した。事務的な会話すら交わされず、パスポートを預け、50ドル払って大使館をあとにしたのだが、なんと同日午後にはビザが下りたのだ。

あとはどうやってソマリアの首都モガディシオまで飛ぶかだが、これも拍子抜けするほど簡単に、インターネットサイトから航空券を購入することができた。African Expressという民間航空会社で、金額も往復460ドルと妥当なものだった。海外旅行保険はさすがに無理だろうとあきらめたが、ナイロビ在住のジャーナリストにモガディシオでの通訳を紹介してもらい、なんとか出発までこぎつけた。

機内はソマリア人の乗客で埋まっていた。何人かと話したが、携帯電話や貿易のビジネスをしているという。みな流暢な英語を話す。隣席の陽気なソマリア人の話を1時間半ほど聞いているあいだに、飛行機は着陸態勢に入った。アラビア海に面する海岸線と並行して延びる異様に長い滑走路に無事着陸、モガディシオ到着のアナウンスが告げられた。

空港は思いのほかきれいに整備されていた。アフリカの他の開発途上国とさほど変わらない入国審査の手続きがある。ヒジャーブ姿の女性入国係官が、笑顔でパスポートにスタンプを押してくれた。「破綻国家なんて言われてるけど意外にちゃんとしてる」。こんな小さな体験が、ソマリアをいかに色眼鏡で見ていたか気づかせてくれる。

空港の出入り口はコンクリートの壁や土嚢で強固に防護されていて、アフリカ連合の兵士が銃を手に出入りする車をチェックしている。

兵服につく国旗のワッペンを見ると、ウガンダ人の兵士だとわかった。ウガンダはアフリカでもっとも多く通っている国だ。一方的に親しみを覚えて、彼らのルガンダ語で「オリオティィヤ、セボ（お元気ですか、ミスター）」と挨拶すると、「おーセボ、あなたはウガンダから来た日本人ですか！」と顔をほころばせる。荷物チェックもなく、快く通してくれた。でも、ここはウガンダではなくソマリア。ここから先は戦場なんだ、と気持ちのネジを締め直した。

モガディシオ滞在の1日目と2日目は、「世界一危険で野蛮な場所」という先入観とのギャップに驚いてばかりだった。

一番意外だったのは、町が活気に満ちていることだった。

車窓からの眺めは、紛れもなく戦場のそれだった。「よくぞこれだけ徹底的に壊したな」とあきれるほど建物は崩れ落ちている。残った家屋の壁には無数の銃弾の痕が残る。戦闘が人の暮らしのど真ん中で行われていたことを物語る衝撃的な光景が続くのだが、ぼくの目は廃墟同然の町のなかでうごめく人びとの姿にフォーカスしていく。

車の修理屋や家電の店、薬局や雑貨店、移動式ガソリンスタンド、水を運ぶドラム缶を載せた荷馬車、日本の中古車を改造した乗り合いバスなど、人びとの商業活動が雨後のタケノコのように生まれていた。

その生活感を肌身で感じようと車を降りた。はじめて訪れる国でいつもするように、庶民の台所である市場を訪れると、驚いたことに物と人であふれかえっていた。米やパスタ、焼きたてのパン、野菜や豆、フルーツ、肉、魚、衣類や生地、生活雑貨、携帯電話、マットレス、車やバイクの部品まで、品揃えの豊富さに舌を巻いた。

カメラをぶら下げながら歩いても、嫌がられる雰囲気はまるでない。逆に、「こっちに来い」「ジャッキー・チェン、わたしを撮れ」と威勢のよい声が四方八方からかかるほどだ。物価はこの数週間で2、3割は上がったと客のぼやきはあったが、「商売はこれまでになく盛況だ」というのが市場で働く人たちの実感だった。

市場の喧騒を抜け、路地裏に入ると、下町情緒漂う一角に迷い込んだ。ポルトガルのリスボンとだぶって見えたその地区はハマーウェインと呼ばれていた。レール・ハマーと呼ばれる、ソマリアのなかでは少数派氏族に属する人びとが暮らしているという。「赤」を意味するハマーはモガディシオの古い名前で、交易の拠点として1300年ほどの歴史がある。近くに魚市場と良港を備え、イタリアの植民地時代に建てられた西洋風の建物が並ぶ。20年におよぶ戦闘で無残な姿をしてはいるが、見慣れるとローマの古代遺跡に見えなくもない。

　街角のカフェでは、兵士らしき人が銃をわきに置いてチャイを飲んでいる。男の子はサッカーボールを追いかけ、女の子は母親の炊事洗濯を手伝う。子どもの笑い声に誘われ小路に入り、居合わせた人びととたわいもない会話を交わす。こんなあたりまえの街歩きが可能になったのはつい最近のことのようで、8月にアルシャバーブがモガディシオから「戦略的撤退」をしたあとのことだ。

「つい2、3か月前までは外を出歩くこともできなかったが、8月になって治安が急によくなった。今のモガディシオはかつてないほどピースフルだ」

　笑顔でそう話す住民がいた。それまでがひどかったことの裏返しだろうが、待ち望んだ平穏をようやく手にした高揚感が「ピースフル」という言葉に表れていた。ソマリアに来たばかりのぼくにもその気分だけはひしひしと感じられた。このような復興の息吹に触れると、「本当に飢饉が起きているのだろうか」と小首をかしげてしまう。これがモガディシオに来て最初の印象だったが、表面的なものにすぎないことをその後の難民の取材を通して知ることになる。

　経済力のあるソマリア人ビジネスマンや海外からの送金に頼るモガディシオ市民、暫定政府関係者や軍閥の有力者など、「ピースフル」を謳歌できる社会的に豊かな「持つ者」が一定層いる。彼らは自分たちの国で飢饉が起きていることをもちろん知ってはいるが、飢えに苦しみながら難民生活を続ける人びとと物理的に交わることなく日常を送っている。

彼らのすぐ隣には、食料や安全を求めてソマリア南部から逃れてきた難民が存在する。町は食料や物資であふれているが、「持たざる者」である難民には無縁の世界で、その恵みを受けることができずキャンプに押し込められ、「見えない存在」にされている。

そんな「持つ者」と「持たざる者」のあいだには、階級のように人びとを分ける境界線が引かれているように感じた。分断されたソマリア社会のひずみを証言する声に耳を傾けようと、モガディシオに200以上あるといわれる大小の難民キャンプを訪ねることにした。

モガディシオの中心部にある廃墟と化した国会議事堂の近くを歩くと、ビニールシートや布で覆われたドーム型のテント群が目に飛び込んでくる。モガディシオでも最大級の難民キャンプだ。500世帯以上の家族がそこに暮らしている。全景を見渡せる場所で引きの写真を撮っていると、持てるだけの家財を背負い、幼い子どもを抱っこして、まさに命からがら必死の形相で歩く女性を見つけ、声をかけた。名をルジソさんという。親戚の孤児と自分の子ども合わせて6人を引き連れ、ソマリア南西部バイ地方のディンソールから6日間かけてやってきたばかりだった。親戚がいる難民キャンプを探し回っているのだという。

「雨が何年も降らず、食料が尽きた。家畜の多くはアルシャバーブに取られ、残った家畜もすべて死んだ。精神的な病気の夫は村に置いてきた」

たとえルジソさんがどれほど惨めな姿をしているとしても、少なくともモガディシオまでたどり着く余力があったわけで、本当に苦しんでいる人は置き去りにされる他ないのだ。

キャンプでは、地元の慈善団体による炊き出しが行われていた。鍋やプラスチックの容器を持参した女性や子どもたちが整列し、トウモロコシや豆を煮込んだスープを受け取る。団体の人の説明によると、配給する食料には保存がきく米やメイズ（トウモロコシ）粉などのドライフードと、調理したウェットフードがあるが、ドライフードは盗まれたり転売されるため、ここではウェットフードのみ配給している。配給が不公平にならないように配慮したのだと思うが、鍋いっぱいのウェットフードを持ち帰っても、人数が多い家庭ではひとりあたりで1日1食分ほどにしかならないと難民の女性は嘆いていた。

かつて教育省があったという建物跡には、約120家族が息を潜めて暮らしていた。2011年の7月から8月にかけて、バイ地方から逃れてきた人たちで、もとは半農半牧の農民だ。

「この5、6年は雨が降らず、農業ができなくなった。最初にヤギや羊が死んだ。次に300頭いたラクダも全滅した。ラクダが死ぬときは人間も死ぬとき。いよいよ村を去るときが来たと思った」とキャンプ・リーダーが語る。

8月には、この難民キャンプだけで5人の子どもが亡くなった。飢え死にだった。

市内各地で地元NGOや中東のアラブ諸国、トルコなどの団体が食料配給を行っていることを伝えた。もちろん彼らも承知していたが、食料をもらいに行くと金を要求されるのだという。

「運よく食料が回ってきたとしても、キャンプを管理する門番にかなりの量を没収される。自分たちがラハウィンという氏族に属しているからだ。食事はせいぜい1日1回。しかも家畜にやる餌のような残飯だ。モガディシオに来たら少しはよくなると信じていたが、どこにいっても差別される」

「わたしたちはただ、ナバッド（平和）がほしいだけなのです。もうこりごりです」

会うなりやり場のない怒りをぶつけるように声を荒げたハリマ・フセインさんは、かつて内務省が入っていた建物跡で暮らす。ラマダンがあった8月初め、シャベレ川中流域の村から逃れてきた。ふたりの子どもの下痢が止まらず、衰弱していたからだ。モガディシオに来れば医療を受けられる。そんなかすかな望みを抱いてやってきたが、結局ふたりとも死んだ。モガディシオで難民生活を始めて間もなく、別の子どもふたりもあとを追うように病死した。

「4人の子どもが神のもとへ旅立った。もうふたりは入院している。元気なのはこの子だけ。今は3人の子どものいのちを守ることがわたしの大きな責任」と、生き残った子どもを膝に抱えて語った。

こんなこともあった。難民キャンプを歩いていると、突然女性から「こっちに来て写真を撮って」と声をかけられた。ついていくと、布で覆ったテントのなかで5人の女の子が緊張した面持ちで地べたに座っていた。そして、「ハッピーな瞬間なので子どもたちの写真を撮ってください」と女性が話す。何がハッピーなのか尋ねると、彼女たちはつい先ほど、割礼（性器切除）を受けたばかりなのだという。

女の子は全員8歳で、処置はこの蒸し暑いテントのなかで行われていた。麻酔もなく、カミソリを使って。外性器のどの程度を切除したのかはわからないが、下半身の衣服にべっとりとついた血を見るかぎり、かなりの出血と苦痛をともなう処置がなされたのは間違いない。

衣類に大量のハエがたかっている。このまま足を閉じた状態で10日間、安静にする。手に固く握られている飴玉は痛みに耐えたご褒美だった。難民キャンプという過酷な生活環境にあっても割礼を続けている事実に頭をクラクラさせながら、こちらをじっと凝視する女の子たちにレンズを向けた。

ソマリアの女性はほぼ全員、子どものあいだに割礼を受けるのが普通だという。その起源やイスラム教との関連性は人によって意見が分かれるようだが、遊牧民の多いソマリアでは、伝統的に男性が家を留守にする時間が長いため、女性を守るための因習として続いているようだ（つまりは、女性の性欲を抑えて貞操を守らせる、ということなのだろうか）。

その因習を、男性ではなく、女性自身が娘に対して推奨し、「ハッピー」という言葉で祝福している現実に、どうにもやりきれない思いを抱えたままキャンプをあとにした。

市内のバナジール病院を訪れると、小児病棟は栄養失調やはしかなどの感染症でやせ細った子どもたちであふれていた。ベッドの上で母親に抱きかかえられていた生後3か月のアブドルジールちゃんの体重は、わずか2キロ。その泣き声は今にも消えてしまいそうな細さだった。

2日前に来たときに撮影した1歳のイスマイルちゃんがいないことに気づいた。退院したのかと他の患者に聞くと、撮影した日の晩に息を引き取ったという。言葉に窮していると、「よくあることなのです」と男性医師が表情に無力感を漂わせてつぶやいた。

アブドルジールちゃんがいるベッド脇の床では、全身で痛がる様子の娘を母親のアミナさんが手でマッサージしていた。娘はファドゥモちゃん、5歳。栄養失調の上にはしかにかかっている。アミナさんは6月にソマリア南西のバイドアから逃れてきた。6月にふたりの子どもを、8月にもうひとりの子どもを失っていた。「神がそう望んだのだから、何も言うことはありません。子どもたちはわたしの心のなかで生きていますから」と話し、アミナさんはうつろな表情でファドゥモちゃんの足をさすり続けた。

国連や国際NGOなどの人道支援活動を妨害してきたアルシャバーブがモガディシオから撤退したあと、各国からの援助物資は徐々に届き始めていたが、アルシャバーブによるゲリラ的なテロ攻撃は依然続いており、外国人が現地に駐在して活動できるほどに治安は安定していなかった。

そんな緊張が続くなか、見た目から外国人とわかる人に二度、遭遇した。

一度は、中東カタールの衛星テレビ局「アルジャジーラ」の撮影クルーだった。20人ほどのむさくるしい武装兵に周囲を護衛させる物々しさのなか、欧米人3人が栄養失調の母子にインタビューしていた。

それを見て、急に不安になった。ぼくの護衛はたったふたりだったからだ。そのうちのひとりは、ぼくよりも小柄で銃が大きく見える。「この人はいざというとき、本当に守ってくれるのか」と心配になるほど頼りない。紹介してくれた通訳に聞くと、ひとりにつき6、7人の護衛をつけるのが普通だが、あなたは中国人に見えるからふたりで大丈夫だろう」などと言う。どうにも腑に落ちない説明だったが、実際、7、8人の兵士を雇うだけの資金は持ちあわせていないので、仕方ないのだが。

そして別の機会に出会った外国人は、なんとアメリカ人だった。官庁街だった廃墟のなかを歩いていると、突然「テクニカル」と呼ばれる日本製の四駆を改造した武装車両が、ぼくの10メートルほど前方に現れて急停止した。その瞬間、後部に乗っていた黒い覆面姿の6、7人の兵士が自動小銃の銃口を一斉にこちらに向けてきたのだ。「ちょっと待ってくれ」。ぼくは首からぶら下げていたカメラを手離して、とっさに両手を上に挙げた。

いきなり崖っぷちに立たされた思いで体を震わせていると、兵士のひとりが左手と顎で「下がれ」というしぐさをする。両手を挙げたまま後ずさりすると、車はそのままどこかに去っていった。助かった。脱力しながら天を仰いだ。それにしても何者だ、あいつらは。そう聞くと、「アメリカ人だ。過激派を捕まえるために情報収集をしているCIAだ」と横にいた通訳が言う。一瞬、誘拐目的のソマリア人グループかと焦ったが、たしかに覆面の下の肌の色は白人のものだった。それにしても、なぜ武装したアメリカ人がこんなところに。気持ちが晴れないまま、その日の取材を終えた。

夕方になると、国立劇場前のカフェで知りあったソマリア人ジャーナリストらとお茶しながら、情報交換をするのが日課となっていた。彼らによれば、国連や欧米が支援するソマリアの暫定連邦政権が米軍と共同で秘密裏に軍事作戦を続けていることは、別に秘密でもなんでもないことだった。

その話の流れで、話題がリドリー・スコット監督のアメリカ映画『ブラックホーク・ダウン』（2001年）に飛んだ。1993年、米軍主導の多国籍軍がモガディシオに入り、武装解除から平和構築まで手がけるという国連史上初の作戦「リストア・ホープ（希望回復）」が実行されたのだが、米軍の最新鋭攻撃ヘリ「ブラックホーク」が2機、ソマリア兵に撃墜され、米兵18人が殺害される。そしてさらに米兵の遺体がモガディシオ市内を引き回される映像が報じられ、世界に衝撃を与えた凄惨な戦闘を生々しく描いた映画だ（この作戦でソマリア人1000人以上が惨殺されている事実も記しておく）。

「あの映画はもちろん見た」とみなが言い、そのなかのひとりが、「アメリカ人がつくった映画なのでソマリア人を悪者に描いて、自分たちの正義を押しつけるのは認めるが、ふたつの点で認められない」と真顔で続ける。

「ひとつはソマリア人のしぐさが間違っていることだ。そしてもうひとつは、ソマリアの現実は映画よりもっと暴力的な点だ」と言って一同大笑いした。そして、「早く世界のホ丶ー丶プ丶をリ丶ス丶ト丶ア丶してほしいものだな」と皮肉交じりの冗談で応じるあたりに彼らの生半可ではないたくましさを感じつつ、自分の視点がいかにアメリカ寄りの情報と価値観に染まっているか思い知らされた。

取材の最終日は金曜日だった。ソマリアでは週末にあたる。車の交通量がぐっと少なく、空気がきれいだ。街角のカフェに座って紅茶を楽しみながら、路上でサッカーをする子どもたちを眺める。この平穏なひとときが束の間でないことを願わずにはいられなかった。

「ソマリアをどう思った？」

通訳があらたまった質問を投げかけてきた。毎日が驚きの連続で、まったく気持ちを整理できていなかったが、「驚くことばかりだったけど、とても気に入った。とくに人がフレンドリーですばらしい。いつか本当のナバッド（平和）が来たら、車にキャンプ道具を積んで、ソマリア全土を旅してみたいよ」と思いついたことを口にしたが、あながちお世辞でもない素直な感慨だったと思う。

1

5

6

7

8

1 ソマリア難民の子どもたち ２０１１年 ケニア／**2** 小学校の朝礼にて ２０１３年 南アフリカ／**3** 標高３０００メートルの高地に住む親子 １９９９年 エチオピア／**4** 朝霧のなか、学校に行く子どもたち ２００８年 バングラデシュ／**5** カレン人の少女ルル ２００８年 タイ・ミャンマー国境／**6** 機織り工場で働く少年 ２００９年 バングラデシュ／**7** 栄養失調から回復した子ども ２００２年 アンゴラ／**8** エイズで親を亡くした遺児の姉弟 ２０１０年 ウガンダ／**9** 南スーダンから来た難民の姉弟 ２０１７年 ウガンダ

「キスマイヨ（ソマリア南部の港湾の町）の海はとくにすばらしい。ビーチでロブスターや魚を焼いて食べるんだ。今は（アルシャバーブの勢力下なので）連れていけないが、代わりにモガディシオの一番クールなビーチを見せよう」と言い、その足で連れていってくれたのが、モガディシオ随一の海浜「リド・ビーチ」だった。ブラジルのコパカバーナ・ビーチを彷彿とさせる、といえば誇張が過ぎると思われるかもしれないが、青い海と白い砂浜の鮮やかなコントラストは実際にそれ以上の美しさだった。イソガニを追いかける子どもたちに混じって、若い女性の姿もある。じつに開放的な雰囲気だ。

「以前はビーチ沿いにたくさんのバーが並んでいた。ソマリアには平和はないが自由はあるから、投資するなら早いほうがいい。ソマリアの観光のポテンシャルは高いぞ」と通訳の威勢がよい。たしかに紛争さえなければ、ソマリアはザンジバル島やモンバサのようなリゾート地になっていてもおかしくない。

難民が町にあふれる最中で、その想像は飛躍しすぎだと思われるかもしれないが、目の前の波と無邪気に戯れる人びとの表情にそんなオプティミズムをたしかに感じたのだ。大国に翻弄されたあげく、世界から見捨てられながらも、想像を絶する困難をしなやかに飛び越えていこうとする「レジリエンス（逆境に抗う力）」は、次のソマリア取材のテーマかもしれない。そう予感しながら、全裸で寄せる波を跳躍していく少年たちに向けてシャッターを切った。

追記

２０１７年10月14日、モガディシオでイスラム過激派による爆弾テロが起きた。自分が寝泊まりしていた民家の近くだった。翌日の新聞は国際面の片隅で「死者は３５８人、負傷者は２００人以上、爆弾テロの被害では史上最悪の規模」と小さく報じた。脳裏に幾人かの顔や声が思い浮かんだが、記事にはだれの名前もない。血の通わない数字が事実を淡々と伝えるだけだった。

２０１３年３月　南スーダン

８億２１００万人。

これは、最低限の体重を維持しながら生きていくのに必要なカロリーを摂取できない「飢餓人口」の数だ。地球上のじつに９人にひとりが飢えで苦しんでいるという指摘で、２０１７年９月に国連機関が発表したものだ。最大の原因は武力紛争の影響だという。それはアンゴラやソマリアで実際に「飢餓」を取材した実感に合致する。そしてアフリカで今、もっとも深刻な危機に直面しているのが南スーダンだ。半世紀におよぶ内戦を経て、２０１１年に独立した世界で一番新しい国だ。

首都ジュバを訪れたのは２０１３年３月。道路整備と建設工事のラッシュで、町中が復興の熱気に包まれていた。そのなかには、国連平和維持活動（ＰＫＯ）として派遣されていた日本の陸上自衛隊が重機を動かす姿もあった。

見学させてもらった小学校は教室が足りず、どのクラスも１００人以上の生徒ですし詰め状態。教材もほとんどなかった。それでも「内戦中は学校にさえ行けなかったのですから大きな進歩です」とアンソニー・モイ校長は顔をほころばせた。

南スーダンは国としてだけでなく、人口統計的にも若い国だ。人口約1200万人のうち70％以上が30歳未満という圧倒的な若さは国の発展の原動力である。一方で、妊産婦の2％以上が出産でいのちを落とす。死は免れても感染症や難産に起因するフィスチュラ（産科ろう孔）などの合併症で苦しんでいる女性はもっと多い。仮に命がけの出産を無事乗り越えたとしても、生まれた子ども1000人中100人余りが5歳まで生きられない。そんな過酷な現実に立ち向かおうと、レジーナ・ディッシさんは看護師になる決意をした。

「生まれたばかりのこの国には何もかもが足りなかった。村にはまともな飲み水もない。平和になっても飢えや病に苦しむ人は多い。彼らが行き場に困って、最後に助けを求めるのは病院だと思っていたので、将来は看護師になろうとずっと決めていた」

看護実習生としてマラキア地区の保健所で働くレジーナさんは今、妊婦にふたつのことを伝えようと奮闘している。ひとつは、毎年出産するのは体の負担になるので間隔をあけてほしいということ。もうひとつは、母子両方の安全のために病院や保健所で出産してほしいということ。だが、それがなかなか容易ではなかった。

レジーナさん自身9人の兄弟姉妹がいて、両親はいまだに多産が多幸だと信じて疑わない。ジュバ以外の農村でその考え方はより根強い。子沢山であれば、それだけ多くの牛の面倒を見ることができ、より広い畑を耕すことができる。彼女もその実利を身にしみて知っている。

だからこそ、とレジーナさんは意欲を燃やす。

「医療者がいない村で、手遅れになる前に妊産婦の危険なサインを見つけて、不幸を減らすのがわたしの仕事。母親の苦しみは子どもの苦しみでもあるので、母親を救うことで子どもも救いたい。それが看護師のわたしにできることです」

そんな情熱に満ちていた南スーダンが、2013年末から内戦に陥っている。戦闘は全土に拡大し、国民の3分の1にあたる約400万人が国内外で避難生活を送っている。治安の悪化で農業や商業活動は滞り、国連は2017年2月、ついに飢饉の発生を宣言した。

戦闘地域に人道支援は届かず、人びとは暴力と飢えのどん底にふたたび突き落とされている。そんな事態の急変を受け、日本の首相は「南スーダンの武力衝突は戦闘行為ではない」としながら、2017年5月、陸上自衛隊を「一定の区切りがついた」として完全撤収させた。

防衛省が「廃棄した」「存在しない」と主張した陸上自衛隊の南スーダンにおける日報が実際には保存されていた、いわゆる「日報問題」や、それに関係する「非戦闘地域」という奇妙な概念をめぐる政治家の議論に注意深く耳を傾けたが、その「非戦闘地域」に取り残された人びとに向けられた言葉を聞くことは一度もなかった。

2013年5月　南アフリカ

大学1年生だった1994年のある日、大阪の古書店で『南アフリカの人々』(耕文社、1993年)と題する一冊の写真集を見つけた。アパルトヘイト（人種隔離）政策の影響下でたくましく生きる人びとの姿を記録したものだ。

「もし私たちの国がこれから少しでもよくなるなら、真っ先に子どもたちに幸せになってもらいたい」

著者で写真家のヴィクター・マトムが巻末に記したメッセージだ。

いつか直接会って話を聞いてみたい人物のひとりとしてずっと頭の片隅にいたヴィクターさんを、2013年5月、ヨハネスブルグ近郊にあるソウェトに訪ねた。

ソウェトとは南アフリカで最大の旧黒人居住区だ。人口の1割ほどの白人が多数派の黒人を分割統治したアパルトヘイトを象徴するこの町で、ヴィクターさんは生まれ育った。ソウェトは想像していた以上に広大で、とても1日では回りきれない。ソウェトにあるヴィクターさんの自宅に泊めてもらいながら、多くの黒人の若者がいまだ貧困から抜け出せていない現実を案内してもらった。

鉄道でクリップタウンと呼ばれる地区に移動した。トタン板でつくった小屋が立ち並ぶ。地面は石炭で真っ黒。電柱から電気を盗んでいる者もいるが、ここではいまだ石炭が主な燃料だ。高層ビルが立ち並ぶヨハネスブルグと比べると、ここだけが低開発国のように見える。

「この国の経済的な格差は暴力的なまでに大きい。ジンバブエやモザンビークなどの周辺国からたくさんの外国人労働者がやってきて、南アフリカの若者の多くが失業し、不満を増大させている。黒人と白人のあいだの壁はそれよりさらに高い。アパルトヘイトは今も続いているんです」とヴィクターさんが憂い顔で語る。そして、より本質的に問題なのは、黒人の若者たちが自分たちは白人より劣ると感じていることだと続けた。

「人間に優劣をつける制度としてのアパルトヘイトは終わっても、精神のなかでアパルトヘイトが続いているかぎり、わたしたちはまだ本当の自由を手にしていないのです。350年かけて心に刻まれた被差別の痛みを取り除くのには、20年の自由では不十分なのです」

この深い断絶を乗り越えるには何が必要なのか。

「教育で奪われたものは教育で取り戻すしかないというのが、わたしの考えです。たとえば日本を例にあげると、原爆のつくり方を知ることが教育ではなく、原爆を使ったら人間がどれほどの苦しみを味わうかを学ぶのが真の教育です。その倫理を教育で取り戻す。その核心には、『ウブントゥ』が必要です」

ウブントゥとは、南部アフリカで広く話されているズールー語で「他者への思いやり」を意味し、人間は他者との関わりのなかで生きてはじめて人間らしくなることができる、という考えを表す。

「他者と向きあい、受け入れる寛容さがこの国に今、もっとも必要なこと。写真もそうでしょう。写真の強みは、そこに行かなければ撮れないことです。カメラを持って他者のもとへおもむき、受け入れてもらって、写真が生まれる。本で学ぶのが難しいこの対話的な感覚をカメラは教えてくれる。カメラは嘘をつかない。嘘をつくのはいつだって人間なのです」

ソウェトで写真教室を主宰するヴィクターさんは、そんな自身の学びを若者に伝えようと活動を続けている。

写真を撮る行為を通して、ウブントゥとは何かを学んだ若者が、その心を自らの写真に込めて観る者へ、そしてまた別の若者へと届ける。そうして人と人のあいだに「つながり」の足場をつくることで、今あるものとは異なる、共に生きる社会への想像力を育むのだろう。

かつて写真集を見たときの「この人にはいつか会わないといけない」という直感が、ヴィクターさんの含蓄ある言葉と共に過ごした時間によって、ようやく裏打ちされた気がした。

第6章 共にいられる世界を見つめて——福島にて

1 棚塩地区から福島第一原発を望む　2011年　福島県浪江町／**2** 上野さんと草野さんを見つけた瞬間　2011年　福島県南相馬市／**3** 3月11日、自宅跡を背にする上野さん　2014年　福島県南相馬市

2012年3月10日、ぼくは福島県南相馬市原町区の萱浜《かいばま》の海辺にいた。

さえぎるものがなくなった荒地を、阿武隈山地からの風が海へと吹き抜ける。実際の気温よりも肌寒いのはこの風のせいだ。砂浜でもないのに、足元にはサササと砂が流れている。その砂を陸まで運んだ当の本人である海は、何事もなかったように穏やかに波を打っている。寄せては返す波音しか聞こえない静寂のなか、津波によって砕かれたままの防潮堤をゆっくり歩き、喪に服しているかのように白く雪化粧した地平線を望む。

「あのへんで最初に会ったんだよなぁ」

まだ1年なのか、もう1年なのか。萱浜の海辺のたたずまいに戻ってくると、あの日からどうしても時計の針が止まったままのように思えてならない。

東日本大震災から1年が経とうとしている。

阪神淡路大震災、スマトラ沖地震と大津波、パキスタン地震と大洪水……。桁外れの被災の現場に立つたびに思い知らされたのは、自然の力は人間の想定などお構いなしに超えるということだ。そしてふたたび、巨大地震、大津波、そして東京電力福島第一原発事故という、かつて一度もなかった複合災害の現場に踏み込み、もっと伝えなくては、と写真家としての思いを強くしている。しかしその一方で、はたして何を伝えうるのかという思いにさいなまれながら、岩手、宮城、福島と被災地を取材し続けてきた。

そして明日、東日本大震災から1年目になる3月11日は、「あの人」のそばにいると決めていた。

上野敬幸さん。原発事故による被害の実態をこの目で確かめようと、20キロ圏内を目指して仙台から南下する途中、たまたま立ち寄った海辺で出会った人だ。

人気のない荒地にひとり呆然と立ち、がれきに覆われた光景にカメラを向けていたとき、レンズのなかにふいに現れたのが上野さんだった。あのときの上野さんの、厳しくも悲しげな眼に射抜かれることがなければ、写真家としてのぼくの現在地はずいぶん異なる見晴らしをしているに違いなかった。

その上野さんから一周忌を前に家族の葬儀をとり行うと連絡をもらい、南相馬にやってきた。そして会場に行くまでの時間、刺すように冷たい浜風が吹き渡る萱浜をひとり歩いていたのだ。

海岸線から500メートルほど離れた萱浜地区は津波で壊滅的な被害を受けたが、上野さんの家だけが、一階部分を波に貫通されながらも、かろうじて流失を免れていた。玄関には上野さんの父親の喜久蔵さんと母親の順子さん、そして当時8歳だった娘の永吏可《えりか》ちゃんと3歳だった息子の倖太郎《こうたろう》君の写真がある。「またお邪魔しています、すいません」と頭を下げ、お線香をあげて手を合わせる。写真のなかの4人と向きあっていると、写真家としての、いや、ひとりの人間としての行動を遠くから見られているようで粛然とさせられる。

南相馬市内の式場で営まれた葬儀は、亡き家族との最後の対面も出棺もないものだった。遺骨となって帰ってきたのは母親と娘だけ。父親と息子はまだ見つかっていない。「家族全員がそろってから葬儀を」と上野さんは考えていたが、妻の貴保さんと話しあい、震災から1年を前に「お別れだけはしておこう」と、決意を固める。

「永吏可には、3学期が終わって成績が上がっていたらニンテンドーDSを買ってやる約束をしてたけど、買ってやれなかった。倖太郎には、幼稚園の制服にすら腕を通させてやれなかった。助けてあげたかった。父親として、自分の力不足です」

喪主の挨拶で嗚咽しながら言葉を絞り出す上野さんの姿を、潤む両目で見つめながら、何もできない自分の情けなさをかみしめた。

「被災地のことを忘れないでほしい」

東北の被災地での取材から東京に戻り、人に伝える機会があるごとに安易にそう訴えてきた自分が恥ずかしかった。忘れるも何もない。それ以前に、はたして自分は何を知っていたというのか。何をわかっていたというのか。思い出の詰まった故郷が跡形もなく流された悔しさを。子どもを守れずに生き残ってしまったと自分を責める苦しみを。家族と共に過ごした過去も、過ごすはずの未来も奪い去られた悲しみを。

わからない。わかるはずがない。それなのに、この人のことだけはどうしても伝えたい、伝えなくては、というやむにやまれぬ思いが腹の底から込み上げてくるのは、なぜだろう。

２０１２年3月11日。

萱浜には、上野さんら消防団仲間と彼を慕うボランティアが集まっていた。集落で津波にいのちを奪われた人の家の跡地を一軒一軒回り、お坊さんに読経してもらった。やがて午後2時46分になって、みんなで海に向かって黙祷し、哀悼の意を捧げた。

とはいえ、それは特別な時間ではない、と上野さんは言う。

「2時46分は単なる地震発生時刻。そのときその瞬間、家族はまだ生きていたんだから。それからなんだよ、問題は」

地震発生直後の時間、もっと別の身の処し方があったのではないか。そんな悔いが上野さんの脳裏を何度もよぎる。

地元の農協に勤務していた上野さんは、地震が発生してすぐに職場の車に乗り込み、自宅へ向かった。10分もかからない距離だ。実家にはとくに大きな被害はなかった。農家だった両親と息子も無事だった。避難指示に従って小学校に避難することを確認したあと、上野さんはすぐに職場に引き返した。そして自分の車に乗り換え、ふたたび自宅に折り返していたとき、前方から水が這うように迫ってきた。津波だった。

職場に戻ったさい、ほんの一瞬だけテレビで津波の映像を見ていたが、宮城のどこかの沿岸に津波が来ているんだな、と思ったくらいだった。市の防災警報は予想される津波の高さを3メートルと伝えていた。海抜が10メートルある自宅に津波が来るという認識は持てなかった。両親は息子を連れて避難すると言っていたし、娘は避難先の小学校に残っているものだと信じていた。それでも、焦る気持ちを抑えられない。津波を回避して萱浜に車を走らせると、黒い泥水と家屋のがれき、なぎ倒された木や電柱などが立ちはだかった。想像をはるかに超えた絶望的な光景を前に立ちすくんだが、消防団員だった上野さんの頭に引き返すという選択肢は浮かばなかった。

このなかに津波で流されている人がいる。

車から降り、ただちに救助活動に向かった。津波に飲まれた男性をひとり、救出することができたものの、水没してしまった萱浜にそれ以上踏み込むことはできなかった。

夕方5時過ぎ、「子どもたちの顔を見て安心したい」と思った上野さんは指定避難所の小学校に向かった。だが、そこに家族の姿はなく、4人ともすでに帰ったと告げられた。まさか家に戻ってはいないだろうと他の避難所を回ったが、見つからない。病院に勤務していた妻の貴保さんを迎えに行き、子どもたちが見つからないことを伝えた。

貴保さんは地震発生直後に病院から自宅に電話していた。一瞬つながったが、言葉にならない叫び声だけが聞こえて切れた。

「大丈夫、なんとしても見つける」

3人目の子どもを妊娠中だった貴保さんを避難所に残し、上野さんはふたたび萱浜に戻った。星の光しかない暗闇の世界だった。捜索の邪魔をするように強い余震が続く。懐中電灯を頼りに、泥まみれになってがれきを踏み分ける。ようやく自宅までたどり着いたときには、体のあちこちをぶつけていた。子どもたちの名前を懸命に叫んだが、暗闇に上野さんの声が響くだけだった。このときに見た海上の闇に浮かぶ漁船の灯りを、上野さんは覚えている。

翌朝、薄ら明かりのなかで捜索を再開。自宅のそばで子ども3人を見つけた。家族ぐるみで付き合いのあった隣家の兄弟だった。高校生の兄が小学生の妹を抱きしめたまま、亡くなっていた。

「妹さんの顔を触ったんですよ。そしたら、生きてるって思うくらい温かかったから、触った感覚と温かさ、今も手に残ってる」

そのあとは、ちょっと歩けばだれかの亡き骸が見つかる状態だった。顔見知りばかりだった。

そして翌日、とんでもないことが起きる。3月12日午後3時36分、東京電力の福島第一原発一号機が爆発したのだ。萱浜は原発から22キロほど離れているとはいえ、放射性物質が風に運ばれて降り注ぐかもしれない。そんな恐怖にかられて多くの住民が避難を始めたが、今は放射能どころじゃない、いのちが大事だと、上野さんは救助活動を続行した。

そんな混沌の只中、上野さんは最愛の娘を自宅裏の鉄塔付近で見つけた。冷たくなった娘の体を自らの手で抱きかかえ、遺体安置所へ運んだのだった。


「抱きしめて、謝らないといけない」


「倖太郎もそばにいるはず」

そう自らに言い聞かせて捜索を続けていた上野さんに、さらなる苦難が襲いかかる。

3月14日、福島第一原発三号機が水素爆発を起こしたのだ。

これにより状況は一変、萱浜に残って捜索を続けていた仲間も避難を余儀なくされる。いよいよだれもいなくなり、上野さんはひとりになった。

「だれかが捜してやらないと、見つかる可能性はゼロになってしまう。生き残った人間しか動けないんだから。それでももし見つかったら、だれかの家には帰れるんだから。家族にとってそれ以上の幸せはないんだから」

そんな思いで無我夢中で捜していただけで、ひとり残されたことへの憤りはなかったという。

「自分の家族が行方不明のまま、被曝から家族を守るために避難した人たちの思いもわかるから」

それでも1日、また1日と無情にも時が経過するなかで、上野さんを支えていた思いは絶望的に打ち砕かれていく。

「助けてほしい、心からそう思った。でもそのときにはだれもいなかった。置いてきぼりだ。あとは勝手にやってくださいということなのだろうと思った」

その日々を、「地獄だった」と上野さんは振り返る。

1週間ほどのあいだに、上野さんをひとりにさせまいと、消防団の若いメンバー10人ほどが戻ってきたのには勇気づけられたが、その人数でも作業は困難を極めた。

手分けして同じ場所を何度も歩き回り、がれきをよけて泥をかき分け慎重に手探りして、ようやくそこに人間の体があるとわかるような状況だった。見つかったとしても遺体の損傷はあまりに激しく、対面を見送った家族も少なくなかった。

「重機はなかったけど、あったって使えませんよね。ご遺体を傷つけてしまうんで。だから手でやるしかないんです。泥に手突っ込んで、泥を落として、だれかのかかとだとわかるんですよ。たとえが悪いですけど、レンコンを泥のなかから収穫するような感じですかね。丁寧に手で扱わないと皮がズルッとむけてしまうんです」

上野さんと捜索にあたった仲間のひとりがしぐさを交えて生々しく述懐する。

コンクリートの残骸や電柱などの大きながれきを動かすために重機をレンタルする会社に頼んだのだが、「放射能がついたら商品として使い物にならなくなる」と貸し出しを拒否されたこともあったようだ。

行方不明者の捜索のために警察が救援にやってきたのは3月下旬頃で、自衛隊はもっと遅れて4月20日だった。もっと早く来てくれればという苦々しい思いを押し殺して、「これで倖太郎が見つかるなら」と共に捜索にあたったが、自衛隊は浜辺を一通り捜索したあと、すぐに別の場所に移動していった。それは「あまりに遅く、あまりに早かった」。

「テレビを見ていて違和感があった。岩手と宮城の捜索の風景を映していたが、ここはぜんぜん違う。原発や放射能ばっかり。おれたちは見棄てられたんだ」

そんな憤慨が上野さんのなかで「どうしようもない絶望の塊」となっていたが、それでも「おれは幸せだった」と、自らをなだめるように語る。

「永吏可を抱きしめることができたので。見つかって、火葬してもらうまで10日近くあって、毎日顔を見に行くことができて。2年生だったから、生きていれば嫌がられるチュウだってすることができた。顔がどんどん変わっていくんだ。流されたときにどっかでぶつけたんだろうね。あざが出てくる。ドライアイスもないから、変わっていく姿を毎日見ていた。妊娠していた嫁さんは避難先から戻れなかったから、倖太郎も見つけて、抱きしめてやりたい。骨も拾ってあげられなくて、本当に辛かっただろうなって。だから、倖太郎も見つけて、抱きしめてやりたい。抱きしめて、謝らないといけない。助けてあげられなかったことを。考えていたのはそれだけだったな、あのころは」

そんなときに、ぼくは上野さんに出会った。震災から3週間あまり経過していた。

アフリカから東北の被災地へ

震災が起きたとき、ぼくはアフリカのウガンダにいた。

エイズで親を失った子どもたちの取材をしているところだったが、震災の報に触れてからというもの、仕事はまったく手につかず、ノートパソコンに釘付けになってニュースを追っていた。

「今帰って何ができる？　ウガンダのエイズ禍を伝えるためにここまで来たんだろう」という思いと、「日本がこんな大変なことになっているのに、感情を抑えることのできるお前はおかしいだろう」という思いのあいだで板挟みになり、日を追うごとに被災地からの距離が遠のいていくような焦燥感に心が乱されたが、3月17日の深夜に帰国を決意、朝一番エミレーツ航空のカンパラ支店で復路便を買い直し、同日午後にウガンダのエンテベ国際空港を出発した。

帰国してすぐにレンタカーを手配し、警察署で緊急車輛指定の手続きをして、岩手県陸前高田市へ向かった。フォトジャーナリスト仲間の佐藤慧《けい》君とそこで落ちあう手はずだった。

ぼくと同様、震災発生時にアフリカで取材中だった佐藤君は、陸前高田に住んでいた両親が津波に襲われて行方不明だとの報を受ける。そしてぼくより一足先に帰国し、陸前高田へ向かっていた。携帯電話が通じないなか、SNSで連絡を取りあいながら、陸前高田で再会できたのは3月22日だった。その時点で彼の父親は救助されて一命をとりとめていたが、母親の行方は依然不明だった。がれきで覆われた市街地で母の手がかりを探し歩く佐藤君を撮影するところから、ぼくの震災取材は始まった。

その陸前高田で経験した、今でも思い出して心苦しくなる出来事がある。

遺体安置所で、ある男性と出会った。津波で奥さんと子どもひとりを亡くしていた。もうひとりの子どもが行方不明なので毎日遺体安置所を回っているのだと聞いた。その男性の途方に暮れる姿を見たとき、もっと話を聞きたい衝動にかられ、その夜に男性の自宅に押しかけてしまったのだ。

「まだ子どもがひとり見つかってないので、今はお話しできる状態ではありません。申し訳ないですが勘弁してください」

玄関口で、そう慇懃に断って頭を下げる男性に、ぼくは自分の礼を欠いたふるまいをわびた。

その直後、車のなかでひとりになった途端、申し訳なさと不甲斐なさが入り混じった感情に突き上げられ、溢れ出る言葉を、ぽろぽろと涙を落としながら書き留めた。

「……まだ家族を弔うことすらできない人、天国に旅立つ人に花を手向けることができない人がいる。その人たちは生きながらにして死んでいるも同然の苦しみのなかを生きている。自分だったら、できることなら代わりに死んでもいいので子どもたちを生き返らせてほしいと思うのではないか。自分も死んだほうがよかったと思うのではないか。子を持つ親にとって、自分の子どもに先立たれるほどの悲しみがあるだろうか。乗り越えることなど到底できない悲しみに打ちひしがれている人に対して、その心に土足で踏み入ろうとしていた自分はいったい何者なのか……」

生の重さに耐えきれなくなっていた。こんなことをして、ひとりの写真家として、いや、ひとりの人間としても失格だと思った。

挫折感に似た思いに打ちひしがれて東京に戻った翌朝、長男の保育園の卒園式に出席した。被災地で起きている現実の記憶は生々しく、自分の日常との落差に心が追いついていなかった。自分が早くも、もとの生活を取り戻しつつあることが腹立たしくて仕方がなかった。

テレビで震災報道を一日中、観ていた。海外に出ていたのと、帰国後も準備や取材で忙殺されていたせいで、ほとんどテレビを観ていなかったのだが、陸前高田以外にも非常に広範囲に被災がおよんでいる現実をあらためて知った。

増え続ける死者行方不明者の数、家屋全壊○万棟、避難民○万人、被害額○兆円……。被災の大きさを伝える数字と嫌というほど繰り返される津波の映像を見るほどに、逆にリアリティが遠のくようでもどかしかった。

被災三県のなかでとりわけ混沌さを増していたのは福島だった。もちろん原発事故と放射能のせいだ。不確かな情報がネット上で氾濫し、調べれば調べるほど、何をどう受け止め、考えていけばよいのかわからなくなっていく。

「とにかく現場に行って、自分の眼で確かめなければ」

こと原発に関しては、これまでの自分自身の無為や無関心が今の惨状を引き起こすのに消極的に荷担したのではないか、という後ろめたさが日に日に膨れ上がった。

「もし今、何もしないのなら、お前はこれからも何もしないいんじゃないか」

そう愚直に思い詰めていたら、気がつくと福島へ向かっていた。

「お前はこれからの世界をどう生きるか」

そんな容易に答えの出ない、けれど今だからこそ切実に向きあわずにはいられない問いをどこに打ち立てればよいのか。いくら頭で考えても答えは出ない。とにかく生身で現場に立ち、体で感じなければ、それから先の進むべき方向を示す羅針盤すら見つけられないのではないか。そんな思いが、ぼくを駆り立てていた。

「お前は何者なんだ」と問う眼

4月5日、福島、というよりは原発へ、少しでも近づこうと車で仙台を出発した。運転中、ひどい偏頭痛に襲われた。体は正直だ。色も匂いもない放射性物質に対する恐怖をストレスとして敏感に感じている。左足でブレーキをかけながら、右足でアクセルを踏むような心理状態でひたすら南下を続けた。

対向車は指で数えられるほどしかなかった。震災の爪痕がいたるところに見られる国道6号線をひた走り、南相馬の市立病院前までたどり着いた。人通りはない。道路が寸断されているわけではないのに、陸の孤島のような不気味な静けさが漂う。

そこでふと海のほうはどうなっているのだろうと思い、交差点近くの路地を左折した。「萱浜」という標識が目に入った。正しく読めなかったが、浜という一字に誘われるように道なりに走ると、やがて海に出た。

車を降り、あたりを漫然と見渡して、息をのむ。真っ平らに広がる光景に既視感を覚えた。陸前高田で見た光景と重なったのだ。

「しまった」

天を仰いだ。頭のなかは原発事故と放射能のことでいっぱいで、ここもまた津波にすべてを押し流された地であることまで思考がおよんでいなかったことに愕然とした。

ただそこは、自衛隊や警察官、被災者自らが捜索や復旧活動に奮闘していた陸前高田と違い、人間の影も形もなかった。海辺にはテトラポットがまるで墓石のようにゴロゴロと転がっている。この世の終焉のような景色を前に、そこがもはや日本とは思えず、世界のどこであるかもわからないような、宙に吊り上げられたような心持ちがした。

これほど甚大な破壊をもたらす自然災害はアフリカやアジアなどの遠い異国の地で起きる出来事であって、日本ではまず起こりえないものだ。そんなふうに勝手に思い込んでいたが、けっしてそうではない厳然たる現実を突きつけられた瞬間、「こちら」と「向こう」を区切っていた内なる境界線がスーッと消え去って、分け隔てられていた世界がひとつになり、渾然と迫って来たのだった。

こんなはずじゃなかった。わなわなと身を震わせながら、苦し紛れにがれきに向かってシャッターを数枚切った。

そのとき、ファインダーの隅に小さな人影が見えた。カメラを外して目を細めると、ふたりの男性が棒でがれきをかき分けながら歩いていた。

何か探している。知りたい。話を聞きたい。聞かなければ。

同時に、陸前高田で取材を断られた経験がフラッシュバックする。怖い。

また逃げるのか。現実からも、自分からも。自分はカメラを持って何をしに来たのか。壊滅した家々の写真を撮りに来たわけじゃないだろう。生きた人間と向きあわなければ、何も始まらないだろう。かといって、取材をしていったい何を伝えることができるというのか。そもそも何かを伝える資格があるのか。わからない。わからないけれど、もしここで目の前で起きていることに背を向けるならば、今後いっさいの震災取材を、いや写真そのものを手放すべきだ。

そんな覚悟を自分に突きつけながら一歩一歩、足を踏み出す。ふたりに近づくにつれ、自分が真っ裸になっていく。

「何してるって？　見りゃわかるだろ。人を捜してんだよ」

作業着姿の男性が頭のヘルメットに手をかけた。投げつけられるのではないかと体がこわばった。取材者との関わりを拒絶するような激しい剣幕と尖った口調、こちらの存在自体を糾弾するような厳しいまなざし。こんなときカメラは、人と人を絶縁するただの無機物の塊でしかない。

ひと言わびて引き下がろうとした瞬間、男性はヘルメットを地面に置き、地面に片膝をついた。

「で、どっから来たの？　東京？」

仕方ないなという表情で男性は口を開いた。

「こっちはしんちゃん。草野真一、35歳、独身。で、おれは上野敬幸。尊敬の敬に幸福の幸。38歳」

これが上野さんとの最初の出会いだった。

上野さんは続いて、あれからの日々のことを突き放したように語り始めた。

津波で母親と子どももひとりを失ったこと、父親ともうひとりの下の子どもが行方不明であること、しんちゃんの両親もまだ見つかっていないこと、原発が爆発して周辺住民が屋内や遠方へ避難するなか、地元の消防団員だった上野さんたちはそこに残って、今も行方不明者を捜し続けていること……。

ぼくも腰を下ろし、上野さんの眼を覗き込みながら、耳を傾けた。

「放射能の不安？　知らねえよ、そんなの。東京でどう報道されているか知らないけど、こっちはそれどころじゃないんだよ。まさか消防団やってて、自分の娘を捜すなんて思うか。火葬場で8歳の娘の骨を見たとき、情けないことにちゃんと拾えなかったよ。父親としてこれほど情けないことはない」

最後にこれだけはしっかり書いておいてほしいと念を押し、怒りをぶつけるようにこう言い放った。

「人に迷惑かけたらまず謝る、これが筋だろう。それなのに東京電力からはだれひとり謝りに来てない。放射能のせいで捜索は入らないし。妻は何も言わないけど、子どもが見つからないで、どれだけ苦しんでいるか。まず妻の目を見て謝れって。人として、あたりまえのこともしてないで金の話をするなっていうんだ」

それじゃあ、忙しいから――。

そう言って会話を打ち切り、しんちゃんと共にふたたび捜索作業に向かった。

息が止まりそうな張りつめた時間だった。別れたあとも身震いが止まらないのは、どうしたわけだろう。

それは、あの眼のせいだ。

「お前は何者なんだ」と、とがめるような鬼気迫る眼に瞬時に射抜かれたからだった。自分の土地に踏み入る部外者に牙をむくような憤怒をたたえながらも、その地で起きた現実を言葉を超えた何かで物語る透徹した眼に、ぼくはおののいていたのだ。

わずかに対話をしたとはいえ、上野さんに受け入れられたわけではない。そこにいる自分が場違いだという自覚はますます強くなる。ただ、そこからもう逃げられない、逃げてはいけないという意志もまた、はっきりとあった。あの眼を見なかったことにして生きていくなど到底できないだろう。では、どうするのか。

「写真家」という鎧は上野さんの前で途端に剥ぎ取られてしまう。しかし、ここで問われているのは、写真家としてのありようではなく、自分が裸になれるかどうかなのだという気がする。相矛盾する思いを胸に溜め込みながら、離れたところから目で上野さんらを追い、萱浜をさまよい続けた。

日が暮れ始めると、捜索活動を終えた消防団員らが上野さんの自宅前に戻ってきた。

道路脇の立て看板には、南萱浜地区の「六貫山」「上組」「上の上組」「愛原西組」「愛原東組」「中組」「下組」の安否情報が掲示されている。32人の死亡者と、33人の行方不明者の名前が記されていた。上野さんの家族の名前もあった。看板のそばで、男たちは冗談を交えながら、上野さんに状況を伝える。

「まったく、いつになったら出てきてくれんだよ、うちの子はよ」

上野さんのため息に似たつぶやきに、「ほんと、かくれんぼ上手なんだからな」と仲間が応じる。

そのときだった。

「で、この取材、何にのんの？　プレイボーイ？　ナックルズ？」

そばで黙って聞き耳を立てていたぼくに上野さんが話しかけてきた。そして間髪をいれず、こう切り出した。

「あー、そうだ。おれたちの集合写真撮ってよ。記念写真。おれの家の前で」

原町市消防團
員
馬市消防団

行方不明者を捜索する消防団の仲間 2011年 福島県南相馬市

突然の申し出に驚いたが、「はい、こちらからもお願いします！」ととっさに返事し、慌ててカメラを構えた。

「おーい、写真撮るから集まれ」

上野さんの呼びかけに応じて、戦友のような仲間がだらだらと集まってきた。

「だから、おれが真ん中だって」

こちらが指示することもなく、中心に座り込んだ上野さんを囲むように自然とスクラムができあがっていく。

カシャッ、カシャッ。シャッターを切りながら構図を整える。全員の立ち位置が定まったところでフォーカスをマニュアルに変え、少し絞りこんでさらに2枚。シャッターボタンに触れる指先がかすかに震えている。

大きく深呼吸して、続けてシャッターを押す。7、8枚撮ったところで、ファインダーのなかで目を凝らすと、男たちのなんともいえない澄みきった眼に、はっとした。何かが写った。そんな手応えにぼくはまた身震いした。

仲間たちと日が落ちるギリギリまでキャッチボールを続ける上野さんに、「ありがとうございました」と頭を下げた。

「本当は野球でもしてるところ撮ってほしかったんだけどな。またみんなの家族が見つかったときにでも頼むよ」

そうして1日の活動を終えた消防団員たちが赤いポンプ車に飛び乗り、夕陽の茜色のなかに溶けるように消えていくのを見届けた。

「福島が見棄てられていることを伝えてくれ」

その晩、南相馬市内のビジネスホテルで、上野さんらとの別れ際に消防団員のひとりから言われた言葉を反芻していた。

「萱浜も大変な状況だけど、小高、とくに浪江はひどいらしい。死者7人だって。そんなわけないだろう。手つかずで行方不明者が何人かも不明だってことだろう。請戸あたりに行ってみなよ。遺体がまだそこらにあると思うよ。それを撮って、福島が見棄てられていることを伝えてくれ」

萱浜で上野さんら消防団を撮ったあの写真の意味を、もっと深いところで受け止めるためにも、原発事故と放射能のことに触れずには引き返せないと思い、翌日、日が昇る前にホテルを出発し、警察による検問をかいくぐって隣接する浪江町へ向かった。

原発の20キロ圏内に残された家族を一刻も早く見つけ出してほしい。

これは圏内から強制的に避難させられた被災者の当然の願いだったが、仮にその声が政府や東電に届いていたとしても、当時、その道は閉ざされていた。関係者以外が避難指示区域に立ち入らないよう、警察による検問が敷かれていたからだ。

ただ、実際に20キロ圏内に入ってみてわかったが、市道や裏道を熟知する地元の人たちにとっては、制限はないようなものだった。検問所では盗難対策として不審者の取り締まりは行われていたが、当事者である被災者の通行は大目に見られていた。

救援活動をするのは構わないがあくまで自己責任で、ということだったのだろうか。津波災害と原発事故という二重苦を背負いながら、被曝の恐怖と向きあい、被災者自らが帰らぬ人を捜索せねばならない不条理に、国や東電は背中を向けていた。「おれたちは見棄てられた」と上野さんらが感じるのも無理はなかった。

途中で通った小高区の町の中心部の光景はきわめて奇妙だった。道路の断裂や壁の倒壊、屋根瓦の損傷は見られたが、商店街はシャッターを開ければ今日にでも営業を再開できそうだった。それなのに人っ子ひとりいない。街だけがポツンと置き去りにされていた。

国道6号線にあるナミエボウルを曲がり、沿岸部のほうへ進む。丘の上の墓地を通り抜け、たどり着いたのが原発から9キロ北のところにある棚塩地区だった。

一面に広がる田んぼは水没し、津波になぎ倒された木が震災直後の状態のまま放置されていた。これより先に、車で進むことは無理だった。

ここまでか。

そんな言葉がふと頭をよぎった。この期におよんで引き返す理由を考えている軟弱さに自分であきれるが、ここで帰るわけにはいかない。目の前の光景はこれまで自分が何も行動を起こさなかった帰結でもあるのだろう。そこに背を向けるのは二重の意味で無責任だ。そんな自責の念が「撤退」の二文字をつっぱねた。泥につかってでも行くしかないと腹をくくり、車を降りた。

原発に関して、これまでまったく無関心だったわけではなかった。

旧ソ連のチェルノブイリ原発事故、高速増殖炉もんじゅのナトリウム火災事故、東海村の核燃料加工会社でのウラン臨界事故……。

学生時代から原発事故に関する報道やドキュメンタリー番組に接してきた。都市部ではなく地方の過疎地に原発を建設する差別的な構造、国とメディアが結託してつくる安全神話、原発を〝安全に〟運転するために下請け孫請けの労働者を人柱にする矛盾、さらに核廃棄物の処理にいたっては問題を未来に先送りするしかない無責任など、原発は問題だらけだという意識はあったが、結局のところ、ぼくはその現実を変えるために何もしてこなかった。節電を心がけたことすらなかった。

「原発は安全だ」とする国の言葉を鵜呑みにはしなかったが、かといって原発は爆発しうるものなのだと考えるほどの危機感もなかった。過去の歴史やジャーナリズムは問題を訴えているのに、それを「自分事」とは受け止めず、思考停止したまま、東京のような大都会でエネルギーを一方的に消費する安楽な生活を見直そうともしなかった。そんなぼくの心に巣くう惰性的で身勝手なエゴが、原発を稼働させる見えない燃料となっていたのではなかったか。

取り返しのつかない大事故が起きてしまったあとで、わだかまりを吐露したところでどうにもならないのはわかっている。だからといって、それも無力感と一緒に飲み下したくはない。なぜ事故は起きたのか、原発と放射能の問題とどう向きあえばよいのか、「3・11」後の世界をどう生きればよいのか。これらの問いは自分を含んだ社会に鋭く差し向けられねばならないのであって、安全地帯からの賢しらな客観をよそおう言論で他人事のように遠ざけるものであってはならない。

この難問に食いつき、粘り強く思考するためにも、体を被曝の恐怖にさらし、自らの肺に深々と放射能を吸い込んで、のっぴきならない場所に自分を追い込むこと。そこから再出発するのでなければ、写真家としての最低限のモラルは持ち得ないし、また人としての落とし前もつかない。そんな切迫した心持ちで感覚の内圧を高めながら、請戸地区を目指した。

津波で被災した民家の2階部分では洗濯物が干してあるままだ。玄関の引き戸が半開きだったのは、家主が慌てて家を飛び出したのか、空き巣に入られたのか。「ごめんください」と、一軒一軒に声をかけて回ったが、返事はどこからもなく、犬だけが人懐っこく尻尾を振りながら近づいてくる。「よく生き残ったな。でも、連れていかれへん。ごめんな」と言いながら写真を撮った。

壊れた防潮堤に上がり、太平洋を望む。コンクリートが途切れたところで砂浜に降り、打ち寄せる波の音に耳を澄ましながら、水平線にカメラを向ける。海は何事もなかったかのような穏やかな表情だ。ゆったりと流れる時間に緊張が緩む。だがそれも束の間だった。南方に3本の排気筒を見てしまったのだ。

「あれがそうなのだろうか。そうだ、きっとそうに違いない」

通行できそうな道を探しながら、一歩ずつ原発のほうへ歩いていく。潮風が吹きつける。心地よさなど微塵もない。舞い上がる放射性物質のちりが口や鼻、目や耳から入り込んでくる気がして、だんだん足取りが重くなる。心臓の鼓動がドクドク聞こえる。マスクから漏れ出る息がメガネを曇らせ、視界をさえぎり、神経を余計にすり減らす。

「近くで見たからといって、それがなんや」

そう開き直った刹那、張り詰めていた緊張の糸はぷつりと切れ、前に向かっていく力はあっけなく抜けてしまった。そこまでだった。

帰りに立ち寄った小高区の海岸沿いもまた、目を覆うような惨状だった。

原発から15キロ北に位置する浦尻地区では、水田がひどい地盤沈下を起こして海と一体化し、海面に電柱が立ち並ぶ光景が広がっていた。

黒い泥に厚く覆われた道を側溝に注意しながら進むと、犬と豚の群れが目の前を通り過ぎた。あとを追って農家の敷地に入ってみると、30頭は下らない豚が野放しになっていて、動物王国さながらのシュールな光景に息をのんだ。農具置き場には7、8頭の豚が身を寄せあっている。近づいても動く気配がない。折り重なって死んでいたのだ。まだ腐食しておらず血色もあったので、餓死したばかりだったのかもしれない。

敷地を出ると、何頭かの豚が後ろをついてきた。距離をおこうと足下に注意をしながら海寄りに歩いていたとき、泥のなかに白骨を見つけた。肋骨の形と大きさから人間のものでないことはわかった。少し安堵し、目線を上げて周囲を見渡すと、豚の屍体があちこちに散乱していた。

「まるでキリングフィールドやないか」

得体の知れない光景に背筋がゾッと寒くなり、否応なしに妄想が膨んだ。

あの豚は人間そのものなのではないのか。人間というのは、あの豚にした理不尽な仕打ちを人間に対しても行える動物なのではないか。

それでもまだどこかホラー映画でも見ているような錯覚に陥りながらシャッターを切っていたとき、道の脇に転がるあるものに目がいった。それはドラえもんとドラミちゃんのぬいぐるみだった。

「どこかで見たな」

そう思いながら、ぬいぐるみを接写しているとき、はっと思い出した。

それは小学校に入学したばかりの長男に、妻の両親がお祝いの電報と共に送ってきたものとまったく同じぬいぐるみだった。

そう気づいた瞬間、この世のものとは思えなかった現実が、自分自身が生きる日常に堰を切って逆流してきた。

目の前の豚の骸で覆われた道を、息子と同じ小学生が真新しいランドセルを背負って歩いていたはずだ。豚に荒らされ放題の民家には、孫の成長をわがことのように喜ぶおじいちゃんやおばあちゃんの笑い声が聞こえたはずだ。何でもないようなことが何よりの幸せだと感じる人びとが、そこで暮らしていたはずだ。

そんなかけがえのない「この人」や「あの人」は、もしかしたら「ぼく」であり、「あなた」であったかもしれないのだ。

「涙しかなかった場所」を「みんなが笑いあえるところ」に

震災から1年と半年ほどが過ぎた。

「福島といえば今も原発、放射能。津波で失われたいのちはずっと置いてきぼりだ」

そう訴える上野さんの怒りと悲しみを伝え続けなくては、という一心で、ぼくはたびたび萱浜に足を運ぶようになっていた。

津波が貫通した上野さんの自宅跡は、消防団員の仲間や上野さんを慕って全国から集まってきたボランティアたちの「アジト」になっていた。そこから、「福興浜団」というグループが自然発生的に生まれ、行方不明者や遺品の捜索、被災家屋の掃除や側溝の泥かきなどを行うようになった。警戒区域改編後は20キロ圏内にもその活動は広がっていた。

「萱浜を再生し、そこで暮らし続けたい」

上野さんには、まだ見つかっていない家族の近くにいたいという思いがあった。

「娘とお袋の骨は近くのお寺さんにある。ただの骨だってわかってるんだけど、こうやってね、抱きしめてると、うん、抱きしめてる、永吏可を。おれのなかで。目をつむれば、永吏可を抱きしめている」

アジトで、上野さんはぼくの目には映らない娘を胸に抱きながら語った。

「だから倖太郎も早く抱きしめてあげたいなあって、今でも。どういう状態であっても、抱きしめて、謝りたいと思う。ごめんねって言ってあげないと」

そこにいないけど、共にいる。目には見えないけど、じんと感じられる。そんな存在に注がれるまなざしが、そこにあった。子どもたちとのつながりのなかに生じる温もりがある。それを感じられるところで暮らしたい。

それが上野さんの希望だった。

身を切るような痛みと狂うほどの苦しみに、いのちの温感を感じながら、生きる。そんな切なさの極みに宿る深い感情をどんな言葉で表しうるだろうと心に耳を澄ましたとき、自らのものとして今まで一度も考えたことのない言葉が湧き上がってきた。

「これを愛っていうのではないだろうか」

このときぼくは、上野さんの悲しみが愛《かな》しみへと導かれる瞬間を、この眼でしかと見たのだった。

震災から1年ほど過ぎたころから、上野さんは「涙しかなかった場所」を「みんなが笑いあえるところ」にしようという行動に意欲的に乗り出していた。天国から心配そうに見ているであろう子どもたちに、「おれは大丈夫だから」とメッセージを送りたいと語る。

それは、「生きる」という前向きな気持ちの芽生えなのだろうか。

そう率直には聞けなかったが、何を生きる支えにしているのかと尋ねると、上野さんは「生きたいとは思わない」と答えた。

「なんていうか、生きているから、ただそれだけ。矛盾しているようだけど、自分のなかではあたりまえな感じで。生きているから体がある。体がある人にしかできないことがある。生きている人がやらなければならないことがある。ただそれだけで」

海辺や浜辺を歩いて捜索する。U字溝から泥をかき出す。フジツボまみれの家を掃除する。いつまでも3歳のままの息子のために鯉のぼりを上げる。同郷の人びとの死を悼み、花火を打ち上げる。ガラス混じりの荒野を耕し、菜の花の種をまく。ぜんぶ、生きているから、ただそれだけで。

「家族だとか、友達だとか、今生きている大切な人にちゃんと感謝を伝えてください。おれは親父やお袋に『ありがとう』のひと言も言えなくなって後悔してるんで。別れはある日、突然やってくる。今日あるものが明日、あたりまえにあるとは限らない。だから」

たったひとりのために——生きた証を捜して

原発事故で全町民が避難している福島県大熊町。町の大半が年間積算放射線量50ミリシーベルトを超える帰宅困難地域だ。

かつて熊川海水浴場としてにぎわった海辺を、白い防護服を着た木村紀夫さん（当時50歳）と歩く。

「今日みたいに凪いだ海を見ていると、汐凪《ゆうな》と一緒に釣り糸を垂らした日々を思い出す」

福島第一原発から南に約3キロのところにある熊川地区に住んでいた木村さんは、津波で77歳の父・王太朗《わたろう》さんと37歳の妻・深雪《みゆき》さん、そして7歳の次女の汐凪ちゃんを失った。

あの日に地震が発生したあと、木村さんは隣町の富岡町にある職場の養豚場にいた。地震の揺れで肥溜めに落ちた豚を引っ張り上げる作業に追われていた。津波の高さは3メートルとの予報を聞き、海抜6メートルの自宅まで津波が来るとは露も思わず、そのまま仕事を続けた。

ところが夕方、職場から自宅に戻ろうとすると、地区の海寄りの集落一帯が津波で壊滅状態になっていたのだ。避難所で母の巴《ともえ》さんと、長女の舞雪《まゆ》ちゃんの無事は確認できたが、王太朗さんと深雪さん、汐凪ちゃんの行方がわからないと聞かされる。

混乱のうちに日は落ちた。懐中電灯を持って、高台の方からなんとか自宅までたどり着くが、家は基礎だけを残して流されていた。暗闇のなか、見つかったのは飼い犬のドーベルマンだけだった。3人を捜し出そうにも、大量のがれきに行く手を阻まれ、手がかりらしいものを何も見つけられないまま、眠れぬ夜を明かした。

翌朝、区長が木村さんのもとに飛んで来て、すぐに避難するように告げる。原発が爆発する恐れがあると言うのだ。

3人を見つけなければならないと木村さんは躊躇したが、「今は生きてる者のいのちのほうが大事だ」という区長の説得に応じ、巴さんと舞雪ちゃんを川内村へ避難させる。そこで、福島第一原発一号機が爆発するニュース映像を目にする。もっと離れなくてはと、栃木、埼玉と避難する最中、今度は三号機が爆発した。木村さんは結局、深雪さんの実家がある岡山まで行き、舞雪ちゃんを預けて、すぐに福島に引き返したが、そのときにはすでに20キロ圏内への立ち入りは制限されていて、自主的な捜索はかなわぬ望みとなっていた。

「父は1か月半後に自宅の前にある田んぼで見つかった。4月29日まで野ざらしにされていた。原発のせいで。妻は海のほうに運ばれて、40キロほど離れた沖合で警視庁のヘリに発見されて、2か月半後にお骨の状態で帰ってきた。次女の汐凪は手がかりさえ見つからない状態だけど、なんかね、ぼく自身が津波を見てないせいか、現実感がなくて、まだ信じられない」

ぼくが木村さんと出会った2013年の時点で、大熊町での行方不明者は汐凪ちゃんただひとりだった。

「1という数字に意味がある気がして。死亡届は出してないし、出す気もない」

そんな思いを胸に娘の生きた証を捜し続けて、3年の月日が流れようとしていた。

「いったい何やってんだ、ニッポンは！　東北を復興するだとか、絆がどうとか言ったって、ひとりのお父ちゃんを助けられないで何を言ってんだ！」

上野さんはだれに言うともなく声を荒げた。20キロ圏内で、だれにも頼ることなく娘を捜し続ける木村さんに、かつての自分の姿を重ねて見たのだろう。

木村さんが上野さんの自宅を訪ねたのは、2013年3月だった。家族を失った悲しみを率直に言葉にする上野さんに、木村さんは初対面にもかかわらず、胸の内にあった戸惑いや悩みを素直に打ち明けることができた。

「本当は娘を捜してほしい。でも、たったひとりのために、他の人に無駄に放射線を浴びせてまで頼むのは申し訳ない」

木村さんにそう言わせること自体、上野さんには許しがたいことだった。

「わが子を見つけたいと思うのは父親ならあたりまえだろう。それを人にお願いするのを申し訳なく思わなきゃいけない世の中がおかしい」

こうして、上野さんら福興浜団の仲間が木村さんの捜索を手伝うようになった。

2013年10月、木村さんと上野さん、そして福興浜団の仲間5人が一緒に熊川に入った。ここまで原発に接近するのははじめてのことだ。伸び放題のセイタカアワダチソウがかつての水田を占有していた。

木村さんの自宅の跡地は海から100メートルほど離れた場所にあったが、津波で流された。家の裏手の高台にあった地蔵は「汐凪がひとりでさびしくならないように見守っていてほしい」と木村さんが建てたものだ。地蔵に花をお供えし、一人ひとりがしゃがんで手を合わせたあと、自宅の跡地から200メートルほど離れた海岸の一画に向かった。そこには2階建ての家ほどの高さはあろう、がれきの集積所があった。木村さんもさすがにひとりではどうにもならず、2年7か月ものあいだ、ほとんど手付かずだった。

「これ、どっから手をつけろっていうんですか」

うず高く積まれたがれきを前に弱音が先に出るぼくのかたわらで、上野さんや浜団の仲間たちはすでにスコップを手に持ち、がれきを掘り返している。

「まったくすごいな、この人たちは」

頭の下がる思いで、みんなの後ろ姿をカメラで追いかけた。手も休めないが、冗談も絶やさない浜団の雰囲気に戸惑い気味だった木村さんも、だんだんと表情を緩めていった。

その2か月後、浜団のメンバーとふたたび熊川に入った。

許される「一時帰宅」は年15回と限られた回数しかない。1回の滞在時間は警戒区域内の移動も含めて5時間。熊川の海辺での放射線量は毎時2マイクロシーベルトほど。健康上すぐに問題になるレベルではないとはいえ、近づくことさえ躊躇するのが普通の感覚だろう。それでも「木村さんの笑顔が見たい」と願って、たったひとりのいのちへ差し向けられる人の手とスコップと善意は前回よりも増えていた。

乗用車1台で運べる人員で、膨大ながれきの山を人力で掘り返し、「いのちの手がかり」を捜し出す行為は、「雲をつかむようなものかもしれない」と木村さんも非力を嘆いていた。

「でも、やめられない。見つかる見つからないの問題じゃなくて。まわりに自虐的だと言われるけど、捜すのをやめれば汐凪とのつながりが終わってしまう。このままで終わってしまうのはあまりに悔しい」

そんな話をスコップで土を掘り返しながら聞いていたとき、「あれ、これ、おれのブーツ」と木村さんが声を上ずらせ、黒い靴を掘り起こした。

驚いたことに、そのあたりから見覚えのあるものが次々と出てくる。舞雪ちゃんが小さいときに使っていた自転車や、深雪さんが着ていた赤いトレーナーなどなど。

「信じられない。ここらへんは宝の山じゃないか！」

携帯電話で「宝」の写真を撮る木村さんの顔に自然と笑みがこぼれる。これには浜団の仲間のテンションも上がった。

「これ、汐凪ちゃんのじゃないですか」

浜団のひとりが泥まみれの青い体操着を持ってきた。茶色く汚れた白いワッペンをよく見ると、「きむらゆうな1年2組」と書かれていた。

「オォー」。男たちの低い歓声が浜に響く。

「震災後こんな気持ちになった日はなかったなあ。なんというか、楽しい」

そうつぶやいた木村さんの眼の奥にのぞいた微笑と、それを見て破顔した上野さんの目尻のシワのどちらもぼくには忘れがたいものだった。

「汐凪のものは少ないからうれしい。こうなるとね、駄目だとわかっているけど、やっぱり出てきてほしいなって思ってしまうね、汐凪がね」

気がついたら時刻は14時を回っていた。制限時間ギリギリだ。掘り出した遺品は雨風で傷まないようにコンテナボックスの「宝箱」に収納し、自宅の跡地に残す。除染しなければ持ち帰ることができ

自宅跡地に遺品を残す木村さん 2013年 福島県大熊町

ないからだ。

その跡地も、除染で出た土などの廃棄物を〝一時的に〟保管する中間貯蔵施設の建設予定地に組み込まれるという話が具体化しつつある。

「中間とか言って、いかにも最終があるような言い回しをして、大事なところを言葉でごまかすところは何も変わっていない。そんな相手に土地を売ることもないし、貸すことも考えていない」

そう語るときの木村さんの目つきは厳しいが、もしかしたら本当に汐凪ちゃんが見つかるかもしれないと思えたことで、木村さんのその場所に向けられるまなざしにも変化が生まれつつあると感じた。

「ここは家族とつながれる唯一の場所。だから、仮に汐凪が見つかったとしても、何度も帰るべき場所なんです」

いのちと向きあう心

「出てきましたよ、汐凪ちゃん」

2016年12月22日、上野さんから電話があった。熊川の海岸のがれきのなかから、詰め物のある歯が残った顎の骨が見つかり、その後のDNA鑑定で汐凪ちゃんのものと確認されたというのだ。

JR山手線に乗車中だったぼくは恵比寿駅で慌てて下車し、ホームで「そんな奇跡、あるんですね！」と喜びを口にしたのだが、上野さんはむしろイライラを募らせているのが電話でもわかった。

「まだ一部。ぜんぶ見つかって、お帰りだから。それに、どうして5年9か月もかかったのかと思うと逆に腹が立つ。ことあるごとに、大熊でもがれきの分別をやってほしいと言ってきた。そこにいのちがあるって主張してきた。結局、国も東電もいのちと向きあおうとする心がなかった。放射能と原発事故だけを見ていたんだと思うと、悔しくてしょうがない」

いのちと向きあおうとする心。

電話を切ったあと、しばらくホームに立ち尽くし、この言葉を胸の内で反芻した。

正直なところぼくは、汐凪ちゃんを見つけるのは難しいのではないか、とひそかに思っていた。たとえ見つからないとしても、捜し続ける行為には言葉にならない思いが込められているはず。そのように解釈するようになっていたが、少なくとも上野さんはそう思っていなかった。

わが子に会いたい一心とわが子を守れなかった悔いに突き動かされ、一途にいのちに向きあい続けていた。それなのに、「奇跡」というありきたりな言葉で整理して、無意識のうちに、いのちに線引きしていた自分の脳天に頭突きを食らわしたい心境だった。

電話越しにひしひしと伝わる上野さんの苛立ちに、ぼくの内に兆す忘却が照らされる。5年9か月ものあいだ、上野さんのそばで自分はいったい何を見て、感じてきたのだろうか。

恵比寿駅を吹き抜ける風の冷たさが一段と身にしみた。

あの日から、さらに7年の月日が流れた。

上野さんは両親と子どもたちと過ごした場所に新しい家を建て、専業農家だった両親の田畑を受け継ぎ、貴保さんと次女の3人で暮らしている。

震災の年の9月に誕生した次女は永吏可ちゃんと倖太郎くんから一文字ずつとって、倖吏生《さりい》と名付けられた。

「生きられなかったふたりの分まで生きてほしいというわけではない。倖吏生には何も望むものはないというか、五体満足で生まれてきてくれたので、おばあちゃんになるまで生きてもらって、倖吏生にとっての孫だったりを見て、寿命を全うしてくれたらいいなって思うくらいで。おれはもうそのときにはこの世にいないけど」

その倖吏生ちゃんも6歳となり、2018年4月からお姉ちゃんと同じ小学校に通い始めた。入学式のとき、上野さんは久しぶりに小学校を訪ねた。この7年のあいだ、いつも心の励みだった娘の成長を見るのはこの上ない幸せだが、その幸せは終わりや区切りのない悲しみと分かちがたく結びついてもいる。

「永吏可は2年生だったから、倖吏生がいる隣の教室を覗いてしまって、永吏可がここで踊ってたなって思うと、永吏可の存在を感じてしまって。倖吏生が3歳になったときは、話す内容が倖太郎に似てきて、どうしても重なって見えたけど、今度はもう永吏可の年齢に追いつき、追い越そうとしている。倖太郎と永吏可が経験していないところに倖吏生が入っていくのが、うれしいような寂しいような」

かつて子どもと共に過ごした場所を訪れるたびに、今でもそのあたりの物陰からふっと現れるんじゃないかと思えるほどふたりの姿は鮮明に浮かび上がる。だが、子どもの声だけはどうにも思い出せなくなってきた。そのことが近ごろとても辛いと上野さんは言う。

「もちろん動画が残ってるんで、それを見ればいい話なんだけど、動画のなかで倖太郎と永吏可がキャッキャ言って笑っているのを見たら、自分がどうにかなってしまいそうで怖い。そこから今も逃げてる。せめて夢で会えたらいいんだけど、最近はふたりとも夢に出てこなくなった。倖吏生の夢に出てるのかな」

あんまり話すと泣けてくるから、と上野さんは笑って振り切り、ため息のようにタバコの煙をくゆらせた。

蘇る記憶と薄れる記憶。ふたつの記憶が交差する場所で、上野さんは今も家族の行方を捜し続ける。捜す人がひとりでもいるかぎり、見つかる可能性はゼロにはならない、そう信じて。

海岸をふたりで歩いていたある日、上野さんが語った言葉が今も耳に残る。

「おれにとって子どものいない明日を生きる意味はない。だから倖太郎が見つかったら死のうと思っていた。でも出てこない。出て行ったらお父さんが死ぬって息子は知ってるから出てこないのかなって。それは、おれに生きろっていうことなのかなって」

だからといって、今を前向きに生きているわけではなく、一日一日、やるべきことをやりながら、精一杯ただ生きているだけだ。そう上野さんはくり返す。

「ただ、倖太郎に救われたいのち、生かされたいのちだという気持ちが今はある。どこかで心配して

0歳の倖吏生ちゃんを抱く貴保さん 2012年 福島県南相馬市

小学生1年生になった倖吏生ちゃん　2018年　福島県南相馬市

見ているだろうから、せめて笑っていようと。笑顔でしか亡くなった人たちを安心させてあげられない気がするんで。だから、花火をあげたり、菜の花を植えたりして、少しずつみんなの笑顔が戻ってきて、おれも少しずつ笑えるようになったけど、でも結局、なんもできなかったという思いもある。今も早く会いたいなあって思う。永吏可と倖太郎に」

共にいられる世界

上野さんから託された言葉を思い出すと今も胸がうずく。その言葉にともなってフラッシュバックする情景に身じろぎもできなくなる。束の間とはいえ、そのときに共にした時間の重みを繰り返し確かめるように今ここで言葉を書きつらねながら、自らの心のありようを問いただす。

萱浜の海辺で出会った、「お前は何者なんだ」と迫ってきたあの眼に今、自分はしっかりと向きあっているのか、と。

ファインダー越しの、見つめ、見つめられるという抜き差しならない関係のなかに自分を置きながら、上野さんのまなざしを前に何度も立ち往生してきた。カメラを差し向けることでなんとか応えようとしてきたが、そのたびに越えがたい境界線の存在を思い知り、挫折するばかりだった。

見ること、ただそれだけの行為がいかに困難なことか。

それでもなんとかして目の前のボーダーを越えようと、その場に踏みとどまろうとあがいてきたのだが、越えられないまでも、上野さんのまなざしに鋭く見つめ返され、照らされるうちに、しだいに見えてきたヴィジョンがある。

わかるということはわけること。わかるということは、目の前の現実をわけて分類し、わかりえない何かを他人事として遠ざけてしまうことでもある。

それならば、わからなくてもいい。わからないまま、何かと何かをわけずに、わかりえない何かとまなざしを交わし続ける場に、「共にいられる世界」を求めてゆく。写真家としてそういう役割を生きることもできるのではないか、と。

わからないという事実を出発点とし、「あなた」から投げかけられる何かに応えようと一歩を踏み出す。その道程に、見ているはずの「わたし」が逆に見られているような対話的な場が立ち現れてくる。そんな思いもかけぬまなざしとまなざしの十字路で、写真を撮るという行為の主体は「わたし」のほうにあるのではなく、むしろ「あなた」の側にあるのだと気づいたのだった。

そんな見つめ、見つめ返される呼応から生まれた写真にあらためて目を凝らしてみると、写真とは他ならぬ「あなた」とひりつく肌を触れあわせるような共同作業から生み出されてくるものだと思えてくる。コンパッションという、「あなた」の苦しみを「わたし」の苦しみとして受け取ろうとする人間理解の根本原理も、そうしたまなざしの行き来を重ねることで培われるものなのだろう。そう得心がゆく地点にいたったとき、「わたし」と「あなた」を隔てていたボーダーなどもう自然に越えてしまっているのではないのか。すでに「つながり」を生きているのではないか。そう写真が諭してくれているようだった。

そんな気づきの依拠するところをこうして本書につらつらとつづってきたわけだが、「越えた」という感覚を最初に意識したのはいつだったかと振り返ると、第2章に記したエチオピアの高地を旅したときにはすでに、その感覚を喚起させる経験があったことがわかる。

標高3000メートルを超える厳しい山道をひたすら歩いていたとき、精魂尽きかけて意識がだんだんと無防備になってゆくにつれ、心の懐に生じた隙に、自分の外にあるはずの世界の「疲弊」がじわじわ染み込んできた。肉体的な疲労から頭で考える余裕がなくなったことで、「撮る」という自意識が遠ざかり、あらかじめいだいていたイメージの呪縛から自由になれたのだろう。その結果として、自分が撮ろうと思っても撮れなかった何かが写真に「写った」のだ。

あのときのカメラを介して「生きた現実に触れた」というたしかな感覚が、その後の世界や他者と関わりを持つ作法のよりどころになっていたのだと、あらためて発見した。

だとすれば、越境するということは、冒険家として国境を越えるとか辺境に旅をするとかなどということでは必ずしもなく、ましてや写真家として困難の多い世界をかいくぐり、人が驚くような作品を残して名をなすなどということでもない。

自分が慣れ親しんだ土地から離れて何者かに出会い、それまで想像もしなかった時間を生きてきたそのだれかと向きあうなかで、その人の「生きる」のほんの一部がそっと分け与えられることがある。そうして与えられた縁を必死につかんで、人と人とのあいだに横たわるボーダーにゆるやかな場所

(ランド)を開いてゆく。これこそが、越境するということに他ならないのではないか。
「あなた」の側から送られるまなざしに応えて、そこに自分自身の「生きる」を解き放てば、それまで知ることも気づくこともなかった世界との共振・共鳴が起きる。そんな「共にいられる世界」のリアリティを、写真を通じて一徹に探究してきたのだと、ようやく合点したのだった。

こうまとめてしまえば、さほど新しくもない、単純な事実に気づくためにずいぶんな回り道をした、とあきれられるかもしれない。でも、人が人との関わりのなかで生きていくための大切な「何か」を自ら新しく発見するためには、カメラを持って地球を何十周もできるほどの距離を旅し、わかりあえぬ他者とままならぬ現実に再三、出会い直すことで、「自分」という硬い殻を解除するたゆまぬ修練が不可欠だったのだ。

だが、そのことを無駄だとか徒労だとか感じたことは一度もない。それはおそらく、写真を撮ることがそのまま「人間」である他者との対話であったからだと思う。他者とのあいだには言葉を尽くしても埋まりようのない溝があるのだとしても、写真に出会わなければめぐり会うこともなかった人たちと心を通わせた時間こそがぼくを写真家にしてくれたのだから、そのことに「報いる」ためにも、写真家として人との「つながり」をどこまでも求めていく。

この「道」を開いていくことがぼくの思い描く「報道」の使命であり、自分の生き方でもあるのかなと思う。そんな豊かな回り道を、カメラ片手にもうしばらく続けていくつもりだ。

あとがき

「写真家になる」。17歳のときにそう決意して、もう26年も経ってしまった。

本書に収めた文章の多くは、その26年のあいだに世界各地を旅し、さまざまな人びとと出会い、写真を撮る営みから得た知見を書きつらねたものだ。書くほどに惑うばかりで、苦しい時間帯が続いたが、どうしても言葉にしたい、だれかに伝えたい、という思いを支えに、一歩一歩、進んできた。だれかの心に響くのかどうかは自信がないが、読者からの応答を待ちながら、また旅に帰ろうと思う。

あとがきを書くにあたって、『まなざしが出会う場所へ』が自分にとってどういう本であるかをあらためて考えてみたのだが、それは単に、あまり知られていない世界の現実を声を大にして伝えるだけのものではなかった。「多様性」と「不寛容」が激しくぶつかりあう時代にあって、他者とつながる道につねに自分を開いておくことの大切さを自らに問う書、とでもいえようか。

住み慣れた場所やあたりまえとしてきた価値観からおのれを引きはがし、心のなかに引かれた境界線を強く揺さぶるまなざしと出会う場所に足場を置く。

ぼくにとって、カメラはそれを実行するための道具だった。そんな、写真を通した人間との関わりについての試行錯誤を読者――とりわけ変化の激しい時代を生きるための道しるべを探す、若い人びと――と共有することで、世界を覆う対立と分断を越える力に変えたい。だいそれた理想主義だといわれようと、気概を持って自分なりの「報道」のあり方を切り開いてゆく。本書に込めたそんな決意に共感し、行動する人がひとりでも出てくれれば、それにまさる喜びはない。

「報道」と書いて「報いる道」と読む。

そう教えてくれたのは小説『ハゲタカ』の作家・真山仁さんだった。2005年、中国への取材に撮影係として同行させてもらったときのことだ。「報道する者として、ただ写真を撮って伝えるだけではなく、何かに報いるあるべき道とはどういうことかを考えるのが大事ではないか」。そのようなことを言われ、目が開かれる思いがしたものだった。

当時、ぼくはどのようにして写真家を続けていけばよいか悩んでいた。写真を本格的に撮り始めて10年。30歳を過ぎ、結婚して子どももいたが、撮影の収入だけでは家賃を払うこともできなかった。居酒屋でのバイトで食いつなぎ、なんとか写真にしがみついていたが、先が見えない不安から、写真以外の定職を探し始めていたころだった。

「フリーの報道写真家、またはフォトジャーナリストとして食っていける時代ではない」「冬の時代ならまだいい、春が来るからね。でももう春は来ない、氷河期なんだよ」。先輩の写真家やジャーナリストと話をするたびに、そんな嘆き節が聞こえた。もはや絶滅危惧種のような存在だという危機感を自分も持っていたが、この仕事の重要性は今日においてもいささかも変わらないと信じていたし、そこに一度きりの人生をかけてみたいという情熱も捨てきれずにいた。そんなときに、「報いる道」という言葉をもらった。

報道写真を生業にできなくてもいい。「いかに撮るか」を考え、「いかに生きるか」を問うなかで、自分なりの「報いる道」を探していけばいいじゃないか。漠然とそんな思いをめぐらせていたある日、高校生のときに読んだ詩のような言葉をふいに思い出した。

希望とは本来あるとも言えないし、ないとも言えない。これはちょうど地上の道のようなもの、実は地上に本来道はないが、歩く人が多くなると、道ができるのだ。

——魯迅『故郷』（藤井省三訳）

この魯迅の言葉を羅針盤にして自分の生きる道を模索する途上で、自分よりもはるかに困難な道を歩む人びとに出会った。

ぼくはその人たちのまなざしを通して自分自身を見つめ、その人たちの言葉を通して「共に生きる道」について考えるようになった。どうしても理解しあえず、袂を分かつ痛みを経験することもある。それでも、さまざまな思いを抱えて生きている人びとのまなざしを求める心があるかぎり、どこかに道は通じてゆくものだと信じている。

長い言葉の旅の最後に、ぼくを現在地まで導いてくれた方々、一人ひとりの顔を思い浮かべていま
す。まずお礼を言うべきは、不慣れな土地での取材を成り立たせてくれた通訳やコーディネーター、ドライバーのみなさま。伴走者のような彼らの存在にどれだけ励まされたかわかりません。その他にも、この本に名前を挙げることができなかった大勢の人たち、世界各地で一宿一飯を提供してくれた友人知人、惜しみなく協力してくれた団体に心から感謝しています。

最後になりましたが、これまでぼくのカメラの前に立ってくれたみなさまにこの本を捧げます。「あなた」と出会わなければ、ぼくが写真家であり続けることはできませんでした。ありがとう。

２０１８年12月3日　一ノ瀬泰造の母・信子さんが逝去した日の朝に

渋谷敦志

主要参考資料

一ノ瀬泰造『地雷を踏んだらサヨウナラ』講談社文庫、1985年
開高健『ベトナム戦記』朝日文庫、1990年
レリア・ヴァニック・サルガド監修『WORKERS――セバスチャン・サルガド写真展』朝日新聞社、1994年
セバスチャン・サルガド、イザベル・フランク『わたしの土地から大地へ』中野勉訳、河出書房新社、2015年
国境なき医師団日本編『アンゴラの飢餓――27年の内戦にあえぐ住民たち』国境なき医師団、2002年
デーヴィッド・チャンドラー『ポル・ポト 死の監獄S21――クメール・ルージュと大量虐殺』山田寛訳、白揚社、2002年
国境なき子どもたち編著『ぼくは12歳、路上で暮らしはじめたわけ。――私には何ができますか？ その悲しみがなくなる日を夢見て』合同出版、2010年
吉田敏浩『森の回廊――ビルマ辺境民族解放区の1300日』日本放送出版協会、1995年
宇田有三『閉ざされた国ビルマ――カレン民族闘争と民主化闘争の現場をあるく』高文研、2010年
下澤嶽『バングラデシュ、チッタゴン丘陵で何が起こっているか』ジュマネット、2012年
白戸圭一『ルポ資源大陸アフリカ――暴力が結ぶ貧困と繁栄』朝日文庫、2012年
柴田久史『ソマリアで何が？』岩波書店、1993年
NHK「アフリカ」プロジェクト『アフリカ21世紀――内戦・越境・隔離の果てに』日本放送出版協会、2002年
ヴィクター・マトム『南アフリカの人々――V・マトム写真集』耕文社、1993年
安田菜津紀、佐藤慧、渋谷敦志『ファインダー越しの3・11』原書房、2011年
後藤正文編『THE FUTURE TIMES』2011年創刊号〜2016年8号
今福龍太『クレオール主義』ちくま学芸文庫、2003年
魯迅『故郷 阿Q正伝』藤井省三訳、光文社古典新訳文庫、2009年

渋谷敦志 Atsushi Shibuya

1975年、大阪府生まれ。写真家、フォトジャーナリスト。立命館大学産業社会学部、英国 London College of Printing 卒。大学を休学して1年間サンパウロの法律事務所で研修し、ブラジルを旅する。卒業後、ホームレス問題を取材したルポで、国境なき医師団日本主催の1999年MSFフォトジャーナリスト賞を受賞。それをきっかけにアフリカ、アジアへの取材を始める。日本写真家協会展金賞、視点賞など受賞。テーマは「境界を生きる者たちを記録し、分断を越える想像力を鍛えること」。
著書に、写真絵本『希望のダンス――エイズで親をなくしたウガンダの子どもたち』（学研教育出版）、写真集『回帰するブラジル』（瀬戸内人）。共著に『ファインダー越しの 3・11』（原書房）、『みんなたいせつ――世界人権宣言の絵本』（岩崎書店）がある。

まなざしが出会う場所へ――越境する写真家として生きる
2019年1月31日 初版第一刷発行

著者＝渋谷敦志
発行者＝新泉社
〒113-0033 東京都文京区本郷2・5・12
電話 03・3815・1662 ファックス 03・3815・1422
印刷・製本＝萩原印刷
ISBN978-4-7877-1901-0 C0036

デザイン＝三木俊一（文京図案室）